普通话水平计算机辅助测试教程

主　编　刘惠琼
副主编　（按姓氏音序排列）
曹凤霞　徐国苓　叶竹均

暨南大學出版社
JINAN UNIVERSITY PRESS
中国·广州

图书在版编目（CIP）数据

普通话水平计算机辅助测试教程／刘惠琼主编；曹凤霞，徐国苓，叶竹钧副主编．—广州：暨南大学出版社，2011．9（2019．12 重印）
ISBN 978－7－81135－754－7

Ⅰ．①普…　Ⅱ．①刘…②曹…③徐…④叶…　Ⅲ．①普通话—水平考试—计算机辅助训练—教材　Ⅳ．①H102－39

中国版本图书馆 CIP 数据核字（2011）第 022048 号

普通话水平计算机辅助测试教程

PUTONGHUA SHUIPING JISUANJI FUZHU CESHI JIAOCHENG

主　编：刘惠琼　副主编：曹凤霞　徐国苓　叶竹钧

出 版 人：徐义雄
责任编辑：杜小陆　孙清忠
责任校对：武艳飞
责任印制：汤慧君　周一丹

出版发行：暨南大学出版社（510630）
电　　话：总编室（8620）85221601
营销部（8620）85225284　85228291　85228292（邮购）
传　　真：（8620）85221583（办公室）　85223774（营销部）
网　　址：http：//www.jnupress.com
排　　版：暨南大学出版社照排中心
印　　刷：佛山市浩文彩色印刷有限公司
开　　本：787mm×960mm　1/16
印　　张：14.25
字　　数：350 千
版　　次：2011 年 9 月第 1 版
印　　次：2019 年 12 月第 6 次
印　　数：12001—14000 册
定　　价：39.80 元（含光盘）

前　言

本书的编写以教育部、国家语委2003年颁布的《普通话水平测试大纲》（新大纲）为主要依据，基本思路是以普通话水平测试的试题顺序为经，以语音知识及语音训练为纬，以提高应试人普通话水平为目的，照顾到普通话水平计算机辅助测试的新特点，重点是为有一定普通话基础但语音还不太标准的人们提供一个学习训练的教材。本教材的主要特点有以下三个方面：

一、确保匹配性

本书的编写充分注意与《普通话水平测试大纲》（新大纲）匹配，步步为营，循章渐进。训练中的单音节字词、多音节词语训练材料均取自“普通话水平测试用普通话词语表”，用例精当，重点突出。选用字词时，考虑单字的覆盖面，能比较全面地反映“普通话水平测试用普通话词语表”里的用字情况，所以“［表一］［表二］用字统计”里的3 795个汉字绝大部分在单字练习和词语练习中得到了体现，其中难点字基本上全部列出。另外，“普通话测试用必读轻声词语表”、“普通话测试用儿化词语表”中的词语也都在练习中得到了体现。朗读短文的训练材料均来自“普通话测试用朗读作品”，60篇作品全部列出，以帮助应试人进行全面的朗读训练。命题说话的训练材料则来自“普通话水平测试用话题”。测试用的30个话题通过语例示范或框架填充示例及相关训练得到了全面覆盖。

二、注重实践性

本书的编排十分注意处理好理论学习与技能训练的关系，语音知识方面只介绍基本理论，少讲多练，注重实践性，兼及趣味性。教材中安排了不同形式、内容的训练材料，供存在不同发音问题的应试人进行系统训练或专项训练，操作性较强。单音节字词训练部分主要以解决声韵调的问题为目的来安排训练形式和选择训练材料，既分门别类地安排单音节字词的专项训练，又有多音节训练，还有趣味性较强的绕口令练习，层次清晰，角度适切，目的明确，巩固性强。多音节词语训练部分则在能够掌握普通话声韵调正确发音的基础上进行上一级语言单位（多音节词语）的训练，增强说普通话的能力，变调、“啊”音变、轻声、儿化等语音变化项目会在多音节字词训练中得到有计划的专项训练，同时还安排了多音节词语综合训练及语句、语段的练习，目的是希望使应试人不仅能感受到高一级语言单位的各种音变规律，而且能够将其内化为自己的言语能力。朗读训练材料的编排考虑到大多数应试人在朗读过程中的实际情况，每篇之后都有语音提示——包括难点音、平翘舌音、鼻音边音、轻声等，重点标示难点音、易错音，以方便应试人快捷地解决字词的认读问题，疏通字、词、句，保证朗读的文从字顺，并进而为朗读时做到语调规范、语句流畅打下基础。命题说话训练方面则以解决应试人怎样说及怎样规范地说为原则，特别安排了音频及书面的示范材料，并对这些材料进行了简要点评，同时还配有相应的训练。如此安排体现了说话训练的特点，指导具体，示范性强，相信会对应试人有比较大的帮助。

三、强调针对性

本教材的针对性主要体现在三个方面：一是针对方言区。本教材编写的重点是考虑到南方方言区的普通话学习者的各种困难，有针对性地选择训练内容与设计训练项目，并录制了相应的音频教材供学习者训练时使用。二是针对学习方式。本教材系统相对完善，既可以作为学校普通话训练课的教材，也可以作为社会各类准备参加普通话水平测试的人员进行普通话学习训练的材料。本教材设计编排了大量的模拟练习，供应试人和学习者训练和自测使用。三是针对应试方式。除了常规应试方式策略指导外，本教材考虑到普通话水平测试的形式已由人工测试逐步过渡为计算机辅助测试的实际，设专章介绍了“机测”的程序，并针对“机测”特点进行了应试人应对策略的指导，以助其较好地应对普通话水平计算机辅助测试。

编　者

2011 年 1 月

目　录

第一章　普通话和普通话水平测试

第一节　普通话

一、普通话

普通话是以北京语音为标准音，以北方话为基础方言，以典范的现代白话文著作为语法规范的现代汉民族的共同语。

"以北京语音为标准音"指的是以北京话的语音系统为标准。北京从辽、金、元、明、清至今一直是我国政治、经济、文化中心，以北京语音为标准音是历史发展的必然结果。北京语音系统中有32个音素，其中10个是元音音素，22个是辅音音素，基本音节大约有400个。北京语音的音节结构中元音占优势，共有4个调类，另外还有轻声、儿化等音变现象，这些在普通话语音系统中都得到了吸收与体现。"以北方话为基础方言"中所说的"北方话"一般指长江以北的汉语方言，广义上还包括四川、云南、贵州和广西北部等区域的汉语方言，这些地区的语汇的交集聚合构成了普通话的基础方言。"以典范的现代白话文著作为语法规范"中的"典范的现代白话文著作"指的是现代具有广泛代表性的著作，比如巴金、老舍、曹禺、鲁迅、茅盾等语言运用大家的白话经典作品。

二、普通话语音

普通话语音的基本单位是音节，一个音节由声母、韵母和声调三个部分组成。其基本情况概述如下：

（一）声母及分类

1. 声母

声母是汉语音节开头的辅音。如 guǎng（广）和 zhōu（州）两个音节中的辅音 g 和 zh 就是声母。普通话有21个辅音声母，包括 b、p、m、f、d、t、n、l、g、k、h、j、q、x、zh、ch、sh、r、z、c、s。

2. 分类

可以根据辅音的发音部位和发音方法给声母分类。

（1）按发音部位分类

发音部位是指发音时气流在口腔中受到阻碍的部位。根据气流在口腔中受阻的部位，可以将声母分为7类：

①双唇音（上唇/下唇）：b、p、m

②唇齿音（上齿/下唇）：f

③舌尖中音（舌尖/上齿龈）：d、t、n、l

④舌根音（舌根/软腭）：g、k、h

⑤舌面音（舌面前部/硬腭前部）：j、q、x

⑥舌尖后音（舌尖/硬腭前部）：zh、ch、sh、r

⑦舌尖前音（舌尖/上齿背）：z、c、s

（2）按发音方法分类

发音方法是指发辅音时气流在口腔受到阻碍和除去阻碍的方式。可以从气流在口腔受到阻碍和除去阻碍的方式、气流的强弱以及声带是否振动等三个方面对声母进行分类。

①根据气流在口腔受到阻碍和除去阻碍的方式，普通话辅音声母可以分为：

塞音：b、p、d、t、g、k

塞音发音时气流通道完全阻塞，然后气流冲开阻塞，爆发成音。

擦音：f、h、x、sh、r、s

擦音发音时，发音部位两部分接近，留下窄缝，气流从窄缝中摩擦而发出音。

塞擦音：j、q、zh、ch、z、c

塞擦音发音时，发音部位两部分先是紧闭，然后慢慢打开，形成窄缝，气流从缝隙间冲擦而发出音。其中 ng 不作声母，只作韵尾。

鼻音：m、n、ng

鼻音发音时，软腭下垂，口腔通路完全闭塞，使气流完全从鼻腔通过，声带振动，气流在咽腔和鼻腔形成双重共鸣而发出音。

边音：l

边音发音时，舌尖抵住上齿龈，软腭上升，阻塞鼻腔通路，声带振动，气流从舌头两边出来发出的音。

②根据发音时气流的强弱，可以把普通话辅音声母中的塞音和塞擦音分为：

送气音：p、t、k、q、ch、c

送气音是发音时气流较强的音。

不送气音：b、d、g、j、zh、z

不送气音是发音时气流较弱的音。

③根据发音时声带是否振动可以把普通话辅音声母分为：

清音：b、p、f、d、t、g、k、h、j、q、x、zh、ch、sh、z、c、s

清音是发音时不颤动声带的音。

浊音：m、n、l、r、ng

浊音是发音时振动声带的音。

（二）韵母及分类

1. 韵母

韵母是汉语音节中声母后面的部分，是汉语音节的主干。如 dà（大）、xué（学）两个音节中 a、üe 就是韵母。普通话里有的韵母是由一个元音构成，如 a、o、e；有的是由两个或三个元音复合而成，如 uo、üe、iao、iou；有的是由一个或两个元音后面带上鼻辅音构成，如 uan、uen、ang、eng。普通话有 39 个韵母，包括 a、o、e、i、u、ü、ê、-i [ɿ]、-i [ʅ]、er；ai、ei、ao、ou、ia、ie、ua、uo、üe、iao、iou、uai、uei；an、en、in、ün、ian、üan、uan、uen、ang、eng、ing、ong、iang、uang、iong、ueng。

韵母的内部结构可以分为韵头、韵腹和韵尾三部分。韵母中声音最响亮的部分是韵腹，韵腹的前面是韵头，后面是韵尾。韵母中韵腹是不可缺少的部分。

2. 分类

韵母可以按其结构和“四呼”的不同划分出不同的类别。

（1）韵母的结构类

根据韵母内部结构的不同可以把韵母分为单韵母、复韵母和鼻韵母三类。

①单韵母

单韵母是由一个元音音素构成的韵母。

普通话有 10 个单韵母，由 10 个单元音构成，分别是 ɑ、o、e、i、u、ü、ê、-i［ɿ］、-i［ʅ］、er。

②复韵母

复韵母是由两个或三个元音复合而成的韵母。

普通话共有 13 个复韵母，分别是 ɑi、ei、ɑo、ou、iɑ、ie、uɑ、uo、üe、iɑo、iou、uɑi、uei。

③鼻韵母

鼻韵母是由元音与鼻辅音韵尾复合而成的韵母，共有 16 个。能够充当韵尾的鼻辅音有舌尖中鼻辅音 n 和舌根鼻辅音 ng。根据带鼻辅音的情况，鼻韵母又可分为：

前鼻韵母：ɑn、en、iɑn、in、uɑn、uen、üɑn、ün，共 8 个。

后鼻韵母：ɑng、eng、ong、iɑng、ing、iong、uɑng、ueng，共 8 个。

（2）韵母的“四呼”类

根据韵母开头元音发音时唇形的不同，可以把普通话韵母分为开口呼、齐齿呼、合口呼和撮口呼 4 类，简称“四呼”。

①开口呼韵母

没有韵头，而韵腹又不是 i、u、ü 的韵母。如 ɑ、o、ɑi、ei 等。

②齐齿呼韵母

韵头或韵母是 i 的韵母。如 iɑ、ie、iɑo、iou 等。

③合口呼韵母

韵头或韵母是 u 的韵母。如 uɑ、uo、uɑi、uei 等。

④撮口呼韵母

韵头或韵母是 ü 的韵母。如 üe、üɑn、ün 等。

表 1-1　普通话韵母总表

四呼 韵母 结构类	开口呼	齐齿呼	合口呼	撮口呼
单韵母	i［ɿ］［ʅ］	i	u	ü
	ɑ	iɑ	uɑ	
	o		uo	

（续上表）

韵母结构类 \ 四呼	开口呼	齐齿呼	合口呼	撮口呼
	e			
	ê	ie		üe
	er			
复韵母	ɑi		uɑi	
	ei		uei	
	ɑo	iɑo		
	ou	iou		
鼻韵母	ɑn	iɑn	uɑn	üɑn
	en	in	uen	ün
	ɑng	iɑng	uɑng	
	eng	ing	ueng	
	ong	iong		

（三）声调

1. 声调的性质

声调是音节内部具有区别意义作用的高低升降的变化形式，是汉语音节中不可缺少的部分。声调的高低升降的变化取决于音高的变化，人们通过控制声带的松紧来调整声调的高低。声带越紧，声调越高；声带越松，声调越低。

汉语中，声调同声母、韵母一起构成音节。基本上一个音节就是一个汉字（儿化除外），所以汉语声调又称为字调。

2. 调值与调类

（1）调值

调值是声调的实际读音，也就是音节的高低、升降、曲直、长短的变化形式。普通话声调有 4 种调值，分别是 55、35、214、51。

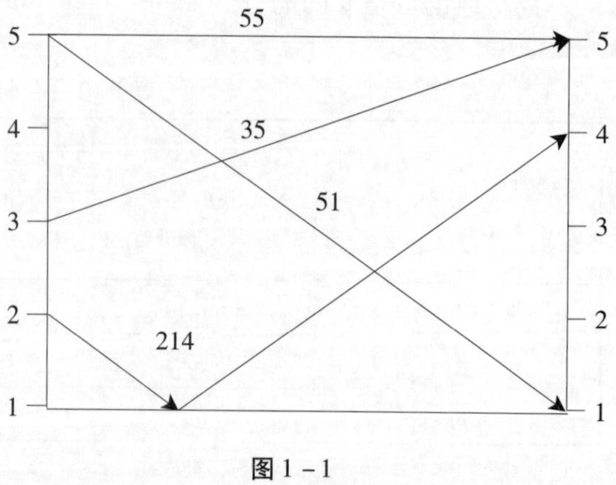

图 1－1

描写声调调值的高低升降变化一般采用五度标记法。五度标记法的具体做法是，用一根竖线表示音高，将竖线分为四等份，得出五个点——从下到上在五个点上标出“1、2、3、4、5”分别代表声调的“低、半低、中、半高、高”音，再用带有箭头的线段表示音高变化的走向起止。普通话的 4 种调值用五度标记法就可以表示如图 1－1：

（2）调类

调类是声调的种类。调类的归纳是以调值为标准，把一种语言（方言）中相同调值的音节归在一起就形成调类。也就是说，一种语言（方言）有多少种调值就有多少个调类。如广州话有 9 种调值，就有 9 个调类。

普通话有 4 个调类，分别是阴平（55）、阳平（35）、上声（214）和去声（51），教学上也称之为第一声、第二声、第三声和第四声。

3. 调型与调号

（1）调型是指声调变化的形式

普通话的调型分为高平调、中升调、降升调、高降调 4 种。

（2）调号是指标记调类的符号

《汉语拼音方案》规定普通话的调号为：－（阴平）、/（阳平）、∨（上声）、\（去声）。这些调号的写法来源于五度标记法中的相应的调值描写形式。《汉语拼音方案》要求普通话中的调号要标在韵腹上。例如，标兵 biāobīng、环境 huánjìng、推广 tuīguǎng。

（四）音节

音节是最自然的语音单位，也是人们可以凭着听觉自然地察觉到的最小的语音片段。在普通话里，一般说来，一个汉字的读音就是一个音节，只有儿化词例外。儿化词是两个汉字一个音节，如“盖儿”读音为 gàir。

（1）普通话音节结构的特点

音节结构指的是音节的内部构成。按照传统音韵学的分析方法，可以将普通话音节分析为声母、韵母和声调三个部分，其中，韵母由韵头（介音）、韵腹和韵尾构成。普通话比较复杂的音节包括声母、韵头、韵腹、韵尾、声调五个组成部分，例如，chuāng（创）可以分析为 ch（声母）、uang（韵母）、阴平（声调），韵母还可以分析为 u（韵头）、a（韵腹）、ng（韵尾）。最简单的音节，只包括韵腹和声调两个部分，如 ā（阿）音节。音节的声母可以是零声母，可以没有韵头、韵尾，但韵腹和声调是不可缺少的要素。

普通话的 21 个辅音声母与 39 个韵母可以根据一定的规则拼合成 400 个左右的音节，加上声调就可以组合成近 1300 个普通话音节。

（2）普通话音节的拼合

①音节的拼读

拼读，就是把声母、韵母和声调组合成音节的过程。

要正确地拼读出音节，需要根据音节的结构特点进行，并要掌握一定的拼读要领。普通话音节拼读的要领主要有以下四点：

A. 声母要读本音。在进行拼音教学时，为了称说方便，会在每个辅音声母后面加上一个元音组合成音节来称说，这种音叫做呼读音，例如，b→bo。但在拼读音节时，则要求声母一定要读本音，即严格地按声母的发音部位和发音方法发音。

B. 声母韵母之间要一气呵成。拼读时，要做到声母轻而短，韵母响而长，声韵一碰即成，之间不能有间歇。

C. 声韵调要到位。发准声母、韵母和声调是音节拼合准确的前提，如声母发音部位不到位，或复韵母动程不规范，或声调调值不到位，都会影响拼音的准确性。

D. 掌握一定的拼读方法。音节拼读的方法，通常有两拼法、声介合拼法、三拼法和直呼拼音等。

②拼合规律

普通话音节的系统性主要表现在声韵调的拼合规律上面，普通话的声母和韵母拼合成音节是有规律的。这些规律由声母的发音部位和韵母的“四呼”来决定。

普通话声韵的拼合情况如下表：

发音部位 \ 声母 \ 四呼		开口呼	齐齿呼	合口呼	撮口呼
双唇音	b、p、m	+	+	只跟 u 相拼	–
唇齿音	f	+	–	只跟 u 相拼	–
舌尖中音	d、t	+	+	+	–
	n、l				+
舌面音	j、q、x	–	+	–	+
舌根音	g、k、h	+	–	+	–
舌尖后音	zh、ch、sh、r	+	–	+	–
舌尖前音	z、c、s	+	–	+	–
零声母		+	+	+	+

从上表可以看出，声韵的拼合有以下几条规律：

A. b、p、m 只同开口呼、齐齿呼、合口呼（只限于 u）韵母相拼。

B. f 只同开口呼、合口呼（只限于 u）韵母相拼。

C. d、t 只同开口呼、齐齿呼、合口呼韵母相拼。

D. n、l 与四呼都有拼合关系。

E. g、k、h，zh、ch、sh、r，z、c、s 只同开口呼、合口呼韵母相拼。

F. j、q、x 只同齐齿呼、撮口呼韵母相拼。

G. 韵母 ong 只能与声母相拼，不能自成音节；ueng 只能自成音节，不能与声母相拼。

（五）音变（见第三章）

三、普通话语音的学习

学习语言的基本方法主要有两种：一是习惯获得，比如一个人长期生活在一个地方，受母语语言环境的影响，就自然习得那个地方的语言；二是专门学习，一般指通过专门培训的方式学得一种语言或者方言，比如方言区的人湘方言区的人学习普通话或学习粤语，中国人学习英语等。

普通话与方言最大的区别表现在语音方面，方言区的人在学习普通话过程中最困难的也是语音。对于方言区的人如何学好普通话语音，我们有以下几点建议：

第一，要敢于开口。方言区的人在学习普通话语音时不要一开始就有一种语音“洁癖”，追求十全十美，那样将导致开不了口，发不了音，说不了话。语音学习过程是一个不断校正、逐步完善的过程，要敢于说，才能在说的过程中不断矫正自己的发音。

第二，要掌握必要的语音知识。学习一定的语音知识可以帮助学习者对语音系统有一个完整的认识，对自己将要学习的内容有一个全面的了解，从而能更加科学有效地指导语音学习。对于非北方方言区的人，特别是成年人来说，虽然仅凭自己的感觉模仿也能说普通话，但是由于对普通话语音特点没有准确全面的认识，找不到发音规律，或者找不准发音规律，就可能学不好普通话。因此接受必要的培训指导是掌握语音知识的一个重要环节。

第三，要勤于练习。每一个学习者根据自己的实际情况采用灵活多样的方式方法，勤加练习。诸如单字练习、绕口令练习、朗读练习等都是很好的练习方法。学习者可以根据自己的语音实际来选择不同的方法；同时，学习者要养成讲普通话的习惯，持之以恒，自然会收到理想的效果，最终练成发音标准、用词规范、话语流畅的普通话。

第四，要善于总结。不同的方言区的人学习普通话语音会遇到不同的问题，即使是来自同一方言区的人，因为各自知识背景或者普通话学习程度的不同，在进行普通话语音学习时也会碰到不同的问题。有的可能是平翘舌音不分、鼻边音不分，有的可能是轻声、儿化有困难，还有的可能是单念某些字词时没有问题，但在朗读、说话时却又露出“马脚”，诸如此类的情况有很多种。这就需要学习者根据实际情况进行总结，不断改正，举一反三，达到事半功倍的效果。

第二节 普通话水平测试

一、测试的含义

普通话水平测试简称 PSC，是我国为加快共同语普及进程、提高全社会普通话水平而设置的一种语言测试制度。由国家语委普通话培训测试中心及地方（省、自治区、直辖市）语委普通话培训测试中心具体负责实施。

普通话水平测试不是对应试人进行口才评估或者语言文化知识的考核。它是对应试人在运用普通话口语进行表达过程中所表现出的语音、词汇、语法的规范程度所进行的标准化、规范化考试。普通话水平测试所进行的检测是以标准的普通话为参照标准，通过测试来检测、评定应试人员所达到的普通话水平等级。

经过普通话水平测试，应试人达到一定等级标准后可获得相应的等级证书，即《普通话水平等级证书》。《普通话水平等级证书》是相关从业人员普通话水平的凭证，在全国范围内通用。

二、测试的形式与内容

（一）测试形式

普通话水平测试是一种口语测试，全部测试内容均以口头方式进行。应试人经报名核准后在规定的日期，凭本人的准考证和身份证，进入指定的考场，按指定试卷上的内容进行测试。

目前，普通话水平口语测试的实施分为人工测试和计算机辅助测试两种形式。

1. 人工测试

人工测试是指整个测试过程全部由测试员操作并进行成绩评定。应试人先集中在测试场地，然后按先后顺序，分别到指定的试室进行测试。每个试室有 2 ~ 3 位测试员负责对应试人的普通话水平进行评定，总时间在 13 分钟左右。

2. 计算机辅助测试

与人工测试不同，计算机辅助测试的特点是人测机助。应试人先集中在测试场地然后按先后顺序，分别到指定的试室，面对电脑朗读试卷，由电脑采集语音样品。试卷中的“读单音节字词”、“读多音节词语”以及“朗读短文”3 个测试项均由机器评判，“命题说话”测试项则由测试员人工评判。从发展趋势看，计算机辅助测试将会在今后的测试中发挥越来越重要的作用。

（二）测试内容

普通话水平测试的测试内容由五部分构成，第一部分，读单音节字词，共 100 个音节，计 10 分；第二部分，读多音节词语，共 100 个音节，计 20 分；第三部分，选择判断，计 10 分；第四部分，朗读短文，共 400 个音节，计 30 分；第五部分，命题说话，时长为 3 分钟，计 30 分。

目前，我国大部分省份的测试根据实际情况免测“选择判断”测试项，将原试卷中的“选择判断”的 10 分放到“命题说话”测试项里，“命题说话”的分值由原来的 30 分增加到 40 分，评分项目及档次不变。

三、测试的等级标准

普通话水平测试分为三级六等，其具体等级标准如下：

（一）一级

甲等：朗读和自由交谈时，语音标准，词汇、语法正确无误，语调自然，表达流畅。测试总失分率在 3% 以内。

乙等：朗读和自由交谈时，语音标准，词汇、语法正确无误，语调自然，表达流畅。偶有字音、字调失误。测试总失分率在 8% 以内。

（二）二级

甲等：朗读和自由交谈时，声韵调发音基本标准，语调自然，表达流畅。少数难点音（平翘舌音、前后鼻尾音、边鼻音等）有时出现失误。词汇、语法极少有误。测试总失分率在 13% 以内。

乙等：朗读和自由交谈时，个别调值不准，声韵母发音有不到位现象。难点音较多（平翘舌音、前后鼻尾音、边鼻音、f—h、z—zh—j、送气不送气、i—ü 不分、保留浊塞音、浊塞擦音、丢介音、复韵母单音化等），失误较多。方言语调不明显。有使用方言词、方言语法的情况。测试总失分率在 20% 以内。

（三）三级

甲等：朗读和自由交谈时，声韵母发音失误较多，难点音超出常见范围，声调调值多不准。方言语调较明显。词汇、语法有失误。测试总失分率在 30% 以内。

乙等：朗读和自由交谈时，声韵调发音失误多，方音特征突出。方言语调明显，词汇、语法失误较多。外地人听其谈话有听不懂情况。测试总失分率在40%以内。

四、测试对象和等级要求

根据《中华人民共和国国家通用语言文字法》及《国家普通话水平测试管理规定》，1954年1月1日以后出生的相关人员应该接受普通话水平测试，并达到相应的等级要求。

（一）测试对象

根据国家规定，需要进行普通话水平测试的人群包括：①教师和申请教师资格的人员；②广播电台、电视台的播音员、节目主持人；③从事电影、电视剧、话剧表演和配音的专业演员；④国家机关工作人员；⑤师范类专业、播音与主持艺术专业、影视话剧表演专业 、其他与口语表达密切相关专业的学生；⑥主要公共服务行业的从业人员；⑦行业主管部门规定的其他应该接受测试的人员。

（二）等级要求

国家对上述各类测试对象的普通话水平也提出了相应的等级要求：①教师和申请教师资格的人员：普通话语音教师不低于一级乙等，语文教师、对外汉语教师不低于二级甲等，非语文教师不低于二级乙等；②广播电台、电视台的播音员、节目主持人类：国家、省级台达到一级甲等，市级台不低于一级乙等，县级台不低于一级乙等；③从事电影、电视剧、话剧表演和配音的专业演员：不低于一级乙等；④国家机关工作人员：不低于三级甲等；⑤师范类专业、播音与主持艺术专业、影视话剧表演专业 、其他与口语表达密切相关专业的学生：应达到行业主管部门的规定要求；⑥主要公共服务行业的从业人员：普通话水平应达到三级水平；⑦行业主管部门规定的其他应该接受测试的人员：应达到行业主管部门的规定要求。

五、测试样卷例举

1. 读单音节字词（100个音节，限时3.5分钟，共10分）

满	驴	荒	立	刮	涌	晒	扑	号	暂	撒	乖	神
第	催	愁	私	绕	纸	挪	还	写	级	镁	八	样
末	新	紫	防	镇	混	台	减	梦	棒	定	碎	小
不	人	欠	禁	要	糠	总	碑	赌	滩	于	亡	求
受	嚼	扎	客	浓	播	堆	巷	胃	清	栓	溜	熬
坑	稳	全	裂	埋	冲	困	赔	操	赴	又	我	撞
侧	哪	菌	狼	棚	缠	个	团	瞎	溶	传	横	滚
凭	撤	狗	湾	托	周	分	砌	拧				

2. 读多音节词语（100个音节，限时2.5分钟，共20分）

宽阔	奶粉	信封	早已	邀请	安排	东南	恰巧
口腔	沉闷	大伙儿	称呼	汉语	鼓舞	印刷	烟卷儿
论文	家庭	可是	法郎	对付	将来	篱笆	墨水儿
村庄	检查	目眩	民工	座位	转折	股票	现象
空前	保持	增长	旅馆	次品	北方	爱戴	舍得

偶尔 维生素 贵姓 笔迹 通知 饼干 绳子 好好儿
碾米厂

3. 朗读短文（400 个音节，限时 4 分钟，共 30 分）

朗读作品 2 号《差别》。

4. 命题说话（限时 3 分钟，共 40 分）

从 8 号题“我的朋友”，25 号题“谈谈个人修养”两个题目中任选一个。

六、普通话测试的评分标准

（一）读单音节字词（100 个音节，不含轻声、儿化音节），限时 3.5 分钟，共 10 分

1. 目的

测查应试人声母、韵母、声调读音的标准程度。

2. 评分标准

（1）语音错误，每个音节扣 0.1 分。

（2）读音缺陷，每个音节扣 0.05 分。

（3）超时 1 分钟以内，扣 0.5 分；超时 1 分钟以上（含 1 分钟），扣 1 分。

（二）读多音节词语（100 个音节，其中含双音节词语 45～47 个，三音节词语 2 个，四音节词语 0～1 个），限时 2.5 分钟，共 20 分

1. 目的

测查应试人声母、韵母、声调和变调、轻声、儿化读音的标准程度。

2. 评分标准

（1）语音错误，每个音节扣 0.2 分。

（2）读音缺陷，每个音节扣 0.1 分。

（3）超时 1 分钟以内，扣 0.5 分；超时 1 分钟以上（含 1 分钟），扣 1 分。

（三）朗读短文（400 个音节），限时 4 分钟，共 30 分

1. 目的

考查应试人使用普通话朗读书面作品的水平，在测查应试人声母、韵母、声调标准程度的同时，重点测查连读音变、停连、语调以及流畅程度。

2. 评分标准

（1）每错 1 个音节，扣 0.1 分；漏读或增读一个音节，扣 0.1 分。

（2）声母或韵母系统性缺陷，视程度扣 0.5 分、1 分。

（3）语调偏误，视程度扣 0.5 分、1 分、2 分。

（4）停连不当，视程度扣 0.5 分、1 分、2 分。

（5）朗读不流畅（包括回读），视程度扣 0.5 分、1 分、2 分。

（6）超时，扣 1 分。

（四）命题说话（限时 2 分钟，共 40 分。）

1. 目的

测察应试人在没有文字凭借的情况下说普通话的水平，重点测查语音标准程度，词汇、语法规范程度和自然流畅程度。

2. 评分标准

（1）语音标准程度，共25分。分六档：

一档：语音标准，或极少有失误。扣0分、1分、2分。

二档：语音错误在10次以下，有方音但不明显。扣3分、4分。

三档：语音错误在10次以下，但方音比较明显；或语音错误在10～15次之间，有方音但不明显。扣5分、6分。

四档：语音错误在10～15次之间，方音比较明显。扣7分、8分。

五档：语音错误超过15次，方音明显。扣9分、10分、11分。

六档：语音错误多，方音重。扣12分、13分、14分。

（2）词汇、语法规范程度，共10分。分三档：

一档：词汇、语法规范。扣0分。

二档：词汇、语法偶有不规范的情况。扣1分、2分。

三档：词汇、语法屡有不规范的情况。扣3分、4分。

（3）自然流畅程度，共5分。分三档：

一档：语言自然流畅。扣0分。

二档：语言基本流畅，口语化较差，有类似背稿的表现。扣1分。

三档：语速不当，话语不连贯，说话时间不足，必须主试人用双向谈话加以弥补。扣2分。

（4）缺时。

说话不足3分钟，酌情扣分。缺时1分钟以内（含1分钟）扣1分、2分、3分；缺时1分钟以上，扣4分、5分、6分；说话不满30秒（含30秒），本测试项计为0分。

第二章　单音节字词训练

普通话水平测试的关键是语音，读单音节字词是普通话水平测试的第一项。这一项主要测查应试人声韵调的规范程度。

本章先介绍读单音节字词的基本要求，接着按声调、声母、韵母的顺序分节训练。应试人在掌握声韵调的基础上练习单音节字词，为后面其他项目的训练打下基础。为了使训练具有针对性，本章及以下各章练习中出现的字词均出自“普通话水平测试用普通话词语表”（以下简称“词表”）。

第一节　读单音节字词测试的特点与要求

一、读单音节字词测试的特点

（一）读单音节字词的范围

100 个单音节字词全部出自“词表”的［表一］、［表二］，［表一］占 70%，其中，带“＊”号的占 40%；［表二］占 30%。

［表一］、［表二］两个部分，共收词语 17055 条。其中［表一］收 6595 条，使用频率为前 4000 的最常用词用“＊”号标出；［表二］共收词语 10460 条，属于较常用词。从表面看，测试收词量不少，其实这些词语只是有限字量的不同组合。本章从语言训练角度考虑，把［表一］、［表二］所有单音节字词制成了一张“普通话水平测试用同音字表”（见附录一），以帮助应试人熟悉大纲用字范围，解决部分应试人认读字音的问题。

（二）声、韵、调的覆盖情况

普通话语音系统包括声母 21 个（不含零声母）；韵母 39 个；声调 4 个；基本音节 400 多个；变调（上声变调、“一、不”变调）；“啊”音变；轻声；儿化。试题中，这一题的 100 个音节只测查声母、韵母和声调。按这个比例，每个声母的出现率一般不少于 3 次，每个韵母不少于 2 次，4 个声调出现的次数大致均衡。

二、读单音节字词的要求

读单音节字词测试项主要测查应试人声母、韵母、声调。声母、韵母、声调的发音都有各自的发音原理和发音要求。测试要通过音节来测查应试人这方面的发音能力，音节上任何一个要素的错误或缺陷都会被扣分。因此，应试人要正确读出所列单音节字词，就应该了解声、韵、调错误和缺陷的各种表现，在测试中把错误和缺陷减少到最低程度。

所谓“错误”，是指读音错误，即在普通话的语音系统中把甲字读作乙字，界限明显，容易判断。读音错误的原因有的是认读错误，有的是按方音读，有的是受方言语音系统影响等。例如：

认读错误：　　　　　莱 lái→读作→cài　　　　朋 péng→读作→yǒu
按方音读：　　　　　扩 kuò→读作→kuàng　　　翁 wēng→读作→yōng
受方言语音系统影响：难 nán→读作→lán　　　　花 huā→读作→fā
　　　　　　　　　　人 rén→读作→lén　　　　容 róng→读作→yōng
　　　　　　　　　　船 chuán→读作→chuáng　 远 yuǎn→读作→yǎn
　　　　　　　　　　蜻蜓 qīngtīng→读作→qìngtìng
　　　　　　　　　　钢琴 gāngqín→读作→gàngqìn

所谓"缺陷"，是指发音没有达到标准的程度，介于错误和正确之间，界限模糊程度不同，原因多样。例如，"是 shì"不少人发音不到位，总将韵母"-i［ʅ］"发成类似于"e"的音；有的人将前鼻音 in 发成既不是前鼻音 in 也不是后鼻音 ing 的中鼻音；有的人把字音在方言中仍为入声的短促读音带到普通话中，如"别、敌、隔、节、闸、族、密、纳、辣、肉"都是入声字，有的人就自觉不自觉地把其方言中的入声习惯带到普通话中来；有些是纠正语音不彻底，如发舌面音 j、q、x 时，发音部位明显靠前，音色接近于舌叶音，但又还没有错发成舌尖前音 z、c、s；单念零声母 u［w］时，发成了唇齿浊擦音［v］；还有些是训练不当造成的后遗症，如发后鼻音 ing 时，因 ing 与 ang、eng 相比，其元音的开口度小，要求在发出主要元音的同时归音到位（舌根与软腭），不少人由于把握不好元音过渡到后鼻韵尾（舌根与软腭）归音的瞬间动作，要么动作过于小心发成中鼻音，要么矫枉过正，口腔开得过大，舌根抬得过高而接触不到软腭。虽然这些都不会在交际中造成误解或带来辨义的困难，但会影响发音的清晰度。因此，在训练中要力求克服发音不规范造成的各种缺陷音，使发音更准确。

三、测评

读单音节字词测试项总计 10 分，占测试总分的 10%，每个音节占 0.1 分。读错一个音节扣 0.1 分，读音有明显缺陷的音节扣 0.05 分。要求应试人在 3.5 分钟内正确地读出规定的 100 个单音节字词。

第二节　声调训练

在普通话水平测试的语音训练中，很多人只关注声母、韵母，却忽视了声调，其实声调十分重要。声调是指一个字（音节）的字调，声调不同，意义也不同。如"shi"这个音节，放在"业"前面，便构成了四个不同的词语：失业、实业、始业、事业。这四个词语因声调不同意思也完全不同。

汉语是有声调的语言，在汉语音节中声调不可或缺，声调不准会影响语言表意，在普通话水平测试中会直接影响普通话水平测试成绩，声调的准确度在评定等级中占有很重要的位置。按声调分布率，在第一题的 100 个音节中，每种调类的字大约有 25 个，某一种调类的调型读不好就牵涉大约 1/4 的音节，与声母、韵母相比，声调的负载量最重。因此，应试人要重视声调问题。

声调准确的关键是把握调类、调值和调型。有些应试人本身语音不准，又对基本理论不了解或只满足于一知半解，还轻易放弃测试前的培训机会，结果一开口就暴露出声调方面各种缺陷：有的因语速过快而表现出调型不完整；有的没把握好上声先降后升的曲折调型；有的很注意曲折调型，却又多拐了个弯，把 214 的调值读为 2131，等等。测试中的这些现象都会视为声调缺陷而被扣分。

一、发音要领

普通话音节（字）有四个声调，简称四声。我们按音乐上音阶由低到高的原理（即前面说到的五度标记法）四分，并按四声实际读音分别定为“55、35、214、51”四种调值。把调值相同的字归为一类叫调类，即阴平（第一声）、阳平（第二声）、上声（第三声）、去声（第四声）四种调类。

读准单音节字词声调的关键是把握好各类调值，以下我们按四声顺序来描述各类声调的发音要领。每类声调都包括：调值、调型，读音特征、读字要领、例字和常见问题。

阴平：调值55，高平调。

读音特征：起音高高一路平。

读字要领：定准调值，稳起稳收。

例　　字：酸　灰　妖　高　非

常见问题：阴平去声相混；调值偏低。

阳平：调值35，中升调。

读音特征：由中到高往上升。

读字要领：缓起速升。

例　　字：甜　红　魔　扬　常

常见问题：阳平扬不上去。

上声：调值214，降升调。

读音特征：先降后升有曲折。

读字要领：低降直升，调值到位。

例　　字：苦　紫　鬼　起　郝

常见问题：降升两不全；起音过高；尾音偏低。

去声：调值51，高降调。

读音特征：高起猛降到底层。

读字要领：起点要高，一降到底。

例　　字：辣　绿　怪　绛　记

常见问题：起点低，降幅小。

练习普通话声调一定要掌握发音要领，尽量克服常见的读音问题。此外，还要注意普通话四声与汉语方言声调之间的差异，尤其要关注方言无而普通话有的内容。比如粤语区没有 214 调值的字，人们一般把握不好发普通话上声字下降和上升的幅度，但练习可以借助粤方言中“朋友、言语、牛奶”之类由“阴平 + 阳上”组合的词语连起来快读，由此体会普通话上声字的读音。

方言区人读准字音还要注意入声（古汉语语音的一种调类），普通话已经没有入声字了。入声字带有塞韵尾的特点，发音时字音尾部要受到气流阻塞，因而显得短促且不能延长。如果说普通话带着入声习惯的发音，就会表现出调值不准的缺陷。这对保留古音较完整的粤方言、闽方言区人来说，解决这一问题，可采用方言数数的办法来类推，如广州话中“十”就带有 p［p］韵尾，“一、七、八”带有 d［t］韵尾，“六”带有 g［k］韵尾。如果碰到在方言中读音和这些数字读音相同的情况，就要注意将它们归类，以便将其换读成普通话中的相应声调。吴方言、湘方言等也有入声调类，但韵尾有变化，如上海话中“一、六、七、八、十”的韵尾都带后塞音［ʔ］，遇到这种情况，也应该按照类推的方式归类处理。

有了区别入声字和非入声字的语感后，方言区的应试人便能有意识地克服普通话发音短促的问题。

掌握方言入声字的普通话读音也有大致规律，一般方言读音短促的入声字，在普通话中声母为不送气的塞音、塞擦音，即凡是 b、d、g；j、zh、z 声母的，普通话声调大多读作阳平（第二声），如：白、读、革；急、竹、杂等；在普通话中声母是浊音，即 m、n、l、r 的，普通话声调大多读作去声（第四声），如：麦、逆、乐、热等。还有一些规律性不强的，如“哭、薛；合、习俗；匹、法；恰、击”等，需要留意单独记忆。

二、正音训练

懂得了原理，有了大致的方法，还要采用不同形式进行大量练习。字的练习、词语练习、绕口令练习是三种常见的方式。字的练习是基础，词语练习、绕口令练习是拓展。

声调

（一）字的练习

	zāo	jiāo	piāo	gōng	dā	jiē	wū	ān	bāo	dāo
阴平：	糟	郊	飘	弓	搭	秸	乌	庵	苞	刀
	diāo	xī	āi	zhū	kēng	fēi	dāi	kāng	sī	dōng
	刁	昔	埃	朱	吭	绯	呆	糠	厮	东
	tán	chú	wán	mó	chóu	xié	sháo	téng	yíng	pí
阳平：	谭	雏	丸	摩	畴	偕	勺	滕	营	皮
	dí	yóu	wáng	shú	zhuó	xiá	fú	yíng	qiáo	yí
	嫡	尤	王	熟	茁	霞	弗	迎	侨	仪
	dǔ	mǐ	jiǎn	chǔ	dǐ	jiǎo	yě	dǎo	bǒ	wǎn
上声：	睹	米	捡	础	抵	矫	也	祷	跛	挽
	dǎo	yǐng	shǔ	dǎng	fǔ	bǐ	dǎi	xiǎo	mǔ	zhǔ
	倒	颖	蜀	党	甫	彼	歹	晓	亩	拄
	jù	mì	sài	yòu	zhèn	dài	chù	wù	shù	tà
去声：	聚	蜜	赛	幼	朕	代	触	勿	数	踏
	yì	bài	xù	guàn	zhù	huàn	xiàn	wèi	fèi	shì
	忆	败	绪	灌	铸	焕	现	喂	吠	释

（二）词语练习

1. 阴平

	pīngpāng	hūnyīn	gōutōng	chūnqiū	jiān dū	biēsān	tuī tuō
阴平＋阴平：	乒乓	婚姻	沟通	春秋	监督	瘪三	推脱
	jiānnán	wēixié	diāozhuó	yāqiáng	chōngshí	chābié	qīngtíng
阴平＋阳平：	艰难	威胁	雕琢	压强	充实	差别	蜻蜓

阴平＋上声：	jiāoshuǐ 浇水	sēnglǚ 僧侣	yīngwǔ 鹦鹉	diāobǎo 碉堡	fūyǎn 敷衍	diānbǒ 颠簸	yūfǔ 迂腐
阴平＋去声：	fānyì 翻译	dūcù 督促	yānmù 烟幕	jiānyì 坚毅	fāshè 发射	wādì 洼地	xīmiè 熄灭

2. 阳平

阳平＋阴平：	chéngbāo 承包	pánbō 盘剥	máojīn 毛巾	chúshī 厨师	wéixiū 维修	liúsuān 硫酸	táishēng 抬升
阳平＋阳平：	yíchuán 遗传	dílún 涤纶	péngbó 蓬勃	qiúpí 裘皮	húdié 蝴蝶	chóuchú 踌躇	púfú 匍匐
阳平＋上声：	hé'ǎi 和蔼	fúlǔ 俘虏	jíqǔ 汲取	xiánshuǐ 涎水	túshǒu 徒手	qídǎo 祈祷	díwěi 敌伪
阳平＋去声：	dúyàn 毒焰	péngzhàng 膨胀	shénshèng 神圣	lángbèi 狼狈	táizhù 台柱	mímàn 弥漫	táotài 淘汰

3. 上声

上声＋阴平：	shǒudū 首都	bǎituō 摆脱	dǐngduān 顶端	fǔmō 抚摸	yějīn 冶金	dǒupō 陡坡	nǎojīn 脑筋
上声＋阳平：	miǎnhuái 缅怀	jiǎnzhí 简直	dǔbó 赌博	yǎngzhí 养殖	bǔcháng 补偿	fǔshí 腐蚀	tuǒxié 妥协
上声＋上声：	wǔrǔ 侮辱	dǎoyǔ 岛屿	fǔzuǒ 辅佐	bǎchǎng 靶场	dǐhuǐ 诋毁	sǒngyǒng 怂恿	zhǐgǔ 趾骨
上声＋去声：	kǒngbù 恐怖	jǐnshèn 谨慎	miǎnyì 免疫	dǎoluàn 捣乱	wǔbì 舞弊	guǐdào 轨道	suǒsuì 琐碎

4. 去声

去声＋阴平：	chèxiāo 撤销	zhùdī 筑堤	jiànfēng 剑锋	làjiāo 辣椒	hàixiū 害羞	xièzhuāng 卸妆	diànzū 店租
去声＋阳平：	hùnxiáo 混淆	fèiténg 沸腾	shuìmián 睡眠	làzhú 蜡烛	yùncáng 蕴藏	fùzhé 覆辙	jiànchuán 舰船
去声＋上声：	tàntǎo 探讨	dàibǔ 逮捕	jiàshǐ 驾驶	dìbǔ 递补	pàiqiǎn 派遣	fèifǔ 肺腑	dàogǔ 稻谷
去声＋去声：	àomì 奥秘	chùlì 矗立	jìmò 寂寞	dàoqiè 盗窃	huòbì 货币	àidài 爱戴	yànwù 厌恶

（三）四音节词语练习

1. 同调相连词语

阴平：	jūān-sīwēi 居安思危	jiāngshān-duōjiāo 江山多娇	bēigōng-qūxī 卑躬屈膝	pāndēng-gāofēng 登攀高峰
	xīxī-xiāngguān 息息相关	zhēnxī-guāngyīn 珍惜光阴	chūntiān-huākāi 春天花开	jīchē-gōngsī 机车公司
阳平：	értóng-wénxué 儿童文学	wénmíng-quánqiú 闻名全球	qínláo-rénmín 勤劳人民	hépíng-fánróng 和平繁荣
	tíqián-wánchéng 提前完成	niúyáng-chéngqún 牛羊成群	yángé-zhíxíng 严格执行	lúnchuán-hángxíng 轮船航行
去声：	yùxuè-fènzhàn 浴血奋战	zìzuò-zìshòu 自作自受	chuàngzào-jìlù 创造纪录	lìlì-zàimù 历历在目
	bèixìn-qìyì 背信弃义	miànmiàn-jùdào 面面俱到	fèiwù-lìyòn 废物利用	zìbào-zìqì 自暴自弃

2. 两调重叠词语

yōuxīn-rúfén 忧心如焚	bēihuān-líhé 悲欢离合	fāngxīng-wèiài 方兴未艾	biāoxīn-lìyì 标新立异
ānjū-lèyè 安居乐业	chéngqián-bìhòu 惩前毖后	yuánxíng-bìlù 原形毕露	kōngzhōnōg-lóugé 空中楼阁
liángzú-bīngjīng 粮足兵精	dànjìn-liángjué 弹尽粮绝	xióngcái-dàlüè 雄才大略	bàotiào-rúléi 暴跳如雷

3. 四声顺序词语

yīnmóu-guǐjì 阴谋诡计	fēngtiáo-yǔshùn 风调雨顺	gāopéng-mǎnzuò 高朋满座	yīngxióng-hǎohàn 英雄好汉
yōuróu-guǎduàn 优柔寡断	shēnmóu-yuǎnlǜ 深谋远虑	yāomó-guǐguài 妖魔鬼怪	guāngmíng-lěiluò 光明磊落

4. 四声逆序词语

bèijǐng-líxiāng 背井离乡	sìmǎ-nánzhuī 驷马难追	xiùshǒu-pángguān 袖手旁观	tùsǐ-húbēi 兔死狐悲
kègǔ-míngxīn 刻骨铭心	zìlǐ-hángjiān 字里行间	bùlǚ-wéijiān 步履维艰	mùgǔ-chénzhōng 暮鼓晨钟

5. 四声交错音节

xūhuái-ruògǔ 虚怀若谷	tiánbù-zhīchǐ 恬不知耻	qīngmiáo-dànxiě 轻描淡写	fùtāng-dǎohuǒ 赴汤蹈火
mǎdào-chénggōng 马到成功	lóngfēi-fèngwǔ 龙飞凤舞	xīnlì-jiāocuì 心力交瘁	héfēng-xìyǔ 风和细雨

（四）声调对比练习

shuānggàng shuānggāng 双杠 — 双缸	qùchú qùchù 去除—去处	miánmáo miánmào 棉毛 — 棉帽	shùfù shùfú 束缚—竖幅
quányì quányí 权益—权宜	nánkān nánkàn 难堪—难看	hòuyì hòuyí 后裔—后移	dàjiē dàjiě 大街—大姐
shūjí shūjì 书籍—书记	xièhuò xièhuǒ 卸货—泻火	kǎoyàn kǎoyán 考验—考研	fēngjǐng fēngjìng 风景 — 风镜
fúróng fùróng 芙蓉—妇容	pèichàng péichàng 配唱 — 陪唱	fādiàn fādiān 发电—发癫	dìyù dǐyù 地域—抵御
fēngdí fēngdì 风笛—封地	shānhú shānhū 珊瑚—山呼	jídà jìdà 极大—暨大	yóupiào yǒupiào 邮票 — 有票
yánsè yànsè 颜色—艳色	zhìxī zhǐxī 窒息—止息	yǒuyì yóuyì 友谊—游艺	bājiǎo bājiāo 八角—芭蕉
zhàojí zhāojí 召集—招集	shìdù shīdù 适度—湿度	xījù xìjù 锡剧—戏剧	tūchū tǔchū 突出—吐出
yìshù yīshù 艺术—医术	wěidēng wéidēng 尾灯 — 桅灯	fùyù fǔyù 富裕——抚育	zhǔqiú zhūqiú 主球—诛求

（五）绕口令练习

shī shì shí shī shǐ
施氏食狮史

这是语言大师赵元任先生独具趣味特色的小短文，要求利用“shi”这个音节用不同的声调把意思表达清楚，同时注意“shi”声母的发音部位为练习声母翘舌音打好基础：

Shí shì shī shì shī shì　shì shī　shì shí shí shī　Shì shí shí shì shì shì shī　shí shí　shì shí shī shì shì　Shì shí　shì shī
石室诗士施氏，嗜狮，誓食十狮。氏时时适市视狮。十时，适十狮适市。是时，适施

shì shì shì　Shì shì shí shī　shì shǐ shì　shǐ shí shī shì shì　Shì shí shì shí shī shī　shì shí shì　Shí shì shī　shì shǐ shì shì shí
氏适市。氏视十狮，恃矢势，使十狮逝世。氏拾是十狮尸，适石室。石室湿，氏使侍拭石
shì　Shí shì shì　shì shǐ shì shí shí shī shī　Shí shí　shǐ shí shì shí shī shī shí shí shí shī shī　Shì shì shì shì
室。石室拭，氏始试食十狮尸。食时，始识是十狮尸实十石狮尸。试释是事。

第三节　难点声母训练

声母大多是指汉语音节中开头的辅音。普通话共有21个辅音声母。按普通话水平测试第一题的要求，应清晰地发好汉字的每一个音节。音节发音，声母是着力的关键。发音时，发音部位要准确，方法要对头，并要有一定的力度带起整个音节的响度，从而分清音节之间的界线。发音部位稍有偏离或方法略有不当，就会有语音缺陷，甚至造成语音错误。比如不少地区鼻边音 n、l 不分，原因在于发音时气流的走向，属于发音方法问题。这对能分清 n、l 的人来说似乎很容易。但对发不对、分不清的人来说，错误的原因同舌尖是否能与上齿龈接触，接触点的大小都有关系，它会直接影响发音质量，甚至还会影响到前鼻音韵母的矫正。如果仅从表面看，舌尖中音声母 n 似乎与前鼻音韵母中的韵尾 -n 没有关系，但实际上两个音就是同一个舌尖中浊鼻辅音，只是在音节中的位置不同，发音方法略有不同，n 和 -n 两个音在技能操作上存在着联系。若舌尖音发不好，养成了舌尖后移的发音习惯，那么在练前鼻音归音时位置也容易偏离，造成前鼻音韵母的发音缺陷。又如，平翘舌音不分是不少方言区普遍存在的问题，在闽、粤等地区，j、q、x；z、c、s；zh、ch、sh 这三组音更是难以分辨；还有不少人发舌面音 x 的时候与 j、q 两个音的部位不同，发成了舌尖音却没能察觉。因此，练习要养成把理论、实践和方法结合起来的习惯，树立规范意识，培养听辨能力，训练口腔操作，否则，不了解音理，又缺乏听辨能力，虽然练得很刻苦，却只能事倍功半，甚至固化了缺陷和错误，很难提高学习效率。

表 2-1

	清		浊	清	浊	
	不送气	送气				
塞	b	p	m			（上唇和下唇）
				f		（上齿和下唇）
音	d	t	n		l	（舌尖和上齿龈）
	g	k	鼻音	h	边音	（舌根和软腭）
塞	j	q		x		（舌面前部和硬腭前部）
擦	zh	ch		sh	r	（舌尖和硬腭前部）
音	z	c		s	擦音	（舌尖和上齿背）

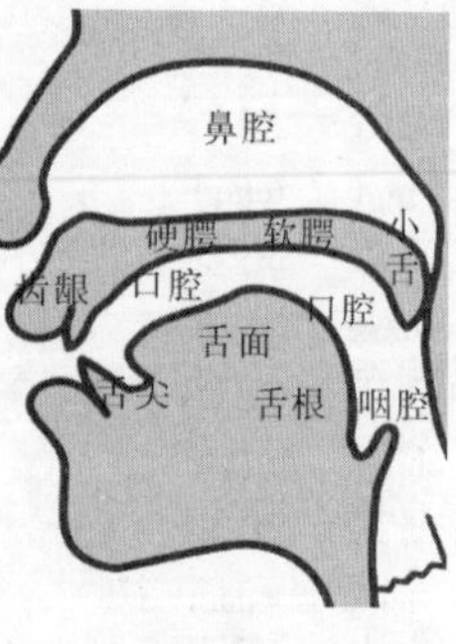

图 2-1

表 2-1 是人们学习声母表时的排列顺序，横向是按发音部位进行的分类，括号内注明了发音气流受阻两个点接触的部位，图 2-1 所示为相应的接触剖面；几条线是根据发音时声带是否震动，气流的强弱及阻碍方式三方面划分的区域。表 2-1 对学习者了解声母的发音理论，建立某个声母在发音部位和发音方法上形成关系的坐标很有用，但在实际

发音的操作中，尤其是对需要矫正发音的学习者来说，应该特别注意发音部位，即口腔上部由前往后七个点与口腔下部唇、舌五个点的定位（见图2－2）。相比较而言，表2－1和表2－2的内容相同，但使用价值不同，配合发音部位和发音方法的表2－1侧重理论，配合图2－2的表2－2侧重实践，二者结合，操作起来效果比较好。希望学习者能熟悉由前往后各个点在口腔中的位置。即：

表2－2

1	b	p	m		（双唇）
			f		（唇齿）
2	z	c	s		（舌尖和上齿背）
	d	t	n	l	（舌尖和上齿龈）
	zh	ch	sh	r	（舌尖和硬腭前部）
3	j	q	x		（舌面前部和硬腭前部）
4	g	k	h		（舌根和软腭）

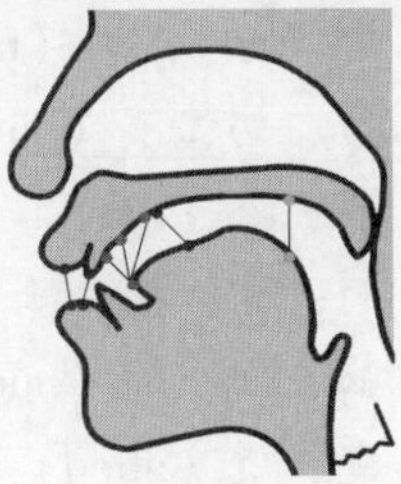

图2－2

一、n与l的发音训练

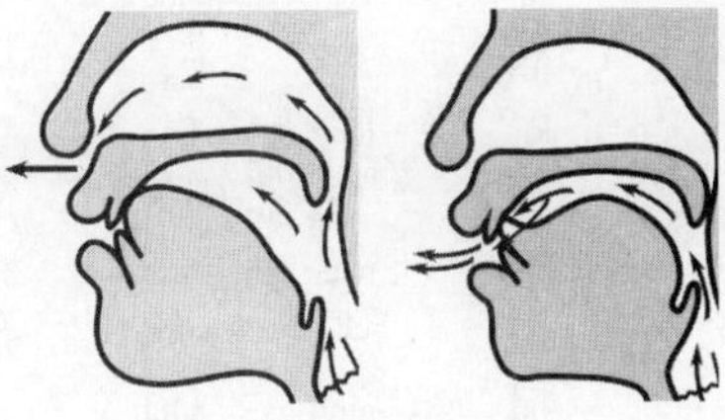

图2－3

在普通话水平测试中，南方方言区，如四川、湖南、湖北、江西、南京等地的一些应试人常感到鼻边音（鼻音n和边音l不分）难以辨分。说其难，是因为在普通话语音系统中，鼻音n和边音l是独立的两个音位音素，它们在相同的语言环境中有辨义作用，如“南”和“蓝”；而在这些方言系统中，鼻边音n和l是一个音位中互为变体的两个音素，“你”和“里”读音一样，n和l没有辨义作用，不需要将二者分得很清楚。所以，与人交往可以依赖的有语言环境，不会影响交际，一般如果缺少语言环境，不仅发好n和l是个难点，区分别人发n和l也是难点。比如：“我最爱吃兰（南）大特色餐厅的‘老干妈牛柳盖饭’”，这个句子中的“牛柳”就是难点，只会发n的人发成了“牛牛”，只会发l的人发成了“柳柳”。

（一）发音要领

n、l不分不仅牵涉的方言区面广，而且顽固，训练时要矫正的关键是控制气流走向：鼻音n的气流要求从鼻腔里流出，边音l的气流要求沿着舌两边从口腔中流出。鉴于不同人发n、l的实际情况，我们归纳了以下两种方法：

1. 捏鼻法

捏鼻法是检验发鼻音还是发边音的好方法。无论是发不好n还是发不好l的人都可以通过这一方法找到发这两个音的感觉。发音时捏住鼻子，声音出不来的是鼻音，能发出声音的就是边音。找到这一感觉需要过程，找到感觉后还必须反复练习，直到把这种感觉巩固下来才有效。

2. 类推法

在n、l不分的人中，有的人并不是没有发这两个音的能力，而是分不清哪些声母为

n，哪些声母为l。方言区的人（n、l不分的方言区人除外）可以根据自己的方音来找规律，凡方言声母是l的，普通话声母也是l，这是因为语音演变在古音系的“来”母中的字几乎没有变化，如广州话中“衣料、录音、老人家”中的“料、录、老”等，方言声母不是l的，普通话声母也不是l。这样，在“词表”中带l的词语可按自己的方音来辨别、判断；带n声母的词语比带l声母的词语少，按照记少不记多的窍门，可根据偏旁类推记忆n声母的一些字（词）。例如：

那：哪（nǎ），那（nà），挪、娜（nuó）

乃：乃、奶、氖（nǎi）

奈：奈、捺（nài）

南：南、喃、楠、蝻（nán）

脑：脑、恼、瑙（nǎo）

囊：囊、囔（nāng）

偏旁类推法可以参看附录一《普通话水平测试用同音字表》。

（二）正音训练

1. 字的练习

	lí	liè	liáo	lù	liáng	lǜ	líng	lǚ	liǔ	lián
l：	漓	劣	疗	陆	良	滤	聆	吕	柳	怜
	lán	léng	liǎn	lòu	liáng	lǒu	lìng	lì	liào	lèi
	婪	棱	脸	陋	凉	篓	另	励	廖	泪
	nèn	nòng	nài	nù	nuó	nán	nài	nuò	ní	nán
n：	嫩	弄	奈	怒	挪	男	耐	懦	呢	南
	ná	niǎo	nìng	nà	niǔ	niào	nǎo	nǎi	niān	nuǎn
	拿	鸟	泞	那	钮	尿	恼	乃	拈	暖

2. 字的对比练习

	lài nài	lán nán	láng náng	lí ní	liè niè	lǎn nǎn
l—n：	癞—耐	拦—难	琅—囊	厘—倪	烈—镍	览—腩
	luò nuò	lào nào	léng néng	liǎn niǎn	liàng niàng	líng níng
	落—懦	烙—闹	棱—能	敛—撵	晾—酿	翎—凝
	náo láo	něi lěi	néng léng	niǎn liǎn	nuǎn luǎn	níng líng
n—l：	挠—劳	馁—磊	能—棱	碾—脸	暖—卵	宁—灵
	nín lín	niú liú	nèi lèi	niáng liáng	niè liè	nà là
	您—林	牛—留	内—累	娘—梁	镊—列	那—辣

3. 词语练习

	lěinián	lànní	liǎngnán	lěngníng	Lǐngnán	lǚniǎo	Lièníng	lǎoniáng
l—n：	累年	烂泥	两难	冷凝	岭南	旅鸟	列宁	老娘
	liúnǎo	liángnóng	liánnián	lìniào	luònàn	língnüè	lúnèi	liúniàn
	流脑	粮农	连年	利尿	落难	凌虐	颅内	留念
	níngliàn	niǎolóng	nènlǜ	nílóng	nǎli	nàiláo	núlì	nàliáng
n－l：	凝练	鸟笼	嫩绿	尼龙	哪里	耐劳	奴隶	纳凉
	nìliú	niánlún	nónglì	niúláng	nuǎnliú	nǎilào	nàolíng	nèiliǎn
	逆流	年轮	农历	牛郎	暖流	奶酪	闹铃	内敛

4. 绕口令练习

①练一练，念一念，你来练，我来念，不怕累，不怕难，n和l，巧分辨。（《练一

练》)

②牛牛来吃河边柳，妞妞护柳扭牛头，妞妞扭牛牛更拗（niù），牛牛扭头顶妞妞，妞妞拿鞭来赶牛，牛牛吓得扭头走。(《牛牛来吃河边柳》)

③老龙恼怒闹老农，老农恼怒闹老龙，农怒龙恼农更怒，龙恼农怒龙怕农。(《老龙恼怒闹老农》)

二、j、q、x 的发音训练

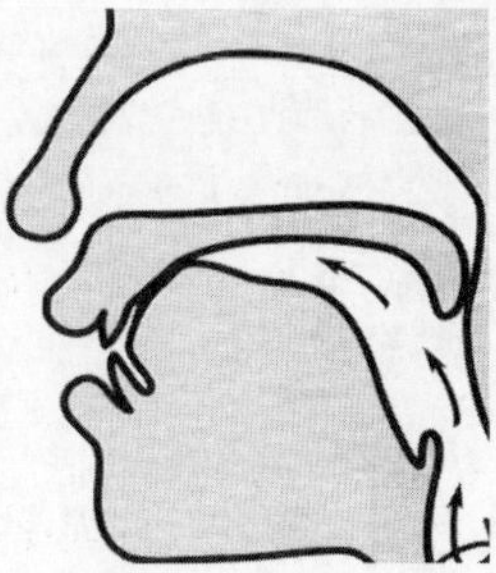

图 2 -4

j、q、x 是声母部分发音出现缺陷较典型而纠正又比较顽固的三组音（j 组、zh 组、z 组）之一，很多人发不好这组音。原因之一是发音的部位太接近，舌头灵活，不好操作；原因之二是受社会语言的影响，即北方的年轻女孩用舌尖偏前、接近齿背的位置发音，以示女性的柔媚、娇气。在南方，如粤方言区没有舌面音，一般会用与舌面音接近的舌叶音替代，或稍不注意就发成了舌尖音；原因之三是“追星”，近些年有不少年轻人把港台明星不规范的发音作为一种时尚来模仿，且影响面极大，还有扩展之势，这是应该引起注意的。其实，练习时不是所有的人都发不好 j 组音，而是容易与舌尖音相混，不知道哪些字应该发什么音。纠正 j 组音的方法有很多，我们最好先把 j 组音与 z 组音区别开来，掌握发音要领，然后再根据不同人的发音问题有针对性地加以纠正。

（一）发音要领

j、q、x 是舌面音，发音时，舌面与硬腭前形成阻碍（见图 2 -4）。发好这组音的关键是舌尖下垂放松，且不能与牙齿形成阻碍，否则便发成了舌尖音 zh、ch、sh 或 z、c、s。发好这组音有如下三种方法：

1. 引导法

对辨别不出舌尖音还是舌面音的人来说，发好 j、q、x 本来就有难度，而其中的 x 更是难点中的难点。不少人即使会发 j 和 q，也还是发不好 x。一般说来，多数人发好 q（七）并不困难，纠正 x 可以利用这三个声母部位相同的原理，通过发 q 或 j 找到 x 的位置，并要保持舌位不动，有意识地在 q 的位置强化发出 x，直练到能控制舌位为止。

2. 颠倒法

j、q、x 是同部位的一类音，有一部分人顺着发 j、q、x 时，发到 x 却与前两个音 j 和 q 的部位明显不同，发成了舌尖音却没能察觉。对有这一特点的人来说，可以试着把 x 调到前面，训练 x、j、q（洗机器），并在 x、j、q— j、q、x 中反复感受发音部位对纠正音类的作用。

3. 区分法

语音演变过程中，z 组和 j 组字的来源错综复杂，但有大致的规律，我们可以利用“声韵配合表”中 z、c、s 与 j、q、x 的互补关系来辅助纠正发音也是一种有效的方法。z 组音后跟开口呼韵母和合口呼韵母，j 组后跟齐齿呼韵母和撮口呼韵母。方言区人发不好这几组音，并不都是单一的声母读音错误问题，多数情况是伴随着韵母同时出错。练习时，要注意听辨自己发出的韵母是开、齐、合、撮中的哪一呼，如果想发 z、c、s，而后面的韵母却是 i 和 ü，或以 i、ü 开头的韵母音色，那么发出的声母一定是错误的；反过来，如果想发 j、q、x，后面却出现开口呼、合口呼韵母的音色，发出的声母也一定是错误的。

（二）正音训练

1. 字的练习

	jìng	jīn	jiè	jí	jiē	jiǎn	jìn	jiàng	jú	jīng
j：	竞	金	介	吉	皆	检	劲	犟	桔	京
	jí	jiàn	jiāo	jīn	jué	jī	juān	jiào	jiù	jìn
	辑	剑	娇	巾	决	基	鹃	轿	旧	晋
	qí	qiū	què	qīng	qǐ	qún	qìng	qū	qiā	quán
q：	骑	邱	雀	卿	岂	裙	庆	岖	掐	泉
	qín	què	qǐ	qù	qiào	qià	quán	qiú	qǐng	qián
	噙	却	启	趣	鞘	恰	拳	酋	顷	前
	xiāo	xué	xiē	xiù	xiāng	xù	xī	xiá	xuǎn	xiǔ
x：	箫	穴	歇	锈	厢	旭	皙	匣	选	朽
	xīn	xíng	xiàn	xìn	xuān	xiào	xiàn	xià	xī	xù
	馨	型	县	衅	暄	啸	宪	厦	兮	续

2. 词语练习

	jìnqīn	jiàqī	jīngqiǎo	jìnqū	juéqǐ	jǐnquē	jiāoqī	jiǎngquàn
j—q：	近亲	假期	精巧	禁区	崛起	紧缺	胶漆	奖券
	jíqǔ	jiāqín	juānqū	jiǔquán	jiēqià	jiùqǐn	jùnqiào	jìqiú
	汲取	家禽	捐躯	九泉	接洽	就寝	峻峭	冀求
	jīxiào	jiàoxùn	jùxīng	jīngxǐ	jiàoxiāo	jìxiàng	jiěxī	jūnxián
j—x：	讥笑	教训	巨星	惊喜	叫嚣	迹象	解析	军衔
	jiāxiāng	juānxiàn	jiànxì	jìxiào	jùnxiù	jiǎoxìng	jiāoxué	jìngxī
	家乡	捐献	间隙	绩效	俊秀	侥幸	教学	敬悉
	qúnjū	qiánjǐng	qíjiān	qióngjié	quànjiě	qìngjia	qiújiù	qíjú
q—j：	群居	前景	其间	穷竭	劝解	亲家	求救	棋局
	qièjì	qiángjiā	qǔjīng	qīngjiǎo	qìjù	qiāojī	qiànjiù	qìjī
	切忌	强加	取经	倾角	器具	敲击	歉疚	契机
	qiānxùn	quēxiàn	qūxiàng	qiānxǐ	quēxiě	qínxián	qūxī	qīngxī
q—x：	谦逊	缺陷	趋向	迁徙	缺血	琴弦	屈膝	清晰
	qīxī	qiánxīn	qūxié	qiēxiàn	quánxiàn	qiūxùn	qīnxí	qiāoxiǎng
	栖息	潜心	驱邪	切线	权限	秋汛	侵袭	敲响
	xiánjìng	xiūjiǎn	xúnjià	xiánjiē	xiùjué	xuánjī	xiàngjiāo	xiànjǐng
x—j：	娴静	修剪	询价	衔接	嗅觉	玄机	橡胶	陷阱
	xíjuǎn	xièjué	xūjīng	xiējiǎo	xúnjǐng	xiōngjīn	xuèjiāng	xiǎnjùn
	席卷	谢绝	虚惊	歇脚	巡警	胸襟	血浆	险峻
	xiānqū	xúnqiú	xīquē	xiànquān	xuěqīng	xīqǔ	xiáqū	xiāngqiàn
x—q：	先驱	寻求	稀缺	线圈	雪青	吸取	辖区	镶嵌
	xièqì	xiānqiǎo	xùnqī	xǐquè	xiūqiè	xīnqín	xiāoqiǎn	xiùqiú
	泄气	纤巧	汛期	喜鹊	羞怯	辛勤	消遣	绣球

3. j、q、x 与 z、c、s 相连词语的练习

	zájiāo	zòngjiǔ	zuòjià	zǐjīng	zūjiè	zìjǐ	zuànjiè	zēngjiā
z—j：	杂交	纵酒	座驾	紫荆	租界	自给	钻戒	增加
	zǔjiàn	zāojié	zuìjìn	zàijiā	zūnjìng	zàojù	zōngjì	zújīn
	组建	遭劫	最近	在家	尊敬	灶具	踪迹	足金

	jǐnzǎo	jiùzāi	juànzōng	jiāzú	jiànzào	jiézuò	jùzǎi	jiānzéi
j—z：	尽早	救灾	卷宗	家族	建造	杰作	拒载	奸贼
	juézé	jiāzá	jūnzī	jìzǔ	jiézòu	juānzèng	jiǎngzuò	jiāozòng
	抉择	夹杂	军姿	祭祖	节奏	捐赠	讲座	骄纵
	cáiquán	cúnqī	cāqiāng	cǎiqí	cuànquán	cāngqióng	cíqì	cánquē
c—q：	财权	存期	擦枪	彩旗	篡权	苍穹	瓷器	残缺
	cuìqǔ	càiqí	cūqiǎn	cānquàn	cùqǐng	cǎoqiān	cíqù	cóngqián
	萃取	菜畦	粗浅	餐券	促请	草签	辞去	从前
	qūcóng	qīcǎn	qīngcōng	quáncūn	qiēcuō	qǐcǎo	qiáncáng	qīngcuì
q—c：	屈从	凄惨	青葱	全村	切磋	起草	潜藏	清脆
	qiāocuò	qìcái	qiǎncí	qiáocuì	qíàn	qiāncéng	qīngcāng	qīcǎi
	敲错	器材	遣词	憔悴	奇案	千层	清仓	七彩
	sùxiě	sànxí	suǒxīn	sāixiàn	sīxù	sōngxiè	suōxiǎo	suíxiǎng
s—x：	速写	散席	锁芯	腮腺	思绪	松懈	缩小	随想
	sīxīn	sūxǐng	sōuxún	sùxiàng	sīxián	sòngxíng	sùxiàn	suǒxì
	私心	苏醒	搜寻	塑像	丝弦	送行	素馅	琐细
	xísú	xiūsè	xuánsūn	xiāosè	xuèsī	xiāngsì	xiāosuān	xùnsù
x—s：	习俗	羞涩	玄孙	萧瑟	血丝	相似	硝酸	迅速
	xiánsǎn	xuěsōng	xiànsuǒ	xūsǔn	xiāosǎ	xuǎnsòng	xīnsuān	xiāngsuàn
	闲散	雪松	线索	虚损	潇洒	选送	辛酸	香蒜

4. 绕口令练习

①七巷有个漆匠，西巷有个锡匠。七巷的漆匠叫七喜，西巷的锡匠叫稀奇；七喜给旧机器漆油漆，叫西巷的锡匠先焊锡；七喜刷新了旧机器，稀奇见七喜叫奇迹。（《漆匠和锡匠》）

②姐姐借刀切茄子，去把儿去叶儿斜切丝，切好茄子烧茄子、炒茄子、蒸茄子，还有一碗闷茄子。（《姐姐借刀切茄子》）

③小溪流水哗啦啦，小华拿簸箕（bòji）去捞虾。捞起半簸箕泥和沙，中间裹着大河虾。大虾跳水响哗哗，小华簸箕里跳走了大河虾。（《捞虾》）

三、f、k 与 h 的发音训练

从发音原理说，f 和 h 都是擦音，发音的部位相距较远，音色也不同，一般不会相混。但语音演变过程中这两个音在部分方言分混不一，情况相当复杂。在粤方言、湘方言、闽方言等地区都有二者相混的现象，规律不明显，不过，多数人把 h 读作 f。如广州话的“分”和“婚”声母都是 f，长沙话的“府”和“湖”声母也是 f。有部分方言区人经常把 k 与 h 混在一起，但多数是把 h 发成 k，“喝水”说成“科水”。从图 2－5 可以看出，k 与 h 都是舌根音，但发音方法不同，k 是送气的清塞音，h 是清擦音，所以 f、h、k 也成了一些人的发音难点。

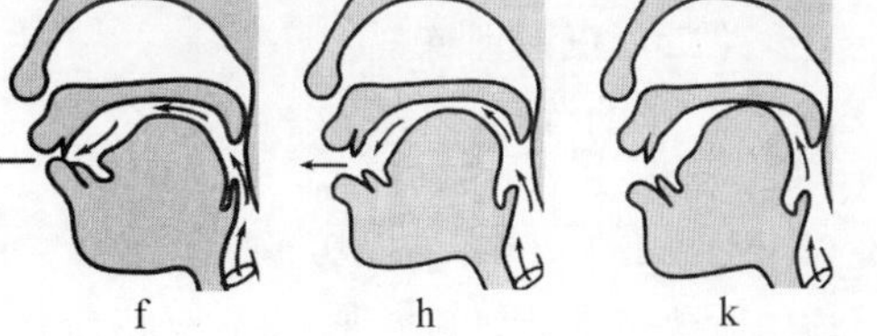

图 2－5

（一）发音要领

分清 f 和 h 的关键是掌握发音部位。发 f 时控制好下唇，要求下唇略抬，使上齿与下唇的内缘轻轻接触，见图2－5，f图；发h是舌根与软腭接触，见图2－5，h图。区别k与h的关键是发音方法。k是塞音，要求舌根与软腭接触形成的阻碍能完全闭塞，然后突然放开，气流冲出阻碍爆发成声，见图2－5，k图；h是擦音，要求舌根与软腭接触形成的阻碍中间留有窄缝，气流从缝隙间摩擦成声。

发好这几个音，可采取以下方法。例如：

1. 记忆法

记忆法是指利用形声字声旁来记忆一串字。按这一方法，只要对某个字有印象，其他字的声母也能凭记忆类推出来（如有例外要单独记）。例如：

非：非、菲、啡、绯、扉、霏（fēi），诽、匪、斐、翡（fěi），痱（fèi）

反：反、返（fǎn），饭、贩（fàn）

奂：换、焕、涣、唤、痪（hàn）

火：火、伙、钬（huǒ）

可：柯、苛、珂、坷、疴（kē）

利用形声字声旁来记忆可以参看附录一《普通话水平测试用同音字表》。

2. 辨别法

查阅“普通话音节表”会发现，f除u以外不和u开头的韵母相拼，在f、h相混的字中，如果与u开头的韵母相拼，它的声母读音一定是h，如“花、魂、晃”都不是f声母的字。需要注意的是hu－音节的字中，粤方言除了把声母读成f外，还有一部分读作零声母，如“华、黄”等。方言读f声母的普通话多为阴平字，方言读零声母的，普通话多为阳平字。这样可以把相混的f声母和h声母字在普通话中辨别出来。

3. 判断法

在f和h不分的方言中，因声母来源不同形成的分混现象，可以在方言中找出大致的规律提示自己，如粤方言中舌根塞音和喉擦音声母古今相对统一，如“叫、搞、臼、晓、好”；而关键是中古“溪”母字在粤方言中读f和h的都有，如普通话读“科、库”，方言读f声母（古合口韵，与开口韵比开口度小些），这部分可凭方言语感先把它筛选出来；另一部分普通话读“考、区”，方言读h（古开口韵、合口韵都有），但通过前面方言f声母的筛选，这部分声母虽然读h，也可按规律判断为k。

（二）正音训练

1. 字的练习

	fá	fěi	fāng	fēng	fó	fǎng	fān	fù	fān	fú
f:	伐	翡	坊	枫	佛	仿	翻	附	帆	伏
	fǒu	fǎn	fēng	fèi	fàn	fá	fū	fěi	fèng	fàn
	否	返	疯	废	犯	乏	肤	匪	凤	范
	huī	huò	hā	hān	hǎo	huì	hú	hé	hán	huàn
h:	徽	祸	哈	憨	郝	诲	胡	荷	函	换
	hē	hòu	hài	huá	hé	hū	huì	háo	hóng	huáng
	呵	候	害	划	禾	忽	慧	壕	鸿	黄
	kū	kǒng	kǎn	kǎ	kòu	kòng	kuò	kuàng	kē	kuì
k:	窟	孔	坎	咯	叩	控	扩	矿	柯	溃
	kuà	kěn	kǎi	kuài	kuǎn	kòu	kēng	kào	kuā	kūn
	跨	啃	慨	块	款	扣	坑	靠	夸	坤

2. 字的对比练习

	fā hā	fǔ hǔ	fèi huì	fǒu hǒu	fāng hāng	fěn hěn
f—h：	发—哈	斧—虎	费—会	否—吼	方—夯	粉—很
	huī fēi	hú fú	hēi fēi	féng héng	fù hù	fán hán
h—f：	挥—飞	湖—扶	黑—非	冯—横	复—户	繁—含
	kǔ hǔ	kuǎn huǎn	kuì huì	kàn hàn	kā hā	kuāng huāng
k—h：	苦—虎	款—缓	馈—讳	看—汗	咖—哈	筐—慌
	hè kè	hěn kěn	hǎn kǎn	hǎi kǎi	hǒu kǒu	hūn kūn
h—k：	贺—课	狠—肯	喊—侃	海—楷	吼—口	婚—昆

3. 词语练习

	kǎohé	kùnhuò	kēhuàn	kǒnghuāng	kànghéng	kuānhóng
k—h：	考核	困惑	科幻	恐慌	抗衡	宽宏
	kǎhào	kǔhán	kāiháng	kuòhú	kèhuà	kuánghuān
	卡号	苦寒	开航	括弧	刻画	狂欢
	kūhǎn	kěhèn	kuíhuā	kūhuáng	kānhù	kǒuhóng
	哭喊	可恨	葵花	枯黄	看护	口红
	huìkè	hǎokàn	háokè	hēikè	huíkuì	hékuàng
h—k：	会客	好看	毫克	黑客	回馈	何况
	huòkuǎn	héngkuà	huānkuài	huàkuàng	húkǒu	hōngkǎo
	货款	横跨	欢快	画框	糊口	烘烤
	huànké	hángkōng	huǒkàng	hóngkuò	hékān	huángkǒng
	换壳	航空	火炕	宏阔	合刊	惶恐

4. 词语对比练习

	fánxīn hánxīn	fùlì hùlì	fāngtáng huāngtáng
f—h：	烦心—寒心	复利—互利	方糖—荒唐
	fěibàng huǐbàng	fángkōng hángkōng	huánghòu fánghòu
	诽谤—毁谤	防空—航空	皇后—房后
	fùyuán hùyuán	fēiwǔ huīwǔ	fēnqián hūnqián
	复员—互援	飞舞—挥舞	分钱—婚前
	fèihuà huìhuà	fúdù húdù	fēnglì hēnglì
	废话—绘画	幅度—弧度	风力—亨利
	kǔkǒu hǔkǒu	kuānxīn huānxīn	kuángcǎo huángcǎo
k—h：	苦口—虎口	宽心—欢心	狂草—黄草
	kùlì hùlì	kuàyè huàyè	kuàishì huàishì
	酷吏—互利	跨业—画业	快事—坏事
	kuìzèng huìzèng	kàndài hàndài	kǎnjià hǎnjià
	馈赠—惠赠	看待—汉代	砍价—喊价
	kuāshì huāshì	kuòhào huòhào	kuāngmiù huāngmiù
	夸饰—花市	括号—货号	匡谬—荒谬

5. 绕口令练习

①风吹灰飞，灰飞花上花堆灰。风吹花灰灰飞去，灰在风里飞又飞。（《风吹灰飞》）

②凤凰墙上画凤凰，红凤凰，黄凤凰，粉红凤凰花凤凰。（《凤凰墙上画凤凰》）

③黑化肥，草木灰，都是庄稼好灰肥。肥挥发，灰发黑，风吹肥灰堆成堆。化肥挥发会发黑，黑灰挥发会飞花。要保肥灰有肥力，肥灰施肥胜粪肥。（《黑化肥》）

④阁上一窝鸽，鸽渴喝水叫咯咯。哥哥登阁搁水给鸽喝，鸽子喝水不渴不咯咯。

（《阁上一窝鸽》）

⑤哥挎瓜筐过宽沟，赶快过沟看怪狗，光看怪狗瓜筐扣，瓜滚筐空哥怪沟。（《哥挎瓜筐过宽沟》）

四、z、c、s 和 zh、ch、sh 的发音训练

普通话声母有平（z、c、s）、翘（zh、ch、sh、r）舌音之分，可是多数方言都分不清这两组音，这是普通话学习的一大难点。但在普通话水平测试中把握好这两组音至关重要，尤其是翘舌音，出现频率很高。从表面看，翘舌音只有4个，而在“现代汉语常用字表”中约有750个字，就朗读而言，每篇作品中都会出现20~45次（不包括重复出现的字词）。从语言层次性角度观察，一个音把握不好就可能扩展到翘舌音系列，进而影响到语言各层次与翘舌音有关的问题，所以在普通话测试中，平翘舌音是不能忽视的语言点。

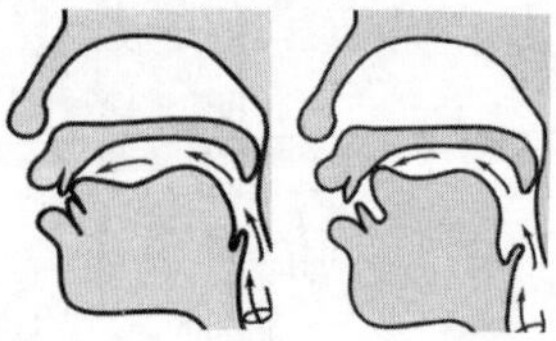
z组　　zh组

图2-6

（一）发音要领

按照发音原理，平翘舌音的发音方法相同，而发音部位不同，发平舌音时舌尖与上齿背成阻，也叫舌尖前音。见图2-6，z组。发翘舌音时舌尖与硬腭前成阻，也叫舌尖后音。见图2-6，zh组。区分这两组音的关键是控制好发音部位：发准平舌音，舌尖平直碰牙齿；说对翘舌音，舌头千万别伸直。

区分清这两组音，可以采用以下三种方法：

1. 记少不记多

在普通话中，翘舌音声母的字比平舌音声母的字多，它们之间的比例大概是6.5∶3.5，因此，记住平舌音声母的字，也自然将其与翘舌音声母的字区分开了。例如：

ca：擦、嚓（cā）

cha：插、差、叉（chā），查、搽、察（chá），岔（chà）

zen：怎（zěn）

zhen：真、针、甄（zhēn），枕（zhěn），阵、震（zhèn）

zeng：曾、层（céng）

cheng：称（chēng），成、乘、盛、程（chéng），秤（chèng）

2. 偏旁类推法

在记少不记多的同时，还可以针对形声字采用偏旁类推的简化记忆法。记住一些简单的翘舌音或平舌音声母的字，当这些字做形声字的声旁时，带有相同声旁的字大多也属于相同的平舌音或翘舌音。例如：

中：钟、盅、忠、衷（zhōng）

申：绅、伸（shēn），神（shén），审、婶（shěn）

宗：综、棕、踪、鬃（zōng），粽（zòng）

采：踩、彩、睬、唻、婇（cǎi）

当然，会有例外，如“寸：村、忖（c）”一组，“衬（ch）”例外，需要单独记忆。

偏旁类推可以参看附录一“普通话水平测试用同音字表”。

3. 声旁判断法

语言是发展的，按语音系统内部渐变性、不平衡性的演变规律，普通话声母为 zh、ch、sh 的字有一部分在上古声母中读 d、t，这一现象在某些方言的部分字中还保留着，我们可以利用形声字的声旁来推断。例如：

停滞　　整治　　破绽　　胡说　　鸭肫　　鞭笞

郑重　　初步　　撞车　　纯洁　　税务　　澄清

这些加点字的声旁“带、台、定、兑、屯、奠、刀、登”等字的声旁都是 d 或者 t，但是带加点字本身的普通话读音并不读作 d 或 t，只是确定不了它们该读平舌音还是翘舌音。如果了解古今读音的变化，就可以确定它们应该读翘舌音。反过来，从另一个角度来理解这条规律，有些字普通话声母是 d 或者 t 的，带这些声旁字的声母往往是翘舌音。如屠 tú 中的“者”读翘舌音，那么“都、赌、堵、睹”中的“者”，也都读作翘舌音；根据这一规律，再接着用偏旁类推法类推，那么，带“者”偏旁的字也都读作翘舌音。类似的如：

抟（tuán）→专（zhuān）专→传、砖、转

调（diào、tiáo）→周（zhōu）周→绸、稠、惆

弹（dàn、tán）→单（dān）单→阐、蝉、婵、禅

迢（tiáo）→召（zhào）召→招、照、昭、沼、诏

涛（tāo ）→寿（shòu）寿→俦、筹、畴、帱、踌

（二）正音训练

1. 字的练习

	záo	zī	zā	zāi	zǔ	zǒu	zōng	zào	zūn	zé
z：	凿	兹	咂	灾	祖	走	鬃	皂	遵	泽
	zàng	zǎi	zēng	zǎo	zǐ	zuì	zán	zào	zuàn	zěn
	葬	仔	曾	枣	姊	罪	咱	燥	钻	怎
	cáo	cè	càn	céng	cōng	cāng	cuī	cè	cóng	cuàn
c：	嘈	厕	灿	层	葱	舱	摧	册	从	篡
	cāo	cán	cuì	cūn	cǐ	cén	cuō	cáo	cì	cùn
	糙	惭	啐	村	此	岑	撮	槽	赐	寸
	sǎ	suì	sāo	sì	sù	sòng	sēng	sù	suì	sēn
s：	洒	隧	骚	嗣	诉	诵	僧	肃	祟	森
	sī	sòng	sā	sǎng	sōu	sào	sù	sòng	suǒ	sūn
	私	颂	仨	嗓	搜	臊	速	讼	所	孙
	zhǔ	zhà	zhāi	zhì	zhǎn	zhuān	zhǎng	zhào	zhèng	zhuī
zh：	煮	榨	斋	稚	盏	专	涨	罩	郑	椎
	zhèng	zhòu	zhū	zhèn	zhuó	zhè	zhàng	zhōu	zhēng	zhuàng
	挣	昼	诸	阵	啄	这	杖	州	蒸	幢
	chā	chuáng	chì	chún	chāi	chán	chú	chóng	chén	chóu
ch：	叉	床	斥	唇	拆	蝉	锄	崇	辰	酬
	chě	chuí	cháo	chí	chāng	chǒu	chuàn	chén	chāo	chéng
	扯	锤	嘲	驰	娼	丑	串	晨	抄	承
	shuò	shà	shū	shì	shuān	shàn	shān	shuí	shào	shǔ
sh：	烁	霎	抒	逝	拴	擅	衫	谁	绍	属

shī	shǎn	shòu	shùn	shèng	shǐ	shǔ	shè	shòu	shǎng
尸	陕	售	顺	剩	屎	曙	赦	兽	赏

2. 字的对比练习

	zài zhài	zuì zhuì	zǎo zhǎo	zēng zhēng	zào zhào	sōu shōu
z—zh：	载—债	最—缀	早—找	曾—征	噪—照	搜—收
	zǔ zhǔ	zuàn zhuàn	zěn zhěn	zá zhá	zūn zhūn	zāng zhāng
	组—主	钻—赚	怎—诊	杂—闸	遵—谆	脏—张
	zú zhú	zuó zhuó	zǐ zhǐ	zǎi zhǎi	zé zhé	zòu zhòu
	族—逐	昨—灼	紫—纸	宰—窄	择—哲	奏—皱
	cāo chāo	cén chén	cái chái	cāng chāng	cí chí	cǔn chǔn
c—ch：	操—超	岑—陈	财—柴	苍—昌	瓷—池	忖—蠢
	cān chān	cūn chūn	cè chè	cā chā	cáng cháng	cuō chuō
	餐—掺	村—春	侧—撤	擦—插	藏—常	搓—戳
	cǎn chǎn	cì chì	céng chéng	cán chán	cǎo chǎo	cè chè
	惨—产	刺—赤	层—成	蚕—馋	草—炒	策—澈
	sè shè	sǎ shǎ	sēn shēn	sēng shēng	sǔn shǔn	suān shuān
s—sh：	瑟—摄	撒—傻	森—身	僧—生	笋—吮	酸—栓
	sāi shāi	suō shuō	suàn shuàn	sāng shāng	sāo shāo	sàng shàng
	腮—筛	缩—说	蒜—涮	桑—伤	搔—捎	丧—尚
	sā shā	sū shū	suō shuō	sè shè	sà shà	suì shuì
	仨—砂	酥—书	梭—说	涩—涉	飒—煞	碎—睡

3. 词语练习

	zuìzhèng	zāizhòng	zànzhù	zōngzhǐ	zēngzhí	zàizhě	zīzhèng
z—zh：	罪证	栽种	赞助	宗旨	增值	再者	咨政
	zāzhàng	zǔzhǐ	zīzhǎng	zǔzhòu	zìzhuàn	zūnzhào	zuòzhèn
	扎帐	阻止	滋长	诅咒	自传	遵照	坐镇
	zhèngzài	zhìzǐ	zhùzào	zhízé	zhuǎnzǎi	zhuāngzào	zhìzūn
zh—z：	正在	质子	铸造	职责	转载	装载	至尊
	zhāngzuǐ	zhōngzǐ	zhǎozé	zhùzuò	zhīzuì	zhǔzǎi	zhòuzēng
	张嘴	中子	沼泽	著作	之最	主宰	骤增
	cǎochuàng	cúnchǔ	cáichǎn	cùchéng	cānchán	cánchuǎn	cāchuāng
c—ch：	草创	存储	财产	促成	参禅	残喘	擦窗
	cūchá	cíchéng	cǎichóu	cèngchē	cìchuān	cāochí	cāichū
	粗茶	辞呈	彩绸	蹭车	刺穿	操持	猜出
	chōucè	chǔ cí	chúncuì	chícāng	chóucuò	chuǎicè	chuáncāng
ch—c：	抽测	楚辞	纯粹	持仓	筹措	揣测	船舱
	chīcù	chuāncài	chūcì	chúcǎo	chūcǎi	chōngcì	chàngcí
	吃醋	川菜	初次	除草	出彩	冲刺	唱词
	sāshǒu	sànshī	sāngshì	sīshú	sǎoshè	sùshuō	sōushēn
s—sh：	撒手	散失	丧事	私塾	扫射	诉说	搜身
	suōshǐ	sōngshǔ	sāngshèn	sǎshuǐ	sàshuǎng	sòngshěn	suìshí
	唆使	松鼠	桑椹	洒水	飒爽	送审	碎石
	shénsì	shàosuǒ	shāsēng	shūsàn	shǒusuì	shèngsuàn	shànsù
sh—s：	神似	哨所	沙僧	疏散	守岁	胜算	膳宿
	shòusī	shānsè	shénsù	shìsú	shéngsuǒ	shōusuō	shànsī
	寿司	山色	神速	世俗	绳索	收缩	善思

4. 词语对比练习

	zǔlì　zhǔlì	zìxù　zhìxù	zǎodào　zhǎodào
z—zh：	阻力—主力	自序—秩序	早稻—找到
	zúzi　zhúzi	zàojiù　zhàojiù	zāihuā　zhāihuā
	卒子—竹子	造就—照旧	栽花—摘花
	zànshí　zhànshí	zīyuán　zhīyuán	zìyuàn　zhìyuàn
	暂时—战时	资源—支援	自愿—志愿
	xiǎozōu　xiǎozhōu	zōngzhǐ　zhōngzhǐ	zēngguāng　zhēngguāng
	小邹—小舟	宗旨—终止	增光—争光
	mùcái　mùchái	tuīcí　tuīchí	cāozòng　chāozhòng
c—ch：	木材—木柴	推辞—推迟	操纵—超重
	cūnzhuāng　chūnzhuāng	èr céng　èr chéng	cūbù　chūbù
	村庄—春装	二层—二成	粗布—初步
	cāshǒu　chāshǒu	cítáng　chítáng	yúcì　yúchì
	擦手—插手	祠堂—池塘	鱼刺—鱼翅
	luàncǎo　luànchǎo	cǎndàn　chǎndàn	cónglái　chónglái
	乱草—乱吵	惨淡—产蛋	从来—重来
	sānjiǎo　shānjiǎo	sìyì　shìyì	wǔsuì　wǔshuì
s—sh：	三角—山脚	肆意—示意	五岁—午睡
	sǎnguāng　shǎnguāng	sōují　shōují	jìnsì　jìnshì
	散光—闪光	搜集—收集	近似—近视
	sǐjì　shǐjì	sīzhǎng　shīzhǎng	sūyóu　shūyóu
	死记—史记	司长—师长	酥油—输油
	sāizi　shāizi	sùmiáo　shùmiáo	sāngyè　shāngyè
	塞子—筛子	素描—树苗	桑叶—商业

5. 绕口令练习

①四是四，十是十，十四是十四，四十是四十。谁说四十是戏习，谁的舌头没用力；谁说四十是事实，谁的舌头没伸直。说准四十和十四，常常练说四十四。(《四和十》)

②隔着窗户撕字纸，一次撕下横字纸，一次撕下竖字纸，横竖两次撕了四十四张湿字纸。(《撕字纸》)

③这是蚕，那是蝉，蚕常在叶里藏，蝉常在林里唱。(《蚕和蝉》)

④山上住着三老子，山下住着三小子，山腰住着三哥三嫂子。山下三小子，找山腰三哥三嫂子，借三斗三升酸枣子，山腰三哥三嫂子，借给山下三小子三斗三升酸枣子。山下三小子，又找山上三老子，借三斗三升酸枣子，山上三老子，还没有三斗三升酸枣子，只好到山腰找三哥三嫂子，给山下三小子借了三斗三升酸枣子。过年山下三小子打下酸枣子，还了山腰三哥三嫂子，两个三斗三升酸枣子。《酸枣子》

五、r与l的发音训练

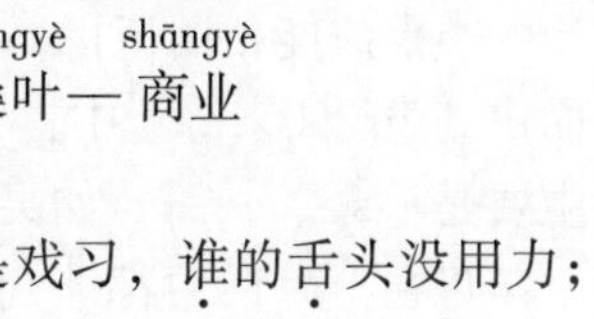
r　　l

图2-7

r和l都是舌尖浊辅音声母，发音部位靠得极近，比s和sh的距离还要近，所以只要舌尖接触的部位稍有偏离，就很难分辨彼此的音色。没有翘舌音的各方言区，存在的问题也不同，如东北地区常有人把r读作y，广州地区也有类似的情况，而吴方言区、赣方言区，常常把r读作l。其实分不清这两个音的人，并不一定不会发这两个音，如吴方言区有不少人会发 r 这个翘舌音，但只要和韵母拼成音节，舌尖就自然放下，前移到上齿龈，把 ru 发成 lu，把 ran 发成了 lan。

（一）发音要领

这两个音相混，通常是把 r 错发作 l，发音的关键是分清近距离的两个发音部位，r 韵母的部位见图 2 – 7，r 图，l 韵母的部位见图 2 – 7，l 图，要求严格按前面示意图 2 – 7 找到各自不同的位置，然后逐一区别。练习时可以通过以下三种方法加以纠正。

1. 定音法

定音是指定准发音的部位，可以分三步进行：第一，按呼读音把 ri（日）韵母（ – i [ʅ]）音延长，在找准翘舌音这个位置的基础上，舌尖位置保持不变；第二，在发音的同时感受发音部位是否如图 2 – 7 中 r 图所示，监听自己发出的音是否正确，体会并巩固发音的位置；第三，在准确的位置发 zhi、chi、shi 加以验证。例如：

ri（找准位置）→ri……（位置不变，延长发音）→zhi、chi、shi（验证）

2. 排除法

在分辨 n、l 声母采用的类推法时，我们已经学习了根据自己的方音找规律的方法。类似地，在分辨 r 和 l 声母时，可以先把相混词语中凡是方言声母是 l 的（普通话声母也是 l）词语排除在外，再按定音法固定的发音部位快速发出与开口呼韵母（e、ao、ou、an、en、ang、eng、ong）和合口呼韵母（u、uo、uei、uan、uen）相拼的音节，并进行大量字词的巩固练习。

3. 类推法

类推法能帮助记忆，提示自己哪类字一般有什么规律，r 和 l 声母字的来源不同，前面讲到声母 l 来源于中古音“来”母，而声母 r 来源于中古音“日”母，演变到其他方言主要是 [z]、[ȵ]，如吴方言中“人、日”有文白（书面语、口语）异读的区别，这两个声母在上海话中都能用到，而其他也不完全一致，“然、如”读 [z]，“肉、软”读 [ȵ]。粤方言区各地大都读 [j]，如“热、绕、肉、然、人、让、扔、如、弱、锐、软、润”声母都读作 [j]，东莞一带有读 [z] 的，五邑地区，尤其是台山的读音又不同。这说明方言不读 [l] 的，普通话声母也不读 [l]

（二）正音训练

1. 字的练习

	lián	liè	luó	láng	líng	lín	léi	lǜ	liú	lǔ
l：	帘	猎	罗	郎	伶	霖	镭	律	馏	掳
	liǔ	liáo	lěi	lüè	lài	líng	lěng	lǐ	liǎn	liàng
	柳	嘹	蕾	掠	癞	灵	冷	锂	脸	亮
	rì	rě	rǎn	rèn	rǎng	róng	rǎo	ruò	rèn	ruǎn
r：	日	惹	染	纫	嚷	容	扰	若	认	软
	rè	ròu	ruǐ	rén	róng	rùn	ruì	róu	réng	rǔ
	热	肉	蕊	仁	绒	闰	瑞	揉	仍	乳

2. 字的对比练习

	rán lán	ruǎn luǎn	réng léng	ròu lòu	róng lóng	ràng làng
r—l：	然—篮	软—卵	仍—棱	肉—漏	荣—龙	让—浪
	rùn lùn	ruò luò	rè lè	rú lú	rào lào	ruǐ lěi
	润—论	若—落	热—乐	如—炉	绕—涝	蕊—磊

	luò ruò	lù rù	lóu róu	lóng róng	lú rú	lán rán
l—r：	骆—弱	路—人	楼—揉	隆—融	卢—儒	兰—燃
	lǎng rǎng	lǎo rǎo	láo ráo	lǒng rǒng	lùn rùn	lèi ruì
	朗—壤	老—扰	牢—饶	垄—冗	论—闰	累—睿

3. 词语练习

练习一

	lùlù	lìlǜ	liúlǎn	liánluò	línglì	lǐnglüè	liànglì	liúlí
l—l：	碌碌	利率	浏览	联络	伶俐	领略	亮丽	琉璃
	liúliàn	línglì	lèlìng	línglóng	línlǐ	láilín	láolèi	lìlì
	留恋	凌厉	勒令	玲珑	邻里	来临	劳累	沥沥
	ráorén	rěnrǔ	róuruǎn	réngrán	róngrù	rúrǎn	róurùn	rāngrang
r—r：	饶人	忍辱	柔软	仍然	溶入	濡染	柔润	嚷嚷
	róngrěn	rěnràng	rěrén	róngrǔ	ruǎnruò	rúruò	róurèn	rǎnrǎn
	容忍	忍让	惹人	荣辱	软弱	如若	柔韧	冉冉
	ránliào	rénlèi	liáorě	rèliè	rǎoluàn	róngliàn	rǔlào	róulìn
r—l：	燃料	人类	撩惹	热烈	扰乱	熔炼	乳酪	蹂躏
	ruìlì	rìluò	rànglì	rènlǐng	ruǎnlèi	rèlà	ròuliú	rèliàn
	锐利	日落	让利	认领	软肋	热辣	肉瘤	热恋
	làrǎn	lìrú	liǎorán	lièrì	lěngrè	lírèn	lǐràng	lùróng
l—r：	蜡染	例如	了然	烈日	冷热	离任	礼让	鹿茸
	liánróng	língrǔ	lǐnrán	làròu	luànrēng	liúrù	liǎngrén	liúrèn
	莲蓉	凌辱	凛然	腊肉	乱扔	流入	两人	留任

练习二

	liáocǎo	láogù	líba	lèitái	luǒzhuāng	làngfèi	liáoyuán	lǐdiàn
l—：	潦草	牢固	篱笆	擂台	裸妆	浪费	燎原	锂电
	lǎma	lǐzhì	luókuāng	liányī	língjiàn	lěngjìng	luójí	liàoxia
	喇嘛	理智	箩筐	涟漪	零件	冷静	逻辑	撂下
	ráoshù	róngnà	rènpèi	rènjiào	rìhòu	róngyào	rúshí	rúxué
r—：	饶恕	容纳	纫佩	任教	日后	荣耀	如实	儒学
	róngmáo	rǔméi	ruǎngǔ	ròutǐ	rùnhuá	réngjiù	rúyuàn	ránliào
	绒毛	乳酶	软骨	肉体	润滑	仍旧	如愿	燃料
	tóulú	mǔlì	zhélǐ	shālì	tiánluó	páiliè	shuǎlài	cèlüè
—l：	头颅	牡蛎	哲理	沙砾	田螺	排列	耍赖	策略
	dǒulì	tóngliáo	jīliú	bālí	pīlì	mèilì	kēlì	hūlüè
	斗笠	同僚	激流	巴黎	霹雳	魅力	颗粒	忽略
	jiàorǎng	kùrè	wǎnrú	jīngrǎo	bèirù	kǎirán	guòrè	dùnròu
—r：	叫嚷	酷热	宛如	惊扰	被褥	慨然	过热	炖肉
	jiérán	sāorǎo	shènrù	círuǐ	shìruò	rúrú	xiángruì	jiùrèn
	截然	骚扰	渗入	雌蕊	示弱	蠕蠕	祥瑞	就任

4. 词语对比练习

rǔzhī lǔzhī	róngrén lóngrén	rǎodòng lǎodòng	rùjìng lùjìng	rèyuán lèyuán
乳汁—卤汁	容人—聋人	扰动—老动	入镜—路经	热源—乐园
lìrùn lìlùn	shuāiruò shuāiluò	bìrán bìlán	yúrè yúlè	zǔrán zǔlán
利润—立论	衰弱—衰落	必然—碧蓝	余热—娱乐	阻燃—阻拦

5. 绕口令练习

①日头热，晒人肉，晒得人肉好难受，一热一捏一把汗，热得满身直冒油。（《日头热》）

②夏日无日日亦热，冬日有日日亦寒，春日日出天渐暖，晒衣晒被晒褥单，秋日天高复云淡，遥看红日迫西山。(《夏日无日日亦热》)

③驼绒软，软驼绒，软柔柔软一团绒，绒软软绒暖融融。(《驼绒软》)

第四节 难点韵母训练

韵母是指汉语音节中声母后面的部分。如普通话 pǔtōnghuà 的三个韵母是 u、ong、ua。普通话共有 39 个韵母，分单元音韵母、复元音韵母和鼻韵母（元音是韵母，但韵母不一定是元音）。单元音韵母发音要注意舌位、唇形及开口度始终不变的特点；复元音韵母要关注响音的位置及前一个音向后一个音滑动后的归音问题；鼻韵母应区分前后鼻韵的位置，归韵要到位。

在普通话水平测试中，韵母和声母同样重要，但不少人重视声母而轻视韵母，正音阶段除了关注前后鼻音韵母等一些大问题外，较少注意相对细小的问题，实际上，任何问题都可能形成系列而影响成绩。如 j、q、x 这组音经常会出现声韵综合症，而不只是声母问题；入声是声调问题，但是与声母、韵母有关，而且韵尾尤其明显。不同方言区有各方言区的问题，如南方方言区都有入声韵尾，但语言演变的层次不同，入声韵尾的表现方式也不同；吴方言、粤方言等都有复韵母单音化的现象；客家方言没有撮口呼韵母等；不同人说话习惯不同也同样会造成错误或缺陷，直接影响考试成绩。所有这些，没有受过语音训练的人不知道问题所在，因此，在应试培训时如能稍作了解，再在课下有针对性地练习效果就好得多。

各类型的韵母有各自不同的特点，掌握韵母的正确发音，最好先了解韵母的分类，它能提供给我们练习发音的一些规律。

韵母是决定整个音节发音响度和清晰度的关键。发音时理论与实践结合至关重要。为了使初学者学习方便，我们将《汉语拼音方案》中纵向排列的韵母表调整为横向排列的韵母表，见表 2－3。这一韵母表横向排列，是对韵母作的分类，第一行是开口呼，第二行是齐齿呼，第三行是合口呼，第四行是撮口呼。纵向是按韵母结构作的分类，实线分出的是大类，从左到右分别是单韵母、复韵母、鼻韵母。单韵母、复韵母、鼻韵母内部之间的再分类则通过相应的虚线来隔开。

表 2－3

结构 口型	韵母				
	单韵母		复韵母	鼻韵母	
开口呼	er–i–i	a o e ê	ai ei ao ou	an en	ang eng ong
齐齿呼	i	ia ie	iao iou	ian in	iang ing iong
合口呼	u	ua uo	uai uei	uan uen	uang ueng
撮口呼	ü	üe		üan ün	
	单韵母	复韵母		鼻韵母	

这种分类不仅能很好地利用表格练习发音技能，还能为练习与之有关的知识点打下基础。

上述韵母的分类还可以通过表2－4的方式来归纳：

表2－4

- 分类
  - 按结构
    - 单韵母
      - 舌面 a o e ê i u ü
      - 特殊
        - 舌尖 －i －i
        - 卷舌 er
    - 复韵母
      - 前响 ai ei ao ou
      - 中响 ia ie ua uo üe
      - 后响 iao iou uai uei
    - 鼻韵母
      - 前鼻韵母 an en ian in uan uen üan ün
      - 后鼻韵母 ang eng ong iang ing iong uang ueng
  - 按口型
    - 开口呼 er －i －i a o e ê ai ei ao ou an en ang eng ong
    - 齐齿呼 i ia ie iao iou ian in iang ing iong
    - 合口呼 u ua uo uai uei uan uen uang ueng
    - 撮口呼 ü üe üan ün

从结构分类看，要注意单韵母、复韵母、鼻韵母的发音原理。单韵母发音要注意保持舌位、唇形及开口度始终不变。一般用舌位图（见图2－8）来表示每个舌面单元音韵母发音时舌位高低、唇形圆展、开口度大小的状态。复韵母的几个元音有主次，发音要注意响音位置和整个动程后的归音。因为响音（韵腹）是韵母的主干，响音在前的，主要元音必然要向i、u（o）方向滑动，收i音尾时嘴角微向两边咧开，收u音尾时，双唇向前微撮。所以归音位置不像发单元音那样固定，音值也不像i、u（o）那样清楚；响音在中的，以i、u、ü作为起点，i、u（o）在韵尾显得轻短而模糊，韵腹部分则要响亮清楚；响音在后的，从i、u、ü（韵头）向响音过渡后，要注意把响音发完整后再收口。鼻韵母的发音归音必须到位，要根据前一个音的开口度调节口腔，前鼻音尾音一律往上齿龈方向归，后鼻音尾音一律往舌根方向归。字尾收音要收得自然，要念得短、准、轻。

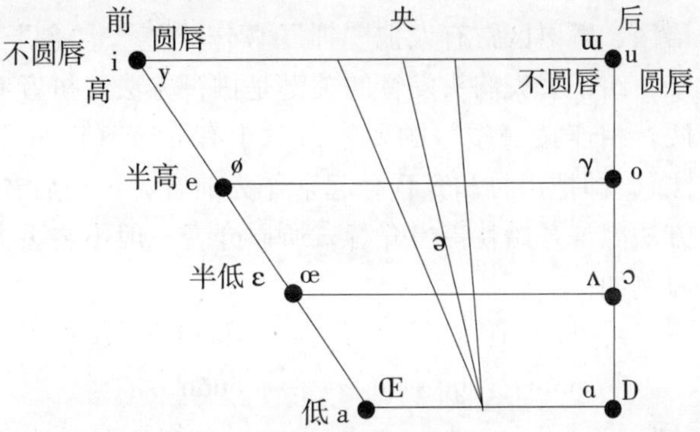

图2－8

从口型分类看，则需要了解“四呼”的发音原理。“四呼”是传统语言学上的术语，也是前人按韵母开口发音特点总结出来的宝贵经验。“四呼”提示我们发音时要控制好主要元音的开口度和发音力度的位置。开口呼要求打开口腔，发力自然；齐齿呼要求口呈扁平形，发力在齿，注意牙关、槽牙间用力；合口呼要求上下唇收拢呈圆形，用力比较均匀；撮口呼要求上下唇撮起微向前，发力于唇，上唇嘴角要有力度。需要说明的是ong和

iong 两个韵母的归类问题。《汉语拼音方案》的 ong 是开口呼，iong 是齐齿呼，中古音时 ong 是合口呼（韵腹是 u），iong 是撮口呼（韵腹是 ü），所以有些教材的韵母表与《汉语拼音方案》的韵母表不同。《汉语拼音方案》当初决定采用 ong 和 iong 的书写形式，主要考虑语音发展到现在的实际情况，这两个韵母的韵腹更接近现代的发音，为学习方便，我们就采用《汉语拼音方案》的归类方式。

韵母无论从哪个角度分类，都能突出它某一类发音的特点，发音练习如果能掌握这些特点，效果会更佳。

一、u 与 u 韵头韵母的发音训练

（一）发音要领

u 是舌面单元音韵母。按发音原理分析，元音发音时气流在口腔不受阻碍，但音色却要靠发音器官来调节。舌面元音主要靠舌面活动来调节，调节的条件是舌位的高低、舌位的前后以及圆唇不圆唇，这三个条件在舌位图中表现得十分清楚。从图 2-8 来看，u 是舌面后、高、圆唇元音。如“古书屋”的韵母都是 u，“娃娃画画”的韵母是以 u 开头的。ua、uo、uai、uei、uan、uen、uang、ueng 都是合口呼系列的韵母，这些韵母的实际发音并不困难，为什么还要单独作为难点来训练呢？可见，难并不是 u 和以 u 开头的韵母本身的发音，而是当这个系列的韵母和声母相拼时有丢失韵头（介音 u）的现象。比如吴语区、粤语区常有人把“抓”读作“渣”、“创”读作“畅”等。

纠正丢失韵头发音的关键是拼音方法。拼音有多种方法，按拼音“前音轻轻后音重，两音相连猛一碰”的要领，对于有介音（i、u、ü）的韵母，最好采用“声介合并拼读法”，即把声母和介音合起来作为前音，再与后音（韵腹或韵腹和韵尾）快速拼合。这种方法因一开始就带出介音，所以介音一般不会丢失。落实到介音“u”可参照下列方法练习例如：

霜 shuāng：shu + āng → shuāng

管 guǎn：gu + ǎn → guǎn

拽 zhuài：zhu + ài → zhuài

昆 kūn：ku + ēn → kūn

会 huì：hu + èi → huì

幌 huǎng：hu + ǎng → huǎng

呼读时，先把音节分成前音 shu、gu、zhu、ku、hu、hu 和后音 āng、ǎn、ài、ēn、èi、ǎng 两部分呼出，然后把前音与后音两部分：shu 与 ang、gu 与 an、zhu 与 ai、ku 与 en、hu 与 ei、hu 与 ang 拼合为 shuāng、guǎn、zhuài、kūn、huì、huǎng，这就完成了整个拼合过程。

为了防止丢失韵头，这部分内容可以分两步进行：第一步用“声介合并拼读法”拼读音节，养成声介合并的习惯，为直呼法拼读打下基础；第二步直呼音节。应试人通过一定量的练习就可以克服丢失韵头 u 的毛病。

（二）发音训练

1. 声介合并拼读练习

揣：chu + ài→chuài　　串：chu + àn→chuàn　　窗：chu + āng→chuāng

脆：cu + èi→cuì	断：du + àn→duàn	拐：gu + ǎi→guǎi
夸：ku + ā→kuā	伦：lu + én→lún	蕊：ru + ěi→ruǐ
闰：ru + èn→rùn	甩：shu + ǎi→shuǎi	逛：gu + àng→guàng
酸：su + ān→suān	损：su + ěn→sǔn	醉：zu + èi→zuì
暖：nu + ǎn→nuǎn	冠：gu + àn→guàn	坤：ku + ēn→kūn
宽：ku + ān→kuān	短：du + ǎn→duǎn	吮：shu + ěn→shǔn
颓：tu + éi→tuí	缀：zhu + èi→zhuì	皈：gu + ēi→guī

2. 直呼音节练习

chuài（踹）	duān（端）	kuài（块）	luǎn（卵）	chuǎng（闯）
huī（徽）	zhuāng（桩）	tuán（团）	huái（槐）	shuāng（霜）
kuáng（狂）	lūn（抡）	chuán（船）	chuǎn（喘）	huǎn（缓）
chuī（炊）	cuān（蹿）	duī（堆）	kuài（脍）	guì（跪）
guāi（乖）	ruì（瑞）	shuāi（摔）	kuàng（旷）	suàn（蒜）
tuì（退）	nuǎn（暖）	zhuī（追）	zuān（钻）	nuò（糯）
ruǎn（软）	guàn（罐）	kuāng（筐）	lùn（论）	ruì（锐）
shuāi（衰）	shuàn（涮）	shùn（顺）	tún（屯）	zhuān（砖）
zuì（最）	zūn（遵）	chuí（垂）	wàn（腕）	kuì（愧）
rùn（润）	shuān（拴）	suàn（算）	tuān（湍）	zhuàng（幢）
zuàn（攥）	chǔn（蠢）	kuī（窥）	zhǔn（准）	suì（穗）
huò（霍）	luò（摞）	guǎng（犷）	cuàn（篡）	dūn（蹲）
shuì（睡）	cūn（皴）	gùn（棍）	cuì（粹）	sǔn（笋）
cuī（崔）	tūn（吞）	hún（魂）	hūn（荤）	duàn（煅）

3. 词语练习

练习一

hūhuàn	yuánzhuī	huī wǔ	yuànwàng	kuǐlěi	tuìshǎi	kuángwàng
呼唤	圆锥	挥舞	愿望	傀儡	褪色	狂妄
kūnlún	huǎnghū	dùcéng	kuàiqiāngg	cuàntáo	chuōchuān	lúnhuá
昆仑	恍惚	镀层	快枪	窜逃	戳穿	轮滑
huànsàn	chuāngbā	zhuìhuǐ	guànchè	huòqǔ	zuǐchún	kuíwú
涣散	疮疤	坠毁	贯彻	获取	嘴唇	魁梧
shùnjiān	huìduì	Huái Hé	luánshēng	duōzī	ruǎnduàn	huī xié
瞬间	汇兑	淮河	孪生	多姿	软缎	诙谐
shuānghuáng	gùgōng	huāngluàn	zhuànxiě	huáishù	shūhuǎn	kuīsǔn
双簧	故宫	慌乱	撰写	槐树	舒缓	亏损
tuóluó	àohuǐ	shēngchù	méishù	gēnsuí	chúnhòu	kuàyuè
陀螺	懊悔	牲畜	美术	跟随	醇厚	跨越
cūlüè	tuīduàn	huángshì	kǔnbǎng	guǐsuì	rùhuǒ	tuīguǎng
粗略	推断	皇室	捆绑	鬼祟	入伙	推广
wǔzhuāng	shūshì	cuòzhé	huāhuì	huífù	tuìbiàn	zhuànqián
武装	舒适	挫折	花卉	回复	蜕变	赚钱
chuídǎ	túnwéi	cuǐcàn	zhuājǔ	cuīmián	dùnwù	huòzhě
捶打	臀围	璀璨	抓举	催眠	顿悟	或者

练习二

dǎgǔn	máodùn	fànzuì	huàzhuāng	tǒngshuài	bàngchuāng	sīcǔn
打滚	矛盾	犯罪	化妆	统帅	棒疮	思忖
jítǔ	yáohuàng	liánhuān	gāngkuī	bēizhuàng	éhuáng	xuèshuān
瘠土	摇晃	联欢	钢盔	悲壮	鹅黄	血栓
mènghuàn	yāozhuī	diàohuán	jiéhūn	shānluán	yèwō	xiàngkuàng
梦幻	腰椎	吊环	结婚	山峦	腋窝	相框
qíngkuàng	biānzuǎn	yáoshùn	dānchún	fǎguī	nèihuán	tānhuàn
情况	编纂	尧舜	单纯	法规	内环	瘫痪
shōukuǎn	jiǎoshuì	tíngdùn	qīngcuì	yánkù	páihuái	xíguàn
收款	缴税	停顿	青翠	严酷	徘徊	习惯
chénlún	shǐguǎn	yǎnkuàng	xùshuō	xiōnghuái	tiěchuí	jíguàn
沉沦	使馆	眼眶	叙说	胸怀	铁锤	籍贯
méikuàng	pǎotuǐ	jǐnlún	bènzhuō	xiǎozhuàn	jīkuì	hǎitún
煤矿	跑腿	锦纶	笨拙	小篆	击溃	海豚
jiǎngzhuàng	tèshū	jiǎohuá	gāngyào	xiānhuó	qiánguì	liàowàng
奖状	特殊	狡猾	纲要	鲜活	钱柜	瞭望
hǎiguī	màiduò	diēluò	fěnsuì	dǎdǔnr	wánshuǎ	liúchuán
海龟	麦垛	跌落	粉碎	打盹儿	玩耍	流传

4. 绕口令练习

①山上一只虎，林中一只鹿，路边一头猪，草里一只兔，还有一只鼠。虎、鹿、猪、兔、鼠，一起来数数。(《山上一只虎》)

②翠松松翠松柏翠，村前村后翠松翠。酸醋醋酸陈醋酸，翠松村酸醋最最酸。(《翠松松翠松柏翠》)

③会炖我的炖冻豆腐，来炖我的炖冻豆腐，不会炖炖冻豆腐，就别胡炖乱炖炖坏了我的炖冻豆腐。(《炖冻豆腐》)

二、ü 与 ü 韵头韵母的发音训练

ü 韵头韵母有 4 个：ü、üe、üan、ün，按“四呼”分类属于撮口呼韵母。在一些方言里没有撮口呼韵母，如客家方言；有些方言里 i 和 ü 容易相混，在多数情况下将 ü 发为 i。在普通话中，ü 与 i 需要严格区分。

（一）发音要领

发好 ü 音的关键是撮口，上唇用力。发好 ü 韵头韵母可采用以下三种方法：

1. ü、i 转换法

ü 与 i 都是高元音、前元音，但 ü 是圆唇元音，i 是不圆唇元音。发 ü 有难度的人，可以在发 i 的基础上把嘴唇拢圆、撮起，就能发出准确的 ü 音。

2. 声介合拼法

“声介合并拼读法”，适用于声母和有韵头的韵母拼合。即把声母和介音合起来作为前音，再与后面部分快速拼合。这种方法因一开始就带出介音，所以介音一般不会变形。例如：

学：xu + ê→xué　　拳：qu + án→ quán　　俊：ju + èn→jùn

先分别呼出 xu、qu、ju 与 ê、án、èn，然后快速将两部分合在一起呼出。

3. 声旁类推法

记住一些简单的 ü 韵母或以 ü 为韵头韵母的字，当这些字做形声字的声旁时，带有相同声旁的字大多也属于相同的韵母。例如：

于：迂（yū），宇（yǔ），芋（yù）

禺：隅、愚（yú），寓、遇（yù）

云：耘（yún），酝、运（yùn）

涓：捐、绢（juān）

卷：圈（quān），蜷（quán），倦（juàn）

元：园（yuán），远（yuǎn），院（yuàn）

偏旁类推可以参看附录一“普通话水平测试用同音字表”。

（二）正音训练

1. 字的练习

	jǔ	lú	yǔ	jù	qū	yú	jù	lǚ	jǔ	qū
ü：	举	驴	予	惧	趋	俞	距	铝	矩	驱
	xǔ	qù	lǜ	nǚ	jū	yú	xū	qǔ	xù	yú
	许	去	氯	女	居	愉	墟	曲	恤	愚
	jué	què	xuē	lüè	yuè	què	yuē	jué	què	jué
üe：	抉	雀	薛	掠	粤	鹊	约	诀	却	攫
	yuē	jué	yuè	què	xué	yuè	juè	yuè	lüè	xuě
	曰	厥	月	却	穴	跃	倔	岳	略	雪
	juān	yuān	xuàn	quān	yuán	xuān	yuán	juān	xuǎn	yuán
üan：	捐	冤	渲	圈	源	轩	袁	鹃	癣	缘
	quán	juàn	yuǎn	xuàn	yuàn	quàn	yuàn	quán	yuān	xuán
	泉	倦	远	眩	苑	券	怨	权	渊	旋
	xùn	yùn	jùn	xūn	yǔn	qún	xún	yùn	qún	xún
ün：	讯	晕	竣	熏	陨	裙	循	孕	群	旬
	yǔn	jūn	xún	jūn	xùn	jùn	xūn	jùn	yùn	jùn
	允	均	寻	军	汛	峻	薰	骏	酝	郡

2. 字的对比练习

	jí jú	qǐ qǔ	xī xū	lì lǜ	qí qú	jì jù
i—ü：	急—局	绮—娶	西—需	力—绿	歧—渠	悸—剧
	jù jì	yǔ yǐ	qū qī	yú yí	jū jī	qǔ qǐ
ü—i：	据—既	宇—以	区—漆	鱼—姨	鞠—羁	取—乞
	xié xué	liè nüè	jié jué	qiē quē	yè yuè	qiè què
ie—üe：	鞋—学	列—虐	睫—绝	切—缺	夜—悦	惬—确
	qué qié	yuè yè	xuē xiē	què qiè	nüè niè	jué jié
üe—ie：	瘸—茄	越—叶	靴—些	阙—茄	疟—啮	觉—结
	qiàn quàn	qián quán	xián xuán	jiǎn juǎn	yán yuán	xiǎn xuǎn
ian—üan：	欠—劝	前—拳	嫌—悬	检—卷	严—员	显—选
	xuàn xiàn	yuān yān	xuān xiān	quán qián	yuán yán	quǎn qiǎn
üan—ian：	炫—线	渊—烟	宣—先	拳—虔	袁—盐	犬—浅
	jìn jùn	yín yún	qīn qūn	xìn xùn	jīn jūn	xīn xūn
in—ün：	近—俊	银—云	亲—逡	信—训	金—菌	新—勋
	yùn yìn	yǔn yǐn	xūn xīn	yún yín	jūn jīn	xùn xìn
ün—in：	酝—印	允—隐	熏—薪	耘—寅	钧—矜	迅—衅

3. 词语练习

yùyì	juéqǐ	yùnchóu	jùnqiào	lǜdì	jūnì	yùxiǎng	xúnhuán
愈益	崛起	运筹	俊俏	绿地	拘泥	预想	循环
quēxiàn	xùyán	jùzhù	xūyào	yuányě	xùnqī	yǔnshí	xuànyào
缺陷	序言	巨著	需要	原野	汛期	陨石	炫耀
yuànqì	xúnwèn	xuánzhuǎn	yúnián	quánjī	juéjiàng	quànjiè	yuèbīng
怨气	询问	旋转	余年	拳击	倔强	劝诫	阅兵
xuānxiāo	yúnjí	juǎnyān	qǔdì	yūjī	juéqiào	yuánxiāo	xuējià
喧嚣	云集	卷烟	取缔	淤积	诀窍	元宵	削价
juéjì	yǔróng	xúnmì	yuánpǔ	quèxìn	xuějiā	xuányá	juézhú
绝技	羽绒	寻觅	园圃	确信	雪茄	悬崖	角逐

4. 词语对比练习

	yìjiàn yùjiàn	jǐbù jǔbù	yìhé yùhé	yímín yúmín
i—ü：	意见—遇见	几步—举步	议和—愈合	移民—渔民
	jìjié jùjué	qiēkǒu quēkǒu	jiézhèng juézhèng	qiézi quézi
ie—üe：	季节—拒绝	切口—缺口	结症—绝症	茄子—瘸子
	yànzi yuànzi	qiánmian quánmiàn	xiánxīn xuánxīn	qiāndìng quāndìng
ian—üan：	燕子—院子	前面—全面	闲心—悬心	签订—圈定
	qínfáng qúnfáng	tōngxìn tōngxùn	báiyín báiyún	jīnrén jūnrén
in—ün：	琴房—裙房	通信—通讯	白银—白云	今人—军人

5. 绕口令练习

①邮局屈小毅，山区行走几千里，雨季屡屡遇大雨。小屈牵着驴，身穿邮局绿雨衣，一家一户送情意。(《邮局屈小毅》)

②一头驴，驮筐梨，驴一跑，滚了梨。驴跑梨滚梨绊（bàn）驴，梨绊驴踹驴踢梨。(《一头驴》)

③山前有个颜远眼，山后有个袁眼圆。远眼与眼圆，一起来比眼，远眼眼睛看得远，眼圆眼睛长得圆。(《山前有个颜远眼》)

三、n 韵尾韵母的发音训练

凡以 n 收尾的音都是前鼻音韵母。发好前鼻音韵母的关键是与主要元音配合的韵尾归韵，即把所有前鼻音 n 尾部归到上齿龈的位置（见图 2－9），但主要元音在向硬腭前滑动时的开口度大小却直接影响着归韵的一致性。

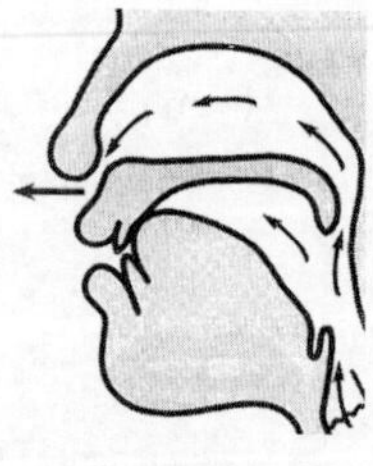

图 2－9

方言区人发前鼻音韵母时会存在不同的问题。例如，吴方言区的人大多把主要元音为 ɑ 的前鼻音韵母发作单元音，如“鞍山、斑斓、沙滩”，主要元音为 e、i 的前鼻韵母读作后鼻韵母，如“真心、金银、春分”等；粤语中凡尾音收 m、n 的一般都是前鼻音，如“文胆、吟嚼、淹尖”，例外字较少，如“聘请”的“聘”、“亘古”的“亘”等。所以，粤语区人判断前后鼻音有得天独厚的条件。湘方言区有前鼻音的鼻化现象，需注意开口度与气流走向。

（一）发音要领

练习前鼻音韵母，首先要特别注意体会上齿龈的位置，并在发主要元音的同时，舌尖滑向上齿龈；其次还要注意 n 韵尾前面的元音，即主要元音开口度大小、前后的变化。普通话前鼻音中的 i 是前元音，但因开口度小，离上齿龈 n 的位置极近，归韵的动作较难把握；发 an、en 时，如果主要元音的舌位偏后也会影响整个韵母的音准。

练习前鼻韵母的发音和记忆前鼻韵母的字通常有两种方法。

1. 引导法

为找准 n 韵尾的归韵位置，可以练习前鼻韵母音节后接“啊”音变，即加个 na 来体会。例如：

难哪：n－á－n→na　　嫩哪：n－è－n→na　　您哪：n－í－n→na

用“难哪、嫩哪、您哪”的体会声母“n”成阻弹发点与韵尾“n”归音落脚点（舌尖与上齿龈接触）的位置。练习时动作可适当放慢，要求边练习边监听，并关注“a、e、i”开口度大小以及调节口腔滑动到韵尾“n”的动作，进而练习发准所有前鼻音韵母的韵尾。

2. 偏旁类推

记住一些简单的前鼻音韵母的字，当这些字做形声字的声旁时，带有相同声旁的字大多也属于相同的韵母。例如：

安（an）：氨（ān），按、案（àn）

宾（in）：滨、濒（bīn），摈、鬓（bìn）

斤（in）：靳、近（jìn）

林（in）：淋、琳、霖（lín），禁、噤（jìn）

辰（en）：晨（chén），震、振（zhèn）

申（en）：呻、伸、绅、砷（shēn），神（shén），审、婶（shěn）

偏旁类推可以参看附录一“普通话水平测试用同音字表”。

（二）正音训练

1. 字的练习

	dān	tān	hàn	zhān	lǎn	cán	zhǎn	chán	làn	tān
an：	丹	摊	捍	毡	揽	蚕	盏	馋	烂	贪
	nán	hǎn	màn	fān	pàn	gǎn	àn	rǎn	kān	gān
	难	罕	谩	番	畔	杆	岸	染	堪	柑
	jiàn	biān	diàn	miǎn	jiàn	yǎn	liàn	tián	jiǎn	tián
ian：	件	鞭	店	缅	剑	衍	炼	甜	柬	填
	miǎn	yān	niàn	xiān	lián	diān	yán	qiān	xiàn	jiān
	勉	淹	念	仙	廉	颠	延	铅	霰	肩
	wàn	wán	duàn	kuān	huàn	tuán	shuān	luǎn	guān	zuàn
uan：	腕	顽	锻	宽	患	团	拴	卵	观	钻
	huán	ruǎn	cuàn	luán	suàn	wǎn	huàn	guàn	zhuān	duàn
	环	软	窜	峦	算	晚	痪	冠	专	断
	zěn	rén	gēn	shèn	běn	rèn	pén	chén	zhěn	hén
en：	怎	仁	跟	甚	苯	刃	盆	辰	诊	痕
	fēn	shěn	nèn	kěn	pēn	zhěn	chén	hěn	mèn	fēn
	吩	沈	嫩	垦	喷	枕	尘	很	闷	氛
	shǔn	chún	kùn	tún	wēn	hún	rùn	lūn	cǔn	wēn
uen：	吮	唇	困	屯	温	混	润	抡	忖	瘟
	gǔn	hún	chūn	cún	dùn	zhǔn	lún	kǔn	dūn	sǔn
	滚	浑	春	存	盾	准	伦	捆	吨	损

	yīn	pìn	lín	jīn	mǐn	qìn	pín	līn	yín	xīn
in：	因	聘	琳	津	敏	沁	贫	拎	淫	欣
	mǐn	jīn	yǐn	bìn	qīn	jìn	qín	pīn	yìn	nín
	皿	斤	尹	鬓	侵	进	勤	拼	印	您
	yuán	juān	xuán	juān	yuán	juǎn	yuán	xuǎn	yuàn	quàn
üan：	猿	捐	悬	鹃	员	卷	缘	癣	苑	劝
	juàn	quān	xuán	yuàn	quǎn	yuān	quán	xuán	yuàn	quán
	绢	圈	旋	愿	犬	渊	痊	玄	院	蜷
	jūn	xún	yùn	xùn	jūn	xūn	jùn	yùn	xún	yǔn
ün：	均	询	晕	训	君	熏	俊	运	循	陨
	jūn	xún	jùn	qún	xún	qún	jūn	yún	xùn	jùn
	钧	巡	骏	裙	寻	群	菌	纭	迅	峻

2. 词语练习

	ānfèn	dānchǎn	bānlán	cānkàn	hànshān	màntán
an：	安分	单产	斑斓	参看	汗衫	漫谈
	zhǎnlǎn	gāndǎn	àndàn	fānbǎn	fànlàn	shànzhàn
	展览	肝胆	暗淡	翻版	泛滥	善战
	diànniàn	qiānyán	liánmián	tiánjiān	miánqiān	jiǎnliàn
ian：	惦念	迁延	连绵	田间	棉签	简练
	niánxiàn	jiǎnmiàn	yǎnlián	qiǎnxiǎn	xiānyàn	liántiān
	年限	碱面	眼帘	浅显	鲜艳	连天
	wǎnzhuǎn	guànchuān	huánjìng	kuāndài	luànjiàn	wǎncān
uan：	婉转	贯穿	环境	宽带	乱箭	晚餐
	nuǎndōng	zhuānduàn	guānjiàn	huànsuàn	wánmǎn	huànguān
	暖冬	专断	关键	换算	完满	宦官
	ménzhěn	rènshēn	shēnchén	zhēntàn	chènshān	gēnyuán
en：	门诊	妊娠	深沉	侦探	衬衫	根源
	chéndiàn	fěnchén	shěnshèn	běnrén	zhènfèn	fènhèn
	沉淀	粉尘	审慎	本人	振奋	愤恨
	chúnzhēn	lúnxiàn	wēnshùn	lúnbān	wēnshén	túnjī
uen：	纯真	沦陷	温顺	轮班	瘟神	囤积
	hún pò	dūncù	shǔnxī	kùnjìng	gǔncún	chǔnshì
	魂魄	敦促	吮吸	困境	滚存	蠢事
	jìnxīn	línpiàn	mǐnmò	yǐnmán	pínlǜ	jìngù
in：	尽心	鳞片	泯没	隐瞒	频率	禁锢
	yǐn shí	lìnsè	bīnlín	yīnmái	jīnchí	pǐnlèi
	饮食	吝啬	濒临	阴霾	矜持	品类
	xuànrǎn	quánxiàn	juānkuǎn	quánbāo	juànliàn	yuānyuán
üan：	渲染	权限	捐款	全包	眷恋	渊源
	xuánkōng	quánfǎ	xuànyūn	yuánzhù	quányù	xuànyào
	悬空	拳法	眩晕	援助	痊愈	炫耀
	xúngēn	jùnqiào	yǔn xǔ	xúnwèn	xùnjié	yùnniàng
ün：	寻根	俊俏	允许	询问	迅捷	酝酿
	yúnduān	yùnhán	xùnfú	jùngōng	xùnliàn	jūnyún
	云端	蕴涵	驯服	竣工	训练	均匀

四、ng 韵尾韵母的发音训练

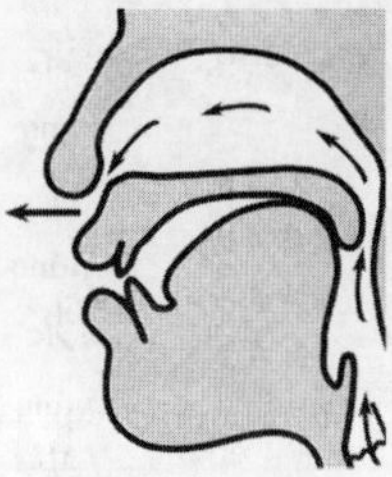

图 2－10

凡以 ng 收尾的音都是后鼻音。与前鼻音相比，后鼻音的发音相对容易。一般说来，吴方言区的人发后鼻音不会有困难，只是吴方言、湘方言区的人发后鼻音时归韵偏前，发成前鼻音或中鼻音；粤方言、客家方言中有些人受喉音影响，归韵相对偏后。粤方言中凡尾音收 ng 的一般在普通话中也是后鼻音，如“公证、应承、定性”等，例外字也很少，如“禀性、乒乓球”的“禀、乒”等。

（一）发音要领描述

发好后鼻音的关键同样是与主要元音配合的韵尾归韵问题，即把所有后鼻音韵尾 ng 归到舌根和软腭的位置（见图 2－10）。练习后鼻音，首先要特别注意体会舌根与软腭的位置，并在发主要元音的同时，准备好舌根与软腭轻轻接触；其次，要注意后鼻韵母中的元音 ɑ、e 是后元音，通常元音 ɑ、e 发得偏前也会影响后鼻韵母的归韵。解决好后鼻韵母的发音及分辨问题通常有两种方法。

1. 引导法

发好－ng 尾音，可以回忆声母 g、k、h 的发音，并在同部位增加 ng 来体会后鼻音归韵的位置。例如：

ge→ke→he→nge　　ge→nge　　ke→nge　　h→nge

通过发 g、k、h 体会舌根音的发音部位，紧接着通过在同一部位发鼻音 ng 来体会后鼻音归韵的正确位置。

2. 偏旁类推

记忆能做声旁的后鼻音韵母字，并通过类推来记忆其他以此字为声旁的后鼻韵母字。例如：

章：彰、樟（zhāng）
张：涨（zhǎng），帐、胀、账（zhàng）
青：清、蜻（qīng），晴、情（qíng），请（qǐng）
敬：睛、精（jīng），擎（qíng），警（jǐng）
宁：狞、咛、凝（níng），拧（nǐng），泞（nìng）
成：城、诚、盛（chéng）
正：征（zhēng），整（zhěng），政、症、证（zhèng）
更：哽、埂、梗（gěng）

偏旁类推可以参看附录一“普通话水平测试用同音字表”。

（二）正音训练

1. 字的练习

	àng	tāng	zàng	bāng	sàng	fāng	káng	bǎng	mǎng	háng
ɑng：	盎	汤	葬	邦	丧	芳	扛	榜	蟒	航
	chàng	láng	sāng	ràng	gāng	zhàng	náng	shǎng	máng	dǎng
	倡	螂	桑	让	刚	帐	囊	赏	茫	挡
	cèng	bēng	zhèng	kēng	dèng	pēng	téng	sēng	chéng	rēng
eng：	蹭	绷	政	坑	邓	抨	腾	僧	丞	扔

	zhěng 拯	féng 缝	gēng 羹	méng 盟	lèng 楞	shéng 绳	héng 恒	zēng 增	néng 能	téng 藤
ing:	píng 凭	dǐng 鼎	yìng 应	líng 陵	bīng 兵	tíng 廷	míng 明	qīng 氢	tíng 庭	bìng 摒
	dīng 丁	níng 凝	jīng 晶	píng 瓶	qìng 罄	míng 名	xìng 姓	jìng 净	nǐng 拧	lìng 另
iang:	jiāng 浆	xiàng 向	yáng 佯	qiàng 呛	xiàng 象	jiàng 酱	liǎng 两	xiàng 巷	yáng 洋	xiǎng 享
	yāng 央	liáng 粱	yǎng 仰	qiáng 墙	xiàng 项	yāng 央	liàng 量	xiāng 乡	niáng 娘	jiāng 将
uang:	zhuàng 状	chuáng 床	huāng 荒	kuáng 狂	shuāng 霜	wáng 亡	huǎng 恍	zhuāng 桩	wǎng 惘	wàng 望
	huáng 凰	guǎng 广	kuàng 况	chuāng 窗	kuàng 框	huáng 皇	chuàng 创	wǎng 网	zhuàng 壮	kuāng 筐
ueng:	wēng 翁	wēng 嗡	wěng 蓊	wèng 瓮						
ong:	kǒng 孔	dòng 洞	gōng 工	nóng 农	hóng 洪	cōng 囱	lóng 笼	sòng 宋	zòng 粽	róng 荣
	sǒng 耸	chóng 崇	gòng 共	chǒng 宠	lǒng 拢	cōng 匆	hǒng 哄	zhòng 种	tǒng 桶	nòng 弄
iong:	jiǒng 炯	yǒng 永	xiōng 汹	yòng 用	xiōng 兄	qióng 穷	yōng 拥	qióng 琼	xiōng 匈	yǒng 泳
	yōng 痈	jiǒng 炯	xiōng 凶	yǒng 勇	xióng 雄	yǒng 咏	xióng 熊	yōng 庸	yǒng 踊	yǒng 涌

2. 字的对比练习

an－ang:	lán láng 栏—郎	dān dāng 耽—当	hán háng 含—航	kān kāng 刊—康	mán máng 瞒—忙
	lán láng 蓝—狼	chàn chàng 颤—倡	dàn dàng 但—档	chǎn chǎng 产—厂	kàn kàng 看—抗
in－ing:	pín píng 频—屏	bīn bīng 滨—兵	jīn jīng 巾—经	lín líng 林—灵	mín míng 民—名
	bìn bìng 摈—病	jǐn jǐng 仅—警	lìn lìng 吝—令	qǐn qǐng 寝—请	nín níng 您—凝
en－eng:	hén héng 痕—横	pēn pēng 喷—烹	shēn shēng 申—升	bēn bēng 奔—崩	chén chéng 臣—成
	sēn sēng 森—僧	chén chéng 辰—呈	mén méng 门—蒙	cén céng 岑—层	pén péng 盆—彭
ian－iang:	nián niáng 年—娘	qiān qiāng 牵—枪	yān yāng 烟—央	xiān xiāng 纤—香	liǎn liǎng 脸—两
	yǎn yǎng 演—氧	lián liáng 连—梁	jiān jiāng 煎—姜	niàn niàng 念—酿	qián qiáng 乾—墙
uan－uang:	shuān shuāng 栓—霜	wān wāng 弯—汪	chuán chuáng 船—床	guàn guàng 冠—逛	huān huāng 欢—慌
	huàn huàng 患—晃	kuān kuāng 宽—筐	shuān shuāng 闩—双	wàn wàng 万—忘	chuān chuāng 穿—窗

3. 词语练习

	bānggōng	chéngfāng	dīngníng	zhǒngzhàng	nóngzhòng	dòngliáng
ng—ng：	帮工	乘方	叮咛	肿胀	浓重	栋梁
	gāngjìng	yǎngwàng	zōngyǐng	hóngliàng	jīngyíng	língtōng
	刚劲	仰望	踪影	洪亮	晶莹	灵通
	cānghuáng	bīngxiāng	xiōngtáng	dàngyàng	dǐngshèng	tángláng
	仓皇	冰箱	胸膛	荡漾	鼎盛	螳螂
	zhēngníng	huāngliáng	dìngxìng	yángcōng	róngxìng	fàngzòng
	狰狞	荒凉	定性	洋葱	荣幸	放纵
	chéngqiáng	fēngmáng	gōngjìng	gēngzhòng	gòngfèng	kōngkuàng
	城墙	锋芒	恭敬	耕种	贡奉	空旷
	rǒngcháng	língtīng	qīngyíng	shuǎnglǎng	róngdòng	yǒngměng
	冗长	聆听	轻盈	爽朗	溶洞	勇猛
	zèngsòng	zǒngchēng	jiāngshéng	chéngqīng	chàngqiāng	zhàngfáng
	赠送	总称	缰绳	澄清	唱腔	账房
	yǐngxiàng	wǎngcháng	tóngkǒng	shèngzhàng	péngsōng	língyáng
	影像	往常	瞳孔	胜仗	蓬松	羚羊
	lóngdōng	língxíng	huángkǒng	gāngqiáng	pèngzhuàng	chōngjǐng
	隆冬	菱形	惶恐	刚强	碰撞	憧憬
	huángyīng	dòngchuāng	hóngyáng	jìngxiāng	chāngkuáng	lǒngtǒng
	黄莺	冻疮	弘扬	竞相	猖狂	笼统
	shāngāng	bēnfàng	cāntīng	rěntòng	wēnqíng	zhènjīng
n—ng：	山冈	奔放	餐厅	忍痛	温情	震惊
	diàndìng	duānxiáng	yǎnyìng	yānhóng	zěnnéng	jiànshǎng
	奠定	端详	掩映	殷红	怎能	鉴赏
	zūnzhòng	shènzàng	línzhōng	chénjìng	méngǎng	cunwáng
	尊重	肾脏	临终	沉静	门岗	存亡
	ānníng	kěnhuāng	quánhéng	wànshēng	jìnqíng	liànbīng
	安宁	垦荒	权衡	蔓生	尽情	练兵
	pénjǐng	qīnpéng	sānchǎng	suànzhàng	tànwàng	gǎnshàng
	盆景	亲朋	三厂	算账	探望	赶上
	línggǎn	chángduǎn	píngpàn	qīngbiàn	shēngqián	gāngjīn
ng—n：	灵感	长短	评判	轻便	生前	钢筋
	péngsuān	zhuāngbàn	jiǒngrán	kōngjūn	yīngbàng	xióngbiàn
	硼酸	装扮	迥然	空军	英镑	雄辩
	qīngchén	tóngbàn	dǐngdiān	bìnggēn	qióngkùn	hóngguān
	清晨	同伴	顶颠	病根	穷困	宏观
	yàngběn	zhèngquàn	xiōngxiǎn	cángshēn	chōngtiān	gōngdiàn
	样本	证券	凶险	藏身	冲天	宫殿
	guānghuán	jīngxiǎn	fàngkuān	gōngzhàn	hōngrán	jiǎngtán
	光环	惊险	放宽	攻占	轰然	讲坛

4. 词语对比练习

	fǎnwèn fǎngwèn	kāifàn kāifàng	chǎnzi chǎngzi
an－ang：	反问—访问	开饭—开放	铲子—场子
	tiāntán tiāntáng	yúgān yúgāng	táncí tángcí
	天坛—天堂	鱼竿—鱼缸	弹词—搪瓷
	lànmàn làngmàn	xīnfán xīnfáng	zànsòng zàngsòng
	烂漫—浪漫	心烦—心房	赞颂—葬送

in－ing：	línshí língshí 临时—零时	xìnfú xìngfú 信服—幸福	mínshēng míngshēng 民生—名声
	jìndì jìngdì 禁地—境地	shuǐbīn shuǐbīng 水滨—水兵	huìxīn huìxīng 会心—彗星
	pínmín píngmín 贫民—平民	xuèqīn xuèqīng 血亲—血清	tánqín tánqíng 弹琴—谈情
en－eng：	shēnzhāng shēngzhāng 伸张—声张	chénjiù chéngjiù 陈旧—成就	méndòng méngdòng 门洞—萌动
	chángzhēn chángzhēng 长针—长征	rénshēn rénshēng 人参—人生	zhěnzhì zhěngzhì 诊治—整治
	guāfēn guāfēng 瓜分—刮风	chūnfēn chūnfēng 春分—春风	mùpén mùpéng 木盆—木棚
ian－iang：	jiānshí jiāngshí 坚实—江石	xiānhuā xiānghuā 鲜花—香花	xiǎnxiàng xiǎngxiàng 险象—想象
	jiǎnzhāng jiǎngzhāng 简章—奖章	ānxián ānxiáng 安闲—安详	dàlián dàliáng 大连—大梁
	yànpǐn yàngpǐn 赝品—样品	fàngyǎn fàngyǎng 放眼—放养	liǎnjiá liǎngjiá 脸颊—两颊
uan－uang：	chuántóu chuángtóu 船头—床头	guānjié guāngjié 关节—光洁	shuānsè shuāngsè 栓塞—双色
	kuānfú kuāngfú 宽幅—匡扶	fènghuán fènghuáng 奉还—凤凰	wànnián wàngnián 万年—忘年
	wǎngnián wǎnnián 往年—晚年	zhuānyuán zhuāngyuán 专员—庄园	

5. 绕口令练习

①一颗星，亮晶晶，两颗星，眨眼睛；天上星星数不清。(《一颗星》)

②山岩出山泉，山泉源山岩，山岩依山泉，山泉冲山岩。(《山岩出山泉》)

③天津和北京，津京两个音。一个舌尖前鼻韵，一个舌根后鼻韵，前后鼻音归韵要分清。(《天津和北京》)

④大帆船，小帆船，竖起桅杆撑起船。风吹帆，帆引船，帆船顺风过海湾。(《大帆船》)

⑤青龙洞中龙做梦，青龙做梦出龙洞，做了千年万载梦，龙洞困龙在深洞。愚公捅开青龙洞，青龙洞中涌出龙。(《青龙洞中龙做梦》)

⑥一盆面烙一盆饼，饼碰盆，盆碰饼，饼碰油了盆，盆碰坏了饼。(《一盆面烙一盆饼》)

⑦东洞庭，西洞庭，洞庭山上一条藤，藤条头上挂铜铃。风吹藤动铜铃动，风停藤定铜铃静。(《东洞庭》)

⑧床身长，船身长，床身没有船身长，船身不如床身长，床身船身不是一样长。(《床身长》)

第五节 单音节字词的综合训练

为了使应试人在短时间内提高识记汉字普通话读音的能力进而提高测试效率，本节专门列出了出错率较高的形近音异字、部分生僻字以及单音节字词的综合练习。

形近音异字不仅包括“日 rì”与“曰 yuē”、“莱 lái”与“菜 cài”、“桕 jiù”与“柏 bǎi”这样字形相似，读音不同的字，还包括一些因声旁相同，应试人借助声旁类推时出错的字，如“低 dī”与“抵 dǐ”、“歼 jiān”与“迁 qiān”这样的字。生僻字是指虽在“词表”中出现但在日常语言生活中不常见的一些字。单音节字词的综合训练则不分难易，但考虑所选字词基本与测试时单音节字词的难易程度相当。

本节最后还拟了 5 套可供检查学习效果的模拟题，应试人可根据学习进度自测掌握单音节字词的程度。

一、形近音异字的训练

ài yì	àng yāng	bá bō	kēng kàng	bèng bìng	chàn xiān
隘—益	盎—央	拔—拨	坑—炕	迸—并	忏—纤
chè zhì	hé gù	chēn shēn	chì dì	chuài chuǎn	cūn zhòu
掣—制	涸—固	抻—伸	啻—蒂	踹—喘	皴—皱
hǒu kǒng	huì suì	huì yuán	jiào xiào	kēng jiān	dī tí
吼—孔	秽—岁	喙—缘	酵—孝	铿—坚	堤—提
náo ráo	něi suí	shǎng xiǎng	niè chǐ	pēng píng	pī pēi
挠—饶	馁—绥	晌—响	啮—齿	抨—坪	坯—胚
quán juǎn	shàn zhān	shù yě	shuàn shuā	suō shuāi	tún diàn
蜷—卷	赡—瞻	墅—野	涮—刷	蓑—衰	臀—殿
xiè xiāo	guǒ huái	zhēn zhān	zhì zhèng	zhì dài	zhá cè
屑—霄	果—踝	砧—沾	掷—郑	滞—带	铡—侧
qiā xiàn	zhàn shèn	péi bèi pōu	cháo jiǎo sāo	gān hān qián	
掐—陷	湛—甚	培—倍—剖	巢—剿—缫	坩—酣—钳	
huí huái	qiē qì	nèi nà	zhàn dìng diàn	qū jǔ zǔ	
回—徊	切—砌	内—纳	绽—定—淀	蛆—咀—诅	
xuǎn xiǎn	jiào gào	xuè nüè	kōu ōu qū	tuān duān ruì	
癣—鲜	窖—告	谑—虐	抠—讴—区	湍—端—瑞	
kē gài	huàn quán	quàn juàn	qiāo qiū jiū	bāi bàn biàn	
瞌—盖	豢—拳	券—眷	锹—鳅—揪	掰—瓣—辫	
zhì jiǔ	fēng shī	chūn chōng	wù xū róng		
炙—灸	风—虱	春—舂	戊—戌—戎		

二、生僻字的训练

	àn	áo	ào									
A：	黯	螯	坳									
	bāo	bèi	bì	bìn	biǎn	bìn	bìng	bó				
B：	孢	钡	陛	鬓	匾	摈	摒	箔				
	càn	chán	chán	chāo	chì	chī	chōng	chú	cuān	cuàn	chuō	chuò
C：	粲	潺	蟾	绰	啻	嗤	舂	刍	蹿	篡	戳	啜
	dài	dǎn	dàn	dēng	diān	diān	diàn	dòu	dùn/tún	dūn	dǔn	
D：	怠	掸	惮	蹬	掂	滇	佃	窦	囤	墩	盹	
	è	è										
E：	愕	萼										

F：
fān fán fàn fēn fū
藩 矾 梵 酚 孵

g：
gǎn gǎn gàn gé gèn gōng gōu guāng guō
橄 擀 赣 膈 亘 躬 篝 胱 埚

H：
hè hé huàn huáng huáng huáng huǎng huí huí huì hān
壑 劾 宦 潢 磺 簧 幌 洄 蛔 荟 蚶

J：
jǐ jǐ jì jì jiā jiá jiǎ jiān jiān jiǎn jiǎn jiàn jiàn
麂 戟 髻 伎 浃 荚 胛 缄 笺 睑 茧 腱 谏

jiàn jiàng jiào jīn jìn jìn jìn jǐng jìng jiǔ jiù jiù jū
涧 犟 窖 矜 靳 烬 噤 阱 胫 韭 厩 臼 鞠

jū jù jù juàn juē jué jué jué
驹 踞 遽 眷 撅 攫 蕨 厥

K：
kān kǎn kàn kē kē kēng kuài kuǐ kuì
龛 槛 瞰 磕 稞 铿 脍 傀 匮

L：
lái lài lǎn lán lán liàng liào lěi lì lín lìn líng liǔ
徕 睐 榄 斓 澜 踉 撂 儡 砾 嶙 躏 绫 绺

lǒng lù luò lǘ lǚ
陇 戮 摞 榈 捋

M：
mán mán máo mǎo měng měng mǐn mǐn mǐn
瞒 馒 锚 卯 蜢 锰 皿 抿 泯

N：
nián niǎn niǎn niè niè nüè
黏 捻 撵 孽 蘖 疟

P：
pán páo páo péi pì pò
槃 狍 刨 裴 媲 粕

Q：
qí qí qiān qián qiǎn qiàn qiāng qiàng qiào qīn qiè qū quán
畦 鳍 扦 黔 谴 嵌 锵 跄 撬 钦 惬 祛 痊

qué què què
瘸 阙 榷

R：
rèn rèn rǒng
饪 妊 冗

S：
shān shàn shè sè shèn shēng shī shì shì shì shì shì shū
煽 讪 麝 涩 蜃 笙 虱 噬 恃 螫 嗜 舐 倏

shuān shǔn sǒng sǒng sì
栓 吮 悚 怂 祀

T：
tān tāo tài
坍 绦 钛

W：
wāi wān wǎn wěn
歪 剜 皖 紊

X：
xī xǐ xiān xiǎng xiē xīn xuè xūn xūn xùn
蜥 铣 锨 饷 楔 芯 谑 熏 勋 逊

Y：
yān yān yān yán yán yǎn yàn yàn yáng yǎng yuán yì yì
胭 湮 腌 阎 檐 俨 砚 堰 疡 痒 垣 臆 熠

yì yì yì yīn yín yín yīng yíng yòu yōng yōng yǒng yú
呓 翌 蜴 荫 垠 寅 膺 萦 釉 臃 壅 甬 腴

yú yú yú
榆 虞 臾

Z：
zhà zhà zhào zhān zhàn zhé zhě zhēn zhēn zhuì zhì zhì zhǒng
乍 栅 肇 毡 蘸 辄 褶 斟 臻 赘 峙 桎 冢

zhù	zhuàn	zhuài	zhuó	zhuó	zǎn	zé	zōng	zuǎn
伫	撰	拽	酌	灼	攒	啧	鬃	纂

三、单音节字词综合训练

练习一

guó	fàn	kuān	dī	zhì	piān	chá	pī	qiū	ěr	wén	kěn	cān
国	泛	宽	滴	置	偏	察	批	丘	耳	纹	啃	餐
jī	hǒu	nóng	tuǒ	shuò	liè	yùn	qiāng	fù	míng	xīn	dié	gēn
姬	吼	脓	椭	硕	裂	运	枪	副	铭	薪	碟	跟
tiáo	zài	biàn	hào	xún	rì	cháng	niǎo	pā	bǎi	jiāng	chà	bāo
条	再	辨	耗	旬	日	肠	袅	趴	柏	疆	诧	胞
sù	zhēng	lián	yáo	zè	dǎo	lì	náng	guǎng	zhī	là	sǎ	hé
诉	睁	镰	徭	仄	导	栗	囊	广	芝	辣	洒	盒
lǎn	wāi	tuì	xué	wà	ōu	pǔ	suàn	jǐng	chéng	jù	tóu	fēng
揽	歪	退	穴	袜	欧	浦	蒜	景	橙	俱	投	烽
cún	dǒng	shùn	kuà	péng	nèi	rǔ	cáo	shēng	mó	àn	zhē	bèi
存	懂	瞬	跨	鹏	内	乳	曹	笙	摹	案	遮	钡
jiǎn	qióng	miè	róu	cuō	zhēn	yí	tǐng	qià	biǎn	yá	zhāng	cí
减	穷	蔑	揉	蹉	侦	怡	艇	恰	扁	牙	章	慈
qiè	diū	shuān	xuǎn	bō	chú	liáo	chuǎng	suí				
窃	丢	拴	选	菠	蜍	聊	闯	随				

练习二

fàn	yuè	rì	méi	mó	cài	táo	jiǒng	bèi	lǒng	wò	qiáo	zhǎo/zhuǎ
贩	粤	日	枚	膜	蔡	桃	迥	备	拢	沃	瞧	爪
shuì	xuàn	ào	jiē	yān	guǎi	hàn	ái	fèi	liáo	ěr	zhài	píng
税	眩	澳	秸	淹	拐	撼	挨	费	辽	耳	债	平
nà	pèi	wài	chóu	diē	nuǎn	cāng	shū	bān	xiù	sǐ	miào	chāo
娜	佩	外	踌	跌	暖	仓	蔬	般	袖	死	庙	超
pì	nóng	mài	chóu	líng	xióng	jūn	biǎn	yuán	rǔ	diū	jí	niàng
辟	农	迈	仇	龄	雄	均	贬	原	汝	丢	级	酿
xián	è	wā	guāng	qù	dǎo	bō	ōu	tāng	pàn	zhǔn	qún	fǔ
咸	厄	挖	光	去	蹈	钵	殴	汤	判	准	群	府
gàn	tiǎn	jú	huàn	kěn	shā	níng	tū	jià	yòu	zé	tóng	shòu
赣	舔	菊	换	垦	杀	凝	凸	嫁	又	责	佟	寿
héng	xī	shòu	fēng	qiáng	xià	yāng	tǒng	páo	niǎn	jiàn	dèng	fù
衡	溪	兽	峰	强	夏	秧	统	袍	捻	荐	瞪	附
zhǔ	cí	bà	mò	duò	shuāi	cè	lüè	láng				
嘱	磁	爸	蓦	跺	摔	侧	掠	廊				

练习三

piāo	tiē	yǎng	xiá	dǐ	guā	nǎo	shuí	juān	gài	tè	shú	wò
漂	帖	氧	暇	底	瓜	脑	谁	捐	概	特	孰	卧
gǎng	dùn	fàn	yì	kuí	lüè	pà	suí	chǎn	shuān	áo	sù	tǐng
港	顿	饭	驿	奎	掠	怕	隋	阐	拴	螯	塑	挺
bān	jué	zǒng	diū	cuò	yǒu	xū	gěng	zhé	shuǎng	zá	miù	kuà
扳	掘	总	丢	锉	有	嘘	耿	蛰	爽	砸	谬	挎

cóng	jǐ	zhēn	miáo	nǚ	rào	miǎo	zhēng	qún	wēng	jiǎn	kòu	rǎn
丛	己	贞	瞄	女	绕	渺	蒸	群	翁	俭	寇	染
liǎn	hàn	zǐ	ér	wěn	chuí	méi	qǐng	bìng	pǎo	cāng	zhǎo/zhuǎ	
脸	汉	滓	儿	稳	垂	霉	请	并	跑	沧	爪	
sè	huāng	xún	zhuàng	yā	dì	yīng	qī	luò	fū	biē	nèn	tuó
瑟	荒	循	幢	鸭	帝	鹰	妻	洛	夫	憋	嫩	驮
dié	rì	qióng	yǐn	shài	fá	huái	còu	dōu	qín	niè	kēng	shàn
迭	日	琼	隐	晒	阀	怀	凑	兜	琴	涅	坑	扇
ruò	qiáng	lào	xióng	niàn	dìng	xiāng	bǔ	cù				
弱	墙	烙	雄	念	定	湘	卜	簇				

练习四

huǒ	ruò	zǎo	wú	liě	xué	é	pǎo	dùn	zuì	ái	qì	yuán
火	若	藻	吴	咧	穴	俄	跑	顿	最	癌	泣	源
bō	yóu	lǔ	qiǎn	shuāi	yǎo	fàn	zhuó	mǎn	xī	jiāo	ǒu	xiē
波	游	鲁	浅	摔	舀	饭	啄	满	希	焦	藕	歇
zhèng	fá	hé	rào	tǎ	zì	hūn	bā	pái	nèn	wèng	zhuì	xiàng
郑	罚	核	绕	塔	自	婚	叭	牌	嫩	瓮	坠	象
yōng	ěr	shēng	kuǎn	tī	péng	jū	sāng	cì	wǎ	yuán	mài	róu
痈	饵	声	款	踢	鹏	鞠	桑	伺	瓦	缘	卖	揉
wō	liàn	shāo	nì	yà	diū	chī	bì	ēn	jiǒng	qiè	zhǒu	dǒng
涡	恋	烧	昵	亚	丢	痴	敝	恩	迥	妾	肘	董
lín	gài	qiáng	chù	sēng	pō	cuān	tóng	zǎi	wèn	ruì	sāo	xuǎn
林	盖	墙	搐	僧	坡	蹿	童	崽	问	锐	骚	选
diāo	tuán	piáo	xún	mì	tóu	nǚ	hán	zhǔ	jūn	shěn	qí	lǒng
叼	团	瓢	旬	密	投	女	韩	煮	菌	婶	崎	垄
ài	guà	jué	kǔ	qiú	zhuàn	liáo	niàng	jiǎ				
爱	挂	獗	苦	囚	篆	聊	酿	钾				

四、单音节字词模拟测试训练

模拟题一

巢 杯 齿 哀 雌 黯 版 架 读 埠 姥 瞎 眨
灯 蹿 懂 付 柄 淳 席 玉 阶 快 二 坟 足
热 婆 渍 蛇 我 鞋 流 女 济 鸽 抠 火 跃
驴 秒 蓄 爪 青 咬 透 讽 甩 晦 梗 嫩 校
田 完 右 税 腿 暂 圆 战 枪 空 味 刮 容
粤 香 庄 厅 争 翁 损 真 让 群 君 兄 搜
弱 掠 猫 内 所 胖 泉 踩 芽 坐 斯 矿 颌
您 峦 穷 浸 寝 赚 沙 评 闷

模拟题二

哑 挖 蛆 漱 碑 铐 披 俄 爹 怀 新 人 脏
坑 届 稍 雁 歌 瞥 奶 麻 吏 臊 课 翁 侧
砸 旅 稽 赤 瞟 日 仆 雪 湾 拳 狂 罐 填
岁 懒 鞘 冬 拽 否 暂 淌 庸 鳃 佛 先 上

构 传 癣 涮 匠 荣 右 洼 跳 族 花 牛 蚌
秦 件 山 走 儿 孕 脓 润 药 邢 臂 缩 荒
电 郭 虾 软 矿 忖 准 裆 呕 拗 套 窘 跟
群 镖 增 韦 帅 思 凝 巷 额

模拟题三

扔 拂 裁 铜 光 幌 薛 冥 着 矣 栓 挑 僵
扒 攫 难 朵 撇 蜷 酸 雾 糜 贰 翁 美 卷
扑 抓 买 餐 瘦 茅 妞 汾 梁 拟 茬 饮 逮
壶 睬 掐 致 寡 吓 渣 添 举 瓢 亢 尊 块 蠢
嫩 坑 舵 训 使 漕 取 片 斜 拽 捞 块 否
锌 腿 官 婴 总 亡 冷 要 舅 削 惹 艘 紫
瘸 跌 先 法 崎 箔 畅 坡 肆 庇 耸 荤 筋
杉 旅 驰 窘 畏 裙 贿 搁 冲

模拟题四

抱 饷 共 捞 凑 啤 捐 砍 钝 倪 苹 软 条
搞 掐 曼 歪 仍 窝 用 裹 忱 字 侵 入 惰
陲 忍 植 捏 破 奚 蝗 寻 被 泰 下 而 德
凝 恨 窜 窍 飞 骗 攥 舱 嚎 由 领 囊 封
八 您 吻 渠 狗 奎 暑 踹 垒 炎 氏 窘 丢
蒋 额 淡 肪 拢 爵 猛 俗 瞥 禀 阅 账 跨
摸 招 耶 读 选 赛 鳖 懒 亡 炸 淮 综 华
桶 迄 涮 归 璧 竹 权 军 梅

模拟题五

拐 赵 迥 嗅 浓 涛 鸣 逢 磷 秤 拘 短 让
捆 翁 拽 捎 俯 醋 尺 哗 眷 扣 喝 棚 贼
堕 辆 修 帛 亚 诺 暖 钱 叵 仁 撕 掠 忆
肺 矢 贴 稳 舜 雪 霸 宅 册 广 日 烘 剃
愁 与 模 笋 薛 久 夸 老 灰 琼 粥 熏 务
辖 羊 资 鳃 女 火 讹 三 恬 娘 沈 泉 柳
佣 每 却 斩 赐 褪 膘 孽 拼 俊 清 砸 藐
钓 龋 旺 馆 纱 昨 甲 颁 粉

第三章　多音节词语训练

第一节　读多音节词语测试的特点与要求

一、读多音节词语测试的特点

（一）声、韵、调及轻声、儿化、变调的覆盖情况

试题中，声母与韵母出现的次数与读单音节字词的要求相同。另外，上声与上声相连的词语不少于3个，上声与非上声相连的词语不少于4个，轻声词语不少于3个，儿化词语不少于4个。

（二）多音节词语的范围

100个音节的多音节词语全部出自“词表”的［表一］、［表二］，70%选自［表一］，30%选自［表二］。其中，双音节词语45~47个，三音节词语2个，有的试卷还会出现1个四音节词语。

二、读多音节词语测试的要求

读多音节词语测试项主要测查应试人声母、韵母、声调和轻声、儿化、变调读音的标准程度，要求应试人在2.5分钟内正确地读出规定的总共100个音节的多音节词语。

（一）词语要连读，不要按字分读

有的应试人由于过分注重各个音节声母、韵母、声调的到位，往往会把多音节词语读得一字一顿，按字分读，破坏了多音节词语的整体性。按词连读是多音节词语与单音节字词考核的根本性区别，也是读多音节词语的基本要求。多音节词语包括双音节词语、三音节词语和四音节词语。

（二）注意多音节词语的轻重音格式

普通话词语在朗读时还要注意轻重音格式的问题，轻重音格式是普通话词语节律的一种体现。

1. 双音节词语节律的三种格式

（1）中·重式

前一个音节比后一个音节稍轻，后一个音节读重音，绝大多数的双音节词都属于这种格式。例如：

色彩　认真　黑暗　广播　吹奏　典雅　夏季　国家

军队　起草　奇怪　时代　广州　田野　演化　宝贵

（2）重·中式

前一个音节读重音，后一个音节稍轻。例如：

质量　太阳　效率　气氛　春天　物质　性质　吉利

面积　部分　数量　队伍　埋怨　抱怨　困难　仆人

这部分词语有些原来读轻声的，后来变成“可轻可不轻”的词语了。

其他重·中格式的词见附录三。

(3) 重·轻式

重·轻式也就是轻声词。例如：

恶心　点心　糊涂　啰嗦　脑袋　麻烦　喇叭　相声

消息　提防　石头　稀罕　苗条　东西　开通　喜欢

2. 三音节词语节律的三种格式

(1) 中·中·重式

前两个音节读得稍轻，第三个音节读重音。例如：

俱乐部　法西斯　运动会　老板娘　少先队

(2) 中·轻·重式

三个音节中，中间一个音节念轻声，重音放在后面。例如：

差不多　了不起　来不了　用得着　怎么样　小不点儿

阎王殿　葡萄酒　红领巾　好得很　豆腐脑　行李卷儿

(3) 中·重·轻式

前一个音节稍轻，重音在中间，后一个音节读轻声。例如：

爱面子　打招呼　闹笑话　发脾气　找别扭　老大爷

不在乎　小伙子　树林子　胡萝卜　红葡萄　手指头

三音节的轻重音格式中以中·中·重式居多。

3. 四音节词语节律的两种格式

(1) 中·次轻·中·重式

朗读时，第二个音节音势较弱，最末音节为重音。例如：

千难万险　不动声色　高瞻远瞩　此起彼伏

(2) 中·次轻·重·轻式

这一类四音节词语往往是由两个双音节词语结合而成。朗读时，第二音节音势较弱，最末音节为轻声，重音是第三音节。例如：

如意算盘　外甥媳妇儿

（三）声调要准确到位

在朗读词语的过程中，有的人往往不注意后一个音节声调的准确到位，尤其是阳平和上声。例如，“学习、树林、幸福”，后一个音节都是阳平声调，调值为35，有的人把后一个音节读得太短，结果调值相当于23或34，造成了声调上的缺陷。也有人因为把词尾的上声音节读得太短，调值读成211，结果是降升调读成了低降调。

（四）读准多音字、异读词

汉字有一字多音、一词多音的现象，对于这些词语我们要注意其正确读音。例如：

倒是 dàoshì→错读为→dǎoshì

倒闭 dǎobì→错读为→dàobì

给予 jǐyǔ→错读为→gěiyǐ

给以 gěiyǐ→错读为→jǐyǔ

质量 zhìliàng→错读为→zhǐliàng

丈量 zhàngliáng→错读为→丈量 zhàngliàng

这些词中的“倒”、“给”、“量”为多音字，与不同的语素结合有不同的读音，不能混读。另外，还有异读词的问题，例如，“教室”曾经有 jiàoshì、jiàoshǐ 两种读法，但现在已统读为 jiàoshì，再读 jiàoshǐ 就是读错音了。

（五）读准变调、轻声及儿化音

在多音节词语中，有的是因为音节相连的影响，其中某个音节的读音会发生一些变化，如变调和“啊”音变；有的词语受语言发展演变的影响，会读成轻声或发生儿化。这些变化就形成了普通话的音变现象。我们在朗读这些词的时候，必须严格地按照读音变化规律读，否则就会被视为读错音，在测试时是要扣分的。

应试人要完成好读多音节词语测试项的测试，应该在前面声韵调训练的基础上，继续学习音变的规律，并完成一定量的多音节词语训练，这样才能具备读准普通话多音节词语的能力，同时，也只有具备了读准多音节词语的能力，才能进而读准句子，说好话。为此，本章专门设计了各种有针对性的训练，希望应试人通过系统化的训练实现目的。

三、测评

该项测试总计 20 分，占测试总分的 20%，每个音节占 0.2 分。读错一个音节扣 0.2 分，读音有明显缺陷的扣 0.1 分。音节错误的判断标准与读单音节字词的标准相同，但是增加了音变的考查内容，“上声”、“一”和“不”没有按变调规律变调，轻声音节没有读轻声，儿化音节没有读儿化，上声没有变调或者变调错误，都会按错误扣分。

第二节　变调的训练

人们在说话时，不是孤立地发出一个个音节（字），而是把音节组成一连串自然的语流。由于相连音节的相互影响，使得某个音节的声调发生了变化，这种变化就是变调。变调现象主要有上声的变调、“一”与“不”的变调以及形容词的变调。

一、上声变调的训练

（一）上声变调的类型

上声是一个曲折调，先降后升，调值为 214，实际描写为 2114。由于 21（先降）与 14（后升）两部分的读音都较短，因此，上声在阴平、阳平、上声和去声等声调前面时都会产生变调，读原调的几率很小，只有在读单音节字或处在词语末尾或句末时才有可能读原调。上声变调的类型大致可以分为以下三种：

1. 上声与上声相连的变调

（1）两个上声相连的变调。

两个上声相连时，前一个上声变读为近似于阳平，读成 35（ ╱ ）调值，后一个不变。例如：

kǒuwěn	kěqǔ	hǎidǎo	gǔsuǐ	fǎngǎn	chǐrǔ	yǎnjiǎng	lǚguǎn
口吻	可取	海岛	骨髓	反感	耻辱	演讲	旅馆

bǎoxiǎn 保险　běnlǐng 本领　lǎnsǎn 懒散　ǎixiǎo 矮小　shǎnběi 陕北　dǎjiǎo 打搅　shuǐguǒ 水果　ǒu'ěr 偶尔

(2) 三个上声相连的变调。

三个上声相连的变调情况较为复杂，有两种形式：

①双单格（2+1）结构。前两个上声变读为近似于阳平，读成 35（／）调值，最后一个不变，即 214+214+214→35+35+214。例如：

／／V 展览馆　／／V 洗脸水　／／V 古典舞　／／V 勇敢者　／／V 选举法　／／V 打靶场

／／V 管理组　／／V 处理品　／／V 蒙古语　／／V 手写体　／／V 虎骨酒　／／V 水彩笔

②单双格（1+2）结构。第一个上声变读为半上，读成 211（∟）调值，第二个上声变读为近似于阳平，调值是 35（／），最后一个不变，即 214+214+214→211+35+214。例如：

∟／V 晚辅导　∟／V 老保守　∟／V 小拇指　∟／V 党小组　∟／V 打草稿　∟／V 老领导

∟／V 冷处理　∟／V 纸老虎　∟／V 好导演　∟／V 耍笔杆　∟／V 小两口　∟／V 海产品

(3) 多个上声相连的变调

当多个上声相连时，按照“上上”或“上上上”的格式分割，然后再进行变调。例如：

请你把／美好／理想／给我／讲讲。

我很／了解你。

请你／给我／买几把／小雨伞。

请你／给我／打点／洗脸水。

展览馆里／有好／几百种／展览品。

2. 上声与非上声相连的变调

上声与非上声相连时，前面的上声变读为半上，读成 211 调值，后一个不变，即 214+55/35/51→211+55/35/51。例如：

上+阴：bǎituō 摆脱　chǎnshēng 产生　dǎkāi 打开　dǎoshī 导师　gǎnguān 感官　jiǎshuō 假说　shěngxīn 省心　shǐzhōng 始终

上+阳：zhěngqí 整齐　lǎngdú 朗读　jiějué 解决　lǚxíng 履行　lǐngnán 岭南　qǐyuán 起源　zǔguó 祖国　jǐhé 几何

上+去：zǔzhòu 诅咒　zhǎodào 找到　shǒushì 手势　qiǎngzhàn 抢占　mǔlì 牡蛎　liǎnmiàn 脸面　jǐnliàng 尽量　měilì 美丽

3. 上声与轻声相连的变调

上声后面是轻声音节时，其变调情况较为复杂，主要根据轻声音节原来声调的情况来变。有两种形式：

(1)“上声+轻声”中的轻声原声调是上声，前面的上声变读为近似于阳平，读成 35 调值，后一个不变，即 214+轻声（原调上声）→35+轻声。例如：

děngdeng 等等　zǒuzou 走走　bǎshou 把手　shuǐli 水里　xiǎngqi 想起　zhǎo bu 找补　guǒtui 裹腿

hǒnghong　dǎdian　dǎshou　nǎli　xiǎojie　lǎohu　xiǎngfa
哄哄　打点　打手　哪里　小姐　老虎　想法

也有例外的情况，即“上声 + 轻声”中的轻声原声调是上声，前面的上声音节变读为半上，读成 211 调值，后一个不变，即 214 + 轻声（原调上声）→211 + 轻声。包括“子”做后缀的词、表称谓的重叠词及少数习惯这样变读的此类轻声词。例如：

nǎozi　zhuǎzi　dǎnzi　kuǎnzi　gǔzi　jiǎozi　shēnzi　juànzi
脑子　爪子　掸子　款子　谷子　饺子　身子　卷子

nǎinai　lǎolao　jiějie　bǎobao　mǎhu　zhǐjia　ěrduo　yǎngyang
奶奶　姥姥　姐姐　宝宝　马虎　指甲　耳朵　痒痒

（2）“上声 + 轻声”中的轻声原声调是非上声，前面的上声变读为半上，读成 211 调值，后一个不变，即 214 + 轻声（原调非上声）→211 + 轻声。例如：

wěiba　lǎoshi　zǔzong　huǒji　xǐhuan　xiǎngguo　dǎsuan　dǎliang
尾巴　老实　祖宗　伙计　喜欢　想过　打算　打量

nǎodai　shǐde　zhǐtou　wǒmen　shàoye　zhǔfù　chǐcùn　běnshì
脑袋　使得　指头　我们　少爷　嘱咐　尺寸　本事

（二）综合训练

1. “阳平 + 上声—上声 + 上声”的对比练习

yúshuǐ　yǔshuǐ　qímǎ　qǐmǎ　túgǎi　tǔgǎi　báimǐ　bǎi mǐ
鱼水—雨水　骑马—起码　涂改—土改　白米—百米

méihǎo　měihǎo　qiánshuǐ　qiǎnshuǐ　zhífǎ　zhǐfǎ　zhídǎo　zhǐdǎo
没好—美好　潜水—浅水　执法—指法　执导—指导

2. 短语练习

pǔtōng shuǐbīng　shǒudū běijīng　lǚjū běifāng　wǔzhuāng fǎnjī　shǒuxiān bǎituō
普通　水兵　首都北京　旅居北方　武装反击　首先摆脱

qǐchéng yuǎnháng　chǎnmíng shǐshí　zhǎo rén dǎqiú　fěnhóng nuǎnpíng　lǎngdú shuǐpíng
启程　远航　阐明史实　找人　打球　粉红暖瓶　朗读水平

gǎojiàn gěnggài　dǎoluàn huǐhuài　zǔzhòu rǔmà　bǐjì hěnluàn　nǔlì gǎishàn
稿件梗概　捣乱　毁坏　诅咒辱骂　笔记很乱　努力改善

lěngshuǐ xǐzǎo　yǒu diǎn kǒukě　měihǎo hǎidǎo　xuǎnjǔ chǎngzhǎng　biǎoyǎn běnlǐng
冷水洗澡　有点口渴　美好海岛　选举　厂长　表演本领

3. 句子练习

①我永远只把眼前的高峰当作起点。

②李厂长手里有两把小铁锁。

③使我很感兴趣的问题有两个。

④我很了解你所有的表演。

⑤我买水果给你好不好？

二、“一”与“不”变调的训练

（一）变调类型

1. “一”的变调（此处“一”的注音注变调，供练习用。）

“一”的本调是阴平，55 的调值。当“一”单念、在词句末尾、表序数时，读本调。例如：一是一二是二、专一、整齐划一、第一、一楼。“一”的变调有三种形式：

（1）在去声前变阳平，读成35调值。例如：

yí gè　yí dìng　yí lǜ　yí qiè　yí bù-dēngtiān　yí jì zhī cháng
一个　一定　一律　一切　一步登天　一技之长

（2）在非去声前变去声，读成51调值。例如：

yì biān　yì bēi　yì zhāo yì xī　yì yán yì xíng　yì huán kòu yì huán
一边　一杯　一朝一夕　一言一行　一环扣一环

（3）夹在两个词中间读轻声。例如：

kàn yi kàn　shì yi shì　cháng yi cháng　shuō yi shuō　pǎo yi tàng　hǎo yi xiē
看一看　试一试　尝一尝　说一说　跑一趟　好一些

2. “不”的变调（此处“不”的注音注变调，供练习用。）

“不”的本调是去声，51的调值。当“不”在非去声前、单独使用或在词句末尾时，读本调。例如：不，我偏不！“不”的变调有两种形式：

（1）在去声前变阳平。例如：

búbì　búyào　búhuì　búduàn　búbiàn　búcè　búyàn　búgù
不必　不要　不会　不断　不变　不测　不厌　不顾

（2）夹在中间读轻声。例如：

qù bu qù　yào bu yào　qùbuliǎo　chībuliǎo　miǎnbuliǎo　yàobude
去不去　要不要　去不了　吃不了　免不了　要不得

（二）综合训练

1. “一”字词语练习

yìmú－yíyàn　yìsī－yìháo　yìxīn－yíyì　yíchàng－yíhè
一模一样　一丝一毫　一心一意　一唱一和

yìdiǎn－yìdī　yìshēng－yíshì　yíwèn－yìdá　yìzhāng－yìchí
一点一滴　一生一世　一问一答　一张一弛

yìcǎo－yímù　yìqián－yíhòu　yìzuǒ－yíyòu　yìbǎn－yìyǎn
一草一木　一前一后　一左一右　一板一眼

yìkāi－yìhé　yìpín－yíxiào　yìdǎ－yínào　yìjǔ－yídòng
一开一合　一颦一笑　一打一闹　一举一动

2. “不”字词语练习

bùjiāo－búzào　bùkū－búnào　bùzhé－búkòu　bùlún－búlèi　bùbēi－búkàng
不骄不躁　不哭不闹　不折不扣　不伦不类　不卑不亢

bùhuāng－bùmáng　bùwén－búwèn　bùqū－bùnáo　bùpiān－bùyǐ　búshàng－búxià
不慌不忙　不闻不问　不屈不挠　不偏不倚　不上不下

bùgān－bújìng　búpò－búlì　bùzhī－bùjué　bùsān－búsì　bùhēng－bùhā
不干不净　不破不立　不知不觉　不三不四　不哼不哈

3. 绕口令练习

（1）一二三，三二一，一二三四五六七，七六五四三二一。一个姑娘来摘李，一个小孩儿来摘栗，一个小伙儿来摘梨。三个人一起出大力，收完李子、栗子、梨，一起拉到市上去赶集。（《三个人一起出大力》）

（2）干什么工作都要一心一意，表里如一，言行一致，埋头苦干。情绪不能一高一低，一好一坏，一落千丈，一蹶不振。（《一心一意》）

（3）什么是鸡不长毛？田鸡是鸡不长毛。什么是鹅脖不长？企鹅是鹅脖不长。什么是牛不耕田？蜗牛是牛不耕田。什么是马不拉车？河马是马不拉车。什么是猫不捉鼠？熊

猫是猫不捉鼠。什么是虎不上山？壁虎是虎不上山。(《不字歌》)

三、形容词重叠变调的训练

(一) 变调类型

形容词重叠的变调有三种类型：

1. “AA 的”和“AA 儿”的变调

(1)“AA 的”形式一般不变调。例如：

hónghóngde　lǜlǜde　niānniānde　ǎiǎide　pàngpàngde　hǎohǎo de
红红的　绿绿的　蔫蔫的　矮矮的　胖胖的　好好的

(2)“AA 儿”一般后一个 A 变阴平，读成 55 调值。“AA 儿”形式按北方话的约定俗成，只有少量词可以采用此种形式，但只要加“儿”，后一个音节一定变阴平。例如：

hǎohāor　mànmānr　zǎozāor　yuǎnyuānr　kuàikuāir　nuǎnnuānr
好好儿　慢慢儿　早早儿　远远儿　快快儿　暖暖儿

2. ABB 式单音节形容词加叠音后缀的变调

一般情况是后面的 BB 变阴平，读成 55 调值。但随着南北语音的互相影响，现在 ABB 式基本不变了。例如：

不变：
liàngtángtáng　lǎnyángyáng　huīméngméng　lǜyóuyóu　xiělínlín
亮堂堂　懒洋洋　灰蒙蒙　绿油油　血淋淋

变调：
liàngtāngtāng　lǎnyāngyāng　huīmēngmēng　lǜyōuyōu　xiělīnlīn
亮堂堂　懒洋洋　灰蒙蒙　绿油油　血淋淋

3. AABB 式的变调

一般第二个 A 变为轻声，BB 变为阴平，但现在也可以不变。例如：

不变：
kēngkēng-wāwā　jiējiē-shíshí　gāngān-jìngjìng　piàopiào-liàngliàng
坑坑洼洼　结结实实　干干净净　漂漂亮亮

变调：
kēngkeng-wāwā　jiējie- shīshī　gāngan-jīngjīng　kuàikuài-huóhuó
坑坑洼洼　结结实实　干干净净　快快活活

(二) 综合训练

1. “AA 的”—“AA 儿”式的对比练习

bǎobǎode　bǎobāor　mànmànde　mànmānr　hǎohǎo de　hǎohāor
饱饱的—饱饱儿　慢慢的—慢慢儿　好好的—好好儿

kuàikuàide　kuàikuāir　zǎozǎo de　zǎozāor　yuǎnyuǎnde　yuǎnyuānr
快快的—快快儿　早早的—早早儿　远远的—远远儿

2. ABB 式的变调练习

lányīngyīng　lǜyīnyīn　máorōngrōng　nàorāngrāng　gānbābā　liàngtāngtāng
蓝盈盈　绿茵茵　毛茸茸　闹嚷嚷　干巴巴　亮堂堂

hóngtōngtōng　hàncēncēn　xiàoxīxī　luànpēngpēng　xiàoyīnyīn　shīlīnlīn
红通通　汗涔涔　笑嘻嘻　乱蓬蓬　笑吟吟　湿淋淋

3. AABB 式的变调练习

mànman-tēngtēng　mǎma-hūhū　zhànzhan-jīngjīng　liàngliang-tāngtāng
慢慢腾腾　马马虎虎　战战兢兢　亮亮堂堂

lìli- luōluō　wěnwen-dāngdāng　měngmengdōngdōng　jīji- zhāzhā
利利落落　稳稳当当　懵懵懂懂　叽叽喳喳

mími- hūhū　jiànjian-kāngkāng　píngping-ān'ān　lǎolao-shīshī
迷迷糊糊　健健康康　平平安安　老老实实

第三节 儿化的训练

一、儿化及儿化的作用

儿化是指“儿”这个音节取消发音的独立性，与前面音节的韵母相融合，其韵母发生音变，成为卷舌韵母——儿化韵。丰富的儿化韵是以北京话为代表的大部分北方方言的特点之一，既承担了一定的语法功能，又体现了浓郁的口语色彩。在词形表现方面，就是词缀“儿”附着在前面的词根上。儿化有如下语法或修辞功能：

（一）区别词性

亮（形容词）：光亮　　亮儿（名词）：透亮儿

尖（形容词）：尖利　　尖儿（名词）：笔尖儿

个（量词）：一个　　个儿（名词）：大个儿

画（动词）：画图　　画儿（名词）：画画儿

（二）区别词义

眼：眼睛　　眼儿：窟窿眼儿

天：晴天　　天儿：聊天儿

头：头发　　头儿：领头的人

牌：一种娱乐用具　　牌儿：牌子

（三）表示少或小的意思

在这个功能上，“儿”常和“小”连用，构成“小……儿”结构。例如：

木棍—木棍儿　刀—小刀儿　鸡—小鸡儿　丝—细丝儿　小马驹儿

金鱼儿　门缝儿　树枝儿　牛犊儿　竹竿儿

（四）表示亲切、喜爱的情感

狗—小狗儿　家伙—家伙儿　宝贝—宝贝儿　脸蛋—脸蛋儿

（五）体现口语语体特征

儿化前的词语书面语味道重一些。例如：

明天—明儿　有趣—有趣儿　中间—中间儿　桑葚—桑葚儿

具有区别词义和词性的儿化词必须读出儿化韵，否则有些就不成词，或者容易引起误解。例如，把“冰棍儿”读为“冰棍”，把“压根儿”读为“压根”，听的人就会觉得别扭；把“他是我们的头儿”，说成“他是我们的头”，听的人就会感到摸不着头脑，或产生理解上的偏差。

二、儿化韵的发音规律

（一）韵母或韵尾是 ɑ、u、o、e、ê 的可以直接卷舌

1. ɑ、iɑ、uɑ→ɑr、iɑr、uɑr

dāobàr　hàomǎr　yīxiàr　huàhuàr　xuěhuār　dàguàr

刀把儿　号码儿　一下儿　画画儿　雪花儿　大褂儿

2. ɑo、iɑo→ɑor、iɑor

jiǎozhǎor　yīgǔnǎor　xiǎoniǎor　miàntiáor　dòujiǎor
脚爪儿　一股脑儿　小鸟儿　面条儿　豆角儿

3. u、ou、iou→ur、our、iour

kuòhúr　bèntóur　ménkǒur　zhuājiūr　dǎqiúr
括弧儿　奔头儿　门口儿　抓阄儿　打球儿

4. e→er

mótèr　gēmenr　zàizhèr　dǎgér　dàgèr
模特儿　哥们儿　在这儿　打嗝儿　大个儿

5. o、uo→or、uor

ěrmór　jùmòr　dàhuǒr　yóuchuōr　huǒguōr　ménkǒur
耳膜儿　锯末儿　大伙儿　邮戳儿　火锅儿　门口儿

6. ie、üe→ier、üer

guōtiēr　táijiēr　shùyèr　xiǎojiēr　zhǔjuér　dànjuér
锅贴儿　台阶儿　树叶儿　小街儿　主角儿　旦角儿

（二）韵母是 i、ü，加 e，降低舌位再卷舌

1. i→ier：

xiǎojīr　wányìr　chūqìr　zhēnbír　lóngtìr
小鸡儿　玩意儿　出气儿　针鼻儿　笼屉儿

2. ü→üer

xiǎoqǔr　jīnyúr　qūqur　mǎjūr　tányúr
小曲儿　金鱼儿　蛐蛐儿　马驹儿　痰盂儿

（三）韵母是舌尖高元音 -i［ɿ］（zi、ci、si）、-i［ʅ］（zhi、chi、shi、ri），主要元音变为［ə］再卷舌

-i［ɿ］、-i［ʅ］→-［ə］→-［ər］

shízǐr　tiāocìr　tóngzǐr　guǒzhīr　méishìr　shùzhīr
石子儿　挑刺儿　铜子儿　果汁儿　没事儿　树枝儿

（四）韵母是 in、ing、ün 的，去掉鼻韵尾，加 e 再卷舌，其中，ing 的主要元音 i 要鼻化

1. in→ier

shǐjìnr　jiǎoyìnr　sòngxìnr　bèixīnr　píjīnr
使劲儿　脚印儿　送信儿　背心儿　皮筋儿

2. ing→ier（e 鼻化）

dǎmíngr　diànyǐngr　qǐmíngr　xiǎomíngr　huāpíngr
打鸣儿　电影儿　起名儿　小名儿　花瓶儿

3. ün→üer

héqúnr　hóngqúnr
合群儿　红裙儿

（五）韵尾是 ng 的（ing 除外），去掉韵尾，元音鼻化再卷舌

1. ɑng、iɑng、uɑng→ɑr（ɑ 鼻化）、iɑr（ɑ 鼻化）、uɑr（ɑ 鼻化）

yàofāngr　gǎntàngr　bíliángr　tòuliàngr　dànhuángr
药方儿　赶趟儿　鼻梁儿　透亮儿　蛋黄儿

2. eng、ueng→er（e 鼻化）、uer（e 鼻化）

gāngbèngr　jiāfèngr　bógěngr　tíchéngr　xiǎowèngr
钢镚儿　夹缝儿　脖颈儿　提成儿　小瓮儿

3. ong、iong→or（o 鼻化）、ior（o 鼻化）

guǒdòngr	méndòngr	hútòngr	chōukòngr	xiǎoxióngr
果冻儿	门洞儿	胡同儿	抽空儿	小熊儿

（六）韵尾是 i 及 n 的，丢掉韵尾再卷舌

1. ai→ar

míngpáir	xiédàir	húgàir	xiǎoháir	jiāsāir
名牌儿	鞋带儿	壶盖儿	小孩儿	加塞儿

2. an、ian→ar、iar

kuàibǎnr	lǎobànr	suànbànr	xiǎobiànr	zhàopiānr
快板儿	老伴儿	蒜瓣儿	小辫儿	照片儿

3. uan、uai→uar

cháguǎnr	fànguǎnr	huǒguànr	luòkuǎnr	yīkuàir
茶馆儿	饭馆儿	火罐儿	落款儿	一块儿

4. üan→üar

yānjuǎnr	shǒujuànr	chūquānr	bāoyuánr	rényuánr
烟卷儿	手绢儿	出圈儿	包圆儿	人缘儿

5. en、ei→er

lǎoběnr	huāpénr	sǎngménr	mōhēir	dāobèir
老本儿	花盆儿	嗓门儿	摸黑儿	刀背儿

6. uen、uei→uer

dǎdǔnr	pàngdūnr	shālúnr	mòshuǐr	wéizuǐr
打盹儿	胖墩儿	砂轮儿	墨水儿	围嘴儿

三、综合训练

（一）儿化词语练习

1. 韵母不变，只加卷舌动作的儿化词语

hàomǎr	xìfǎr	dāobàr	zàinǎr	zhǎochár	dǎzár	bǎncār
号码儿	戏法儿	刀把儿	在哪儿	找茬 儿	打杂儿	板擦儿
nǎoguār	dàguàr	máhuār	xiàohuar	yáshuār	diàojiàr	yīxiàr
脑瓜儿	大褂儿	麻花儿	笑话儿	牙刷儿	掉价儿	一下儿
dòuyár	fěnmòr	ěrmór	huǒguōr	zuòhuór	dàhuǒr	yóuchuōr
豆芽	粉末儿	耳膜儿	火锅儿	做活儿	大伙儿	邮戳儿
xiǎoshuōr	bèiwōr	mótèr	dòulèr	chànggēr	āigèr	dǎgér
小说儿	被窝	模特儿	逗乐儿	唱歌儿	挨个儿	打嗝儿
fànhér	zàizhèr	bànjiér	xiǎoxiér	dànjuér	zhǔjuér	suìbùr
饭盒儿	在这儿	半截儿	小鞋	旦角儿	主角儿	碎步儿
méipǔr	érxífur	líhúr	lèizhūr	yǒushùr	hóngbāorr	dēngpàor
没谱儿	儿媳妇儿	梨核儿	泪珠儿	有数儿	红包儿	灯泡儿
bàndàor	shǒutàor	tiàogāor	jiàohǎor	kǒuzhàor	juézhāor	kǒushàor
半道儿	手套儿	跳高儿	叫好儿	口罩儿	绝招儿	口哨儿
mìzǎor	yúpiāor	huǒmiáor	pǎodiàor	miàntiáor	dòujiǎor	kāiqiàor
蜜枣儿	鱼漂儿	火苗儿	跑调儿	面条儿	豆角儿	开窍儿
yīdōur	lǎotóur	niántóur	xiǎotōur	ménkǒur	niǔkòur	xiànzhóur
衣儿兜	老头儿	年头儿	小偷儿	门口儿	纽扣儿	线轴儿

xiǎochǒur	dǐngniúr	zhuājiūr	miánqiúr	jiāyóur
小丑儿	顶牛儿	抓阄儿	棉球儿	加油儿

2. 丢失韵尾，再加卷舌动作的儿化词语

míngpáir	xiédàir	húgàir	xiǎoháir	jiāsāir	yíkuàir	kuàibǎnr
名牌儿	鞋带儿	壶盖儿	小孩儿	加塞儿	一块儿	快板儿
lǎobànr	suànbànr	liǎnpánr	liǎndànr	shōutānr	zhàlanr	bāogānr
老伴儿	蒜瓣儿	脸盘儿	脸蛋儿	收摊儿	栅栏儿	包干儿
bǐgǎnr	ménkǎnr	dāobèir	mōhēir	lǎoběnr	huāpénr	sǎngménr
笔杆儿	门槛儿	刀背儿	摸黑儿	老本儿	花盆儿	嗓门儿
bǎménr	gēmenr	nàmènr	hòugēnr	gāogēnrxié	biézhēnr	yīzhènr
把门儿	哥们儿	纳闷儿	后跟儿	高跟儿鞋	别针儿	一阵儿
zǒushénr	dàshěnr	xìngrénr	dāorènr	xiǎorénrshū	xiǎobiànr	zhàopiānr
走神儿	大婶儿	杏仁儿	刀刃儿	小人儿书	小辫儿	照片儿
shànmiànr	chàdiǎnr	yìdiǎnr	yǔdiǎnr	liáotiānr	lāliànr	màojiānr
扇面儿	差点儿	一点儿	雨点儿	聊天儿	拉链儿	冒尖儿
kǎnjiānr	yáqiānr	lòuxiànr	xīnyǎnr	pǎotuǐr	yìhuìr	ěrchuír
坎肩儿	牙签儿	露馅儿	心眼儿	跑腿儿	一会儿	耳垂儿
mòshuǐr	wéizuǐr	zǒuwèir	cháguǎnr	fànguǎnr	huǒguànr	luòkuǎnr
墨水儿	围嘴儿	走味儿	茶馆儿	饭馆儿	火罐儿	落款儿
dǎzhuànr	guǎiwānr	hǎowánr	dàwànr	yānjuǎnr	shǒujuànr	chūquānr
打转儿	拐弯儿	好玩儿	大腕儿	烟卷儿	手绢儿	出圈儿
bāoyuánr	rényuánr	ràoyuǎnr	záyuànr	dǎdǔnr	pàngdūnr	shālúnr
包圆儿	人缘儿	绕远儿	杂院儿	打盹儿	胖墩儿	砂轮儿
bīnggùnr	méizhǔnr	kāichūnr	héqúnr			
冰棍儿	没准儿	开春儿	合群儿			

3. 丢失韵尾，再加卷舌动作，元音鼻化的儿化词语

yàofāngr	gǎntàngr	xiāngchángr	guārángr	gāngbèngr	jiāfèngr	bógěngr
药方儿	赶趟儿	香肠儿	瓜瓤儿	钢镚儿	夹缝儿	脖颈儿
tíchéngr	guǒdòngr	méndòngr	hútòngr	chōukòngr	jiǔzhōngr	xiǎocōngr
提成儿	果冻儿	门洞儿	胡同儿	抽空儿	酒盅儿	小葱儿
bíliángr	tòuliàngr	huāyàngr	dànhuángr	dǎhuàngr	tiānchuāngr	xiǎoxióngr
鼻梁儿	透亮儿	花样儿	蛋黄儿	打晃儿	天窗儿	小熊儿
xiǎowèngr						
小瓮儿						

4. 其他儿化词语

zhēnbír	diàndǐr	dùqír	wányìr	máolǘr	xiǎoqǔr	tányúr
针鼻儿	垫底儿	肚脐儿	玩意儿	毛驴儿	小曲儿	痰盂儿
guāzǐr	shízǐr	méicír	tiāocìr	mòzhīr	jùchǐr	jìshìr
瓜子儿	石子儿	没词儿	挑刺儿	墨汁儿	锯齿儿	记事儿
yǒujìnr	shǐjìnr	sòngxìnr	jiǎoyìnr	huāpíngr	dǎmíngr	túdīngr
有劲儿	使劲儿	送信儿	脚印儿	花瓶儿	打鸣儿	图钉儿
ménlíngr	yǎnjìngr	dànqīngr	huǒxīngr	rényǐngr		
门铃儿	眼镜儿	蛋清儿	火星儿	人影儿		

（二）语段练习

①说哪儿去了，没边儿没沿儿的。

②我爸爸一大早儿就遛弯儿去了。

③这天儿真好，咱们明儿见。

④多大点儿事儿，发那么大的火儿！

⑤我今天不知道怎么了，一阵儿、一阵儿地发冷。

⑥哟，差点儿忘了，你顺路买点儿小葱儿、豆角儿回来。

⑦你下了班儿有什么事儿吗？要不，今天一块儿看电影儿去，好莱坞大片儿，绝对好看。

⑧你今天有空儿吗？我们好好儿聊聊天儿。

⑨假期里我整天躲被窝儿里看小说儿，哪儿都没去。

⑩这个小山村儿可真美，桃花儿、梨花儿漫山遍野都是，到了这儿真舍不得走了。

（三）绕口令练习

①有个小孩叫小兰儿，口袋里装着几个小钱儿，又打醋，又买盐，还买了一个小饭碗儿。小饭碗儿真好玩儿，红花绿叶镶金边儿，中间还有个小红点儿。(《小兰儿》)

②进了门儿，倒杯水儿，喝了两口运口气儿。顺手拿起个小唱本儿，唱一曲儿，又一曲儿。练完了嗓子我练嘴皮儿，绕口令儿，练字音儿，还有单弦儿和小曲儿、小快板儿、对口词儿，越说越唱我越带劲儿。(《快板儿书》)

③小哥儿俩，红脸蛋儿，胖乎乎儿，一块玩儿。小哥儿俩，一个班儿，一路上学，唱着歌儿。学造句儿，一串串儿，唱小曲儿，一段段儿。学画画儿，不贪玩儿。画小猫儿，钻圆圈儿；画小狗儿，蹲小庙儿；画小鸡儿，吃小米儿；画个小虫儿，顶火星儿。小哥俩儿，一股劲儿，努力学习，不分心儿。这一对儿小哥俩儿，真是父母好宝贝儿。(《小哥儿俩》)

第四节　轻声的训练

一、轻声及作用

（一）什么是轻声

普通话音节都有一个固定的声调，可是某些音节在词和句子中失去了它原有的声调，读成一种轻短模糊的调子，甚至有些声母、韵母也发生了变化，这种现象就是轻声。轻声不是四声之外的第五种声调，而是四声的一种特殊音变，在物理属性上表现为音长变短，音强变弱。

（二）轻声的作用

普通话里有些词或词组靠轻声音节与非轻声音节区别意义和词性。例如：

兄弟 xiōng dì：名词，哥哥和弟弟。→兄弟 xiōngdi：名词，弟弟。

言语 yányǔ：名词，指所说的话。→言语 yányu：动词，开口；招呼。

运气 yùnqì：词组，武术、气功的一种炼身方法。→运气 yùnqi：名词，幸运。

照应 zhàoyìng：动词，呼应、配合。→照应 zhàoying：动词，照顾、照料。

二、轻声的发音

轻声表现为音长变短，音强变弱，音高因受前一个音节声调的影响而变得不固定。一般来说，上声音节后的轻声音高相对较高，阴平、阳平音节后的轻声音高相对较低，去声音节后的轻声音高最低。用五度标调符号表示，大致情况为，阴平字＋轻声［2］、阳平字＋轻声［3］、上声字＋轻声［4］、去声字＋轻声［1］。例如：

	zhuōzi	kū le	tā de	māma	jiēba	xiānsheng	jiāhuo	bōli
阴＋轻［2］：	桌子	哭了	她的	妈妈	结巴	先生	家伙	玻璃
	zhuózi	hú le	shuí de	pó po	liángshi	shén fu	tóufa	níqiu
阳＋轻［3］：	镯子	糊了	谁的	婆婆	粮食	神父	头发	泥鳅
	fǔ zi	hǎole	wǒ de	shěnshen	yǎba	lǎ ba	kǒudai	zhǔ fu
上＋轻［4］：	斧子	好了	我的	婶婶	哑巴	喇叭	口袋	嘱咐
	shìzi	qù le	cuò de	dìdi	xiàba	yìsi	jìhao	dòngjing
去＋轻［1］：	柿子	去了	错的	弟弟	下巴	意思	记号	动静

三、轻声的类别

普通话多数轻声同词汇的构成和语法有密切联系，大致可以把轻声分为两类：

（一）语法轻声词

这是一些有着较多规律性的轻声词，具体有八种。

1. 语气词“吗、呢、啊、吧、了”等

shìma　tā ne　zǒuba　wǒ de le　shuōya　xíngnga
是吗　他呢　走吧　我的了　说呀　行啊

2. 结构助词“的、地、得”及动态助词“着、了、过”

wǒ de　yǒnggǎn de　hēde(hǎo)　mángzhe　lái le　kànguo
我的　勇敢地　喝得好　忙着　来了　看过

3. 名词、代词后面的方位词“上、下、里、边”等

tiānshang　shēnshang　shānxia　dìxia　héli　dìli　nàbian　lǐbian
天上　身上　山下　地下　河里　地里　那边　里边

4. 动词（部分形容词）后的趋向动词“上、下、来、去、住、开、起来、上去”等

guānshang　fàngxia　guòlai　chūqu　jìzhu　ràngkai　zhànqilai　kànshangqu
关上　放下　过来　出去　记住　让开　站起来　看上去

5. “你、我、他”作宾语

qǐng ni　gěi wo　jiào ta　hǎn ni　wènwen ta　biǎoyáng ta
请你　给我　叫他　喊你　问问他　表扬他

6. 名词、动词重叠和叠音词的后一个音节

bàba　māma　gēge　kànkan　xīngxing　yánjiu－yánjiu
爸爸　妈妈　哥哥　看看　猩猩　研究研究

7. 动词、形容词＋得慌

lèidehuang　èdehuang　lěngdehuang　xiǎngdehuang　kùndehuang　mèndehuang
累得慌　饿得慌　冷得慌　想得慌　困得慌　闷得慌

8. 名词后缀

名词后缀就是在构词的过程中，在表示意义的词根后面加一个没有意义的语素，使单音节变为双音节。读轻声的后缀主要有5个“子、头、巴、么、们”。例如：

	zhǒngzi	diànzi	qúnzi	shūdāizi	yàoyǐnzi	qiǎbózi	shūzi	wěizi
子：	种子	垫子	裙子	书呆子	药引子	卡脖子	梳子	苇子
	hòutou	gēntou	lái tou	pǎomǎtou	sǐduìtou	shuōtour	zhǎotou	xiàtou
头：	后头	跟头	来头	跑码头	死对头	说头儿	找头	下头

jiēba wěiba zhǎba gānba zuǐba yǎba xiàba qiàowěiba
巴：结巴 尾巴 眨巴 干巴 嘴巴 哑巴 下巴 翘尾巴

zěnme yàome hǎome duōme méishénme zhèmexiē zhèmeyàng
么：怎么 要么 好么 多么 没什么 这么些 这么样

wǒmen tāmen tāmen tāmen nǐmen rénmen
们：我们 他们 她们 它们 你们 人们

除了上述规律性很强的名词后缀需要读成轻声外，还有一些规律性比较强的后缀性的虚语素也应该读成轻声。例如：

kuàihuo yǎnghuo mánghuo
活：快活 养活 忙活

huàichu kǔchu hàichu hǎochu yìchu yòngchu
处：坏处 苦处 害处 好处 益处 用处

shénqi píqi kuòqi fúqi kǒuqi lìqi
气：神气 脾气 阔气 福气 口气 力气

这类情况还有不少，需要应试人平时多加留心。如“－实、－匠、－人、－糊、－才、－疾、－计、－生、－道、－事、－亮、－量、－思、－息、－快、－意、－方、－坊、－蓬、－识、－司、－爷、－饼、夫、－候、－乎、－呼、－服、－唤、－烦、－缝、－家、－得、－掇、－荡、－落、－唬、－成、－悠、－应、－和（huo）、－合、－分、－话、－打、－腾、－拉、－面、－溜、－钱、－水、－性、－药、－弄、－卖、－唤”等为虚语素时组成的词语一般为轻声词。

（二）习惯必读轻声词

这类词是由于长期的口语习惯而必须读的轻声词，通常使用频率很高。例如：

bāofu yīfu fēngzheng gāoliang hétao yǎnjing gēbo dòufu
包袱 衣服 风筝 高粱 核桃 眼睛 胳膊 豆腐

gēda huǒji guīju zǔzong zhuàngshi fúqi bāzhang biǎndan
疙瘩 伙计 规矩 祖宗 壮实 福气 巴掌 扁担

四、综合训练①

（一）有规律轻声词的练习

1. “子”式轻声词

bàzi qiézi páizi yòuzi yǐzi zhènzi bānzi xiǎohuǒzi
把子 茄子 牌子 柚子 椅子 镇子 班子 小伙子

chǎngzi guàzi kòngzi qúnzi kuàngzi pánzi bǎnzi yībèizi
厂子 褂子 空子 裙子 框子 盘子 板子 一辈子

sūnzi zháizi dāozi jiǎozi gānzi táozi zhūzi liǎngkǒuzi
孙子 宅子 刀子 饺子 杆子 桃子 珠子 两口子

2. “－头”式轻声词

quántou shàngtou shétou shítou yātou zhěntou hòutou miáotou
拳头 上头 舌头 石头 丫头 枕头 后头 苗头

qiántou zhǐtou chútou gēntou guàntou làngtou lǐtou mǎtou
前头 指头 锄头 跟头 罐头 浪头 里头 码头

---

① “普通话水平测试用必读轻声词语表”中轻声词共有548条，其中“－子”式轻声词207个，本练习选取了20个，其余的非“－子”式轻声词已全部列出。

mántou	niàntou	mùtou	duìtou	gǔtou
馒头	念头	木头	对头	骨头

3. “-们”式轻声词

tāmen	tāmen	tāmen	wǒmen	nǐmen	rénmen	zánmen
他们	它们	她们	我们	你们	人们	咱们

4. “名词、动词重叠”式轻声词

bàba	dìdi	gūgū	jiějie	lǎolao	jiùjiu	māma	nǎinai
爸爸	弟弟	姑姑	姐姐	姥姥	舅舅	妈妈	奶奶
shūshū	yéye	xīngxing	xièxie	zuòzuo	kànkan	děngdeng	cuīcui
叔叔	爷爷	星星	谢谢	坐坐	看看	等等	催催

5. 其他轻声词：

niángjia	pójia	qìngjia	rénjia	dàifu	gōngfu	jiěfu
娘家	婆家	亲家	人家	大夫	工夫	姐夫
gōngfu	zhàngfu	duōme	nàme	zhème	zěnme	shénme
功夫	丈夫	多么	那么	这么	怎么	什么
wěiba	xiàba	zuǐba	yǎba	zhǎba	búzàihu	zhāohū
尾巴	下巴	嘴巴	哑巴	眨巴	不在乎	招呼
chēnghu	chúle	bǐfang	dìfang	dàfang	jiēfang	zuōfang
称呼	除了	比方	地方	大方	街坊	作坊
lǎoye	shàoye	dàye	zhàngren	méiren	àiren	kuàihuo
老爷	少爷	大爷	丈人	媒人	爱人	快活
yǎnghuo	mánghuo	yìsi	xīnsi	mùjiang	shíjiang	tiějiang
养活	忙活	意思	心思	木匠	石匠	铁匠
móhu	hánhu	míhu	shāobing	yuèbing	cáifeng	mīfeng
模糊	含糊	迷糊	烧饼	月饼	裁缝	眯缝
xiùcai	piàoliang	yuèliang	chāishi	gànshi	gùshi	běnshi
秀才	漂亮	月亮	差事	干事	故事	本事
zhīdao	hòudao	dìdao	xuésheng	xiānsheng	chùsheng	suànji
知道	厚道	地道	学生	先生	畜生	算计
huǒji	kuàijì	cánji	nüèji	lìji	xùfan	máfan
伙计	会计	残疾	疟疾	痢疾	絮烦	麻烦
jiàohuan	shǐhuan	guānsi	shàngsi	shūfu	yīfu	huǒhou
叫唤	使唤	官司	上司	舒服	衣服	火候
shíhou	lǎnde	bùyóude	jiànshi	rènshi	zhīshi	jiēshi
时候	懒得	不由得	见识	认识	知识	结实
zhuàngshi	zhāshi	zhǔyi	shēngyi	huàichu	kǔchu	xiūxi
壮实	扎实	主意	生意	坏处	苦处	休息
xiāoxi	lìqi	píqi	fúqi	liángkuai	shuǎngkuai	qínkuai
消息	力气	脾气	福气	凉快	爽快	勤快
xiāngxia	zǎoshang	wǎnshang	shāngliang	dǎliang	sīliang	
乡下	早上	晚上	商量	打量	思量	

（二）习惯读为轻声词语的练习

zhège	báijing	bāofu	jìxing	lìhai	tèwu	nuǎnhuo
这个	白净	包袱	记性	厉害	特务	暖和
shíduo	gēda	hónghuo	jiàshi	kùnnan	liángshi	míngzi
拾掇	疙瘩	红火	架势	困难	粮食	名字

pìgu 屁股	shōushi 收拾	dāla 耷拉	bièniu 别扭	ěrduo 耳朵	fèiwu 废物	jiāhuo 家伙
húqin 胡琴	jiāngjiu 将就	lǎma 喇嘛	jǐliang 脊梁	kǒudai 口袋	zhīma 芝麻	wěiqu 委屈
huǒji 伙计	rènao 热闹	xiàngsheng 相声	yāntong 烟筒	yúncai 云彩	zhuànyou 转悠	wāku 挖苦
biǎndan 扁担	shìqing 事情	késou 咳嗽	méndao 门道	lìji 痢疾	gēbo 胳膊	dēnglong 灯笼
zhǎba 眨巴	cìwei 刺猬	yuānwang 冤枉	tóufa 头发	mógū 蘑菇	yāohe 吆喝	piányi 便宜
míngbai 明白	liūda 溜达	nǎodai 脑袋	zìzai 自在	kūlong 窟窿	guīnü 闺女	zhuàngyuan 状元
máli 麻利	nǚxu 女婿	shìde 似的	xífu 媳妇	yàoshi 钥匙	zhàlan 栅栏	zhēteng 折腾
zuómo 琢磨	xiùqi 秀气	dòufu 豆腐	dǎfa 打发	léizhui 累赘	gāoyao 膏药	dòngjing 动静
cáizhu 财主	héshang 和尚	yīshang 衣裳	hángdang 行当	máfan 麻烦	qínkuai 勤快	qīnqi 亲戚
yāngge 秧歌	pūgai 铺盖	zìhao 字号	dǎban 打扮	yùnqi 运气	duìwu 队伍	chuānghu 窗户
zhāngluo 张罗	luòtuo 骆驼	bāzhang 巴掌	xíngli 行李	shīfu 师父	páilou 牌楼	huópo 活泼
dòngtan 动弹	guàiwu 怪物	dānwu 耽误	cáifeng 裁缝	guīju 规矩	fēngzheng 风筝	míngtang 名堂
hùshi 护士	líba 篱笆	jiàzhuang 嫁妆	hétong 合同	shōucheng 收成	qīngchu 清楚	tuòmo 唾沫
bàngchui 棒槌	gāoliang 高粱	húli 狐狸	miáotiao 苗条	diǎnxīn 点心	bāohan 包涵	dīfang 提防
lǎopo 老婆	jìhao 记号	xiàhu 吓唬	méimao 眉毛	péngyou 朋友	lǎba 喇叭	xīhan 稀罕
shēngkou 牲口	jīngshen 精神	gūniang 姑娘	dǎsuan 打算	còuhe 凑合	húluóbo 胡萝卜	bōnong 拨弄
liánlei 连累	shízai 实在	néngnai 能耐	shǎngwu 晌午	shūtan 舒坦	tuǒdang 妥当	bāngshou 帮手
tiāoti 挑剔	gānzhe 甘蔗	dàoshi 道士	jīling 机灵	mǎhu 马虎	niàndao 念叨	yānzhi 胭脂
zhàngpeng 帐篷	shǒushi 首饰	pánsuan 盘算	wěndang 稳当	luóbo 萝卜	dìxiong 弟兄	guǎfu 寡妇
háma 蛤蟆	jièzhi 戒指	dǎting 打听	màoshi 冒失	sàozhou 扫帚	zhuāngjia 庄稼	yìngchou 应酬
suànji 算计	qīfu 欺负	shūhu 疏忽	hétao 核桃	dǎdian 打点	yámen 衙门	xuéwen 学问
zǔzong 祖宗	shīfu 师傅	guānxi 关系	jiāoqing 交情	mǎimai 买卖	dāying 答应	zhāopai 招牌
lìsuo 利索	gàosu 告诉	dōngxi 东西	lìluo 利落	yāojing 妖精	duìfu 对付	cāngying 苍蝇
bùfen 部分	dānge 耽搁	hútu 糊涂	tiàozao 跳蚤	xiōngdi 兄弟	xiàohua 笑话	yǎnjing 眼睛

zhǐjia	suìshu	nánwei	xǐhuan	wèizhi	cháihuo	shìgu
指甲	岁数	难为	喜欢	位置	柴火	世故
bòji	dūnang					
簸箕	嘟囔					

（三）语段练习

①下雪了，雪下得真大。雪花儿像鹅毛一样从天上飘下来，落在山上，田野上，房子上，大树上，盖了一层又一层，全是白茫茫的了。外边儿静静的，行人很少。

②李大爷告诉我，今年年成好，粮食、棉花都有好收成。今年打算好好儿过个年，全家一块儿热闹热闹。

③大夫嘱咐姐姐，得让妈妈躺得舒服些，盖暖和些，休息好了，病才好得快。

④伙计！你搞什么名堂，那么冒冒失失的，尽惹麻烦，有那闲功夫，好好儿读读书不行吗？

⑤同学们！请把窗户打开透透气，把玻璃擦擦再关上，听明白了吗？

⑥五一公园里举办花展，牡丹、玫瑰、月季、芍药，什么都有，漂亮极了。

⑦兵兵大老远儿看见玲玲穿着一身新衣服在前面走着，高兴地什么似的，急忙跑过去打招呼，俩人快活地一块儿去学校。

⑧晚上，天色很好，天上的星星像眼睛似的，不停地眨着。月亮升起来了，星星们一下子躲起来了，只有几颗在那儿闪着。不一会儿，一朵云彩飘过来了，遮住了月亮，星星们一下子又蹦出来了。

⑨小李跟他老婆大概又吵架啦，今天一大早儿就看见他老婆从楼上跑下来，手里还拿着个包袱，拉开门就出去了。

（三）绕口令练习

①屋子里有箱子，箱子里有匣子，匣子里有盒子，盒子里有镯子；镯子外面有盒子，盒子外面有匣子，匣子外面有箱子，箱子外面有屋子。（《屋子里有箱子》）

②爷爷买双鞋子，奶奶买斤茄子。爷爷爱吃奶奶烧的茄子，奶奶爱穿爷爷挑的鞋子，爷爷奶奶吃完茄子试鞋子。（《鞋子和茄子》）

③天上日头，地上石头，床上枕头，嘴里舌头，手上指头，树上斧头，海上浪头，锅里馒头，额上眉头，走路摔了个大跟头。（《天上日头》）

④打南边来了个喇嘛，手里提着个蛤蟆；打北边来了个哑巴，腰里别着个喇叭。手里提着蛤蟆的喇嘛，要拿蛤蟆换哑巴腰里别着的喇叭。腰里别着喇叭的哑巴，不肯拿喇叭换喇嘛手里提着的蛤蟆。手里提着蛤蟆的喇嘛打了腰里别着喇叭的哑巴一蛤蟆。腰里别着喇叭的哑巴打了手里提着蛤蟆的喇嘛一喇叭。（《喇嘛和哑巴》）

第五节 “啊”音变的训练

一、“啊”音变的规律

“啊”是一个语气词，可作叹词单独成句，也可以附着在句子末尾作语气词，和语调相结合，表示陈述、祈使、疑问、感叹等语气。例如：

①你大声点儿，我听不清啊！——陈述语气

②你快点儿吃啊！——祈使语气

③谁啊？——疑问语气

④哈尔滨的冬天可真冷啊！——感叹语气

“啊”在作叹词时，由于是单独成句，我们感受到的是其作为句子所表现出来的语调，不存在独立于句子语调之外的“啊”的声调；“啊”作语气词时具有黏附性，会受前一个音素的影响而发生音变。“啊”音变的规律如下：

（1）“啊”前面的音素是 ɑ、i、ü、e、ê、o（ɑo、iɑo 除外）时，读 yɑ，汉字可写作“呀”

①原来是他啊（yɑ）！

②就等你回家啊（yɑ）！

③好新潮的大衣啊（yɑ）！

④日子过得真快啊（yɑ）！

⑤快帮我解围啊（yɑ）！

⑥你怎么不吃鱼啊（yɑ）？

⑦都是记者啊（yɑ）！

⑧这孩子多活跃啊（yɑ）！

⑨这可是他毕生的心血啊（yɑ）！

⑩大家快来吃菠萝啊（yɑ）！

（2）“啊”前面的音素是 u、ɑo、iɑo 时，读 wɑ，汉字可写作“哇”。

①您在哪儿住啊（wɑ）？

②屋顶还漏不漏啊（wɑ）？

③看你一身油啊（wɑ）！

④他普通话说得真好啊（wɑ）！

⑤真可笑啊（wɑ）！

（3）“啊”前面的音素是 n（前鼻音韵尾）时，读 nɑ，汉字可写作“哪”。

①好大的烟啊（nɑ）！

②什么人啊（nɑ）！

③这事情办得真冤啊（nɑ）！

④加油干啊（nɑ）！

⑤这件事儿可不简单啊（nɑ）！

⑥笑得真欢啊（nɑ）！

⑦买这么些冷饮啊（nɑ）！

⑧发音真准啊（nɑ）！

（4）“啊”前面的音素是 ng（后鼻音韵尾）时，读 ngɑ。

①这有什么用啊（ngɑ）！

②真漂亮啊（ngɑ）！

③这木头真硬啊（ngɑ）！

④你真忙啊（ngɑ）！

⑤小心水烫啊（ngɑ）!

⑥小点儿声啊（ngɑ）!

⑦行不行啊（ngɑ）?

（5）“啊”前面的音素是 -i［ʅ］（zhi、chi、shi、ri）、er 及儿化时，读 rɑ。

①多绿的树枝啊（rɑ）!

②你倒是快点吃啊（rɑ）!

③这是一首多好听的诗啊（rɑ）!

④他是王小二啊（rɑ）!

⑤这儿多好玩儿啊（rɑ）!

（6）“啊”前面的音素是 -i［ɿ］（zi、ci、si）时，读［zA］。

①这是你做的烧茄子啊（［zA］）!

②你来过几次啊（［zA］）?

③你真自私啊（［zA］）!

二、综合训练

（一）语句训练

①好大的雪啊（yɑ）!（作品 5 号）

②火光啊（ngɑ），毕竟……毕竟……就在前头!（作品 16 号）

③唱啊（ngɑ）唱，嘤嘤有韵，宛如春水淙淙。（作品 22 号）

④是啊（rɑ），我们有自己的祖国，小鸟也有它的归宿，人和动物都是一样啊（ngɑ）。（作品 22 号）

⑤但这是怎样一个妄想啊（ngɑ）。（作品 25 号）

⑥这才这般的鲜润啊（nɑ）。（作品 25 号）

⑦家乡的桥啊（wɑ），我梦中的桥!（作品 18 号）

⑧在它看来，狗该是多么庞大的怪物啊（wɑ）!（作品 27 号）

⑨小心啊（nɑ），别把手指割掉。

⑩人生会有多少个第一次啊（［zA］）!

（二）绕口令练习

wɑ nɑ wɑ yɑ

①巴根草啊根连着根，天下穷人啊心连着心，十个指头啊肉连着肉，兄弟姐妹啊情义深。（《巴根草》）

yɑ yɑ wɑ wɑ yɑ wɑ ngɑ yɑ yɑ yɑ

②鸡啊鸭啊猫啊狗啊，一块儿水里游啊！牛啊羊啊马啊骡啊，一块儿进鸡窝啊！狼

ngɑ ngɑ wɑ wɑ wɑ wɑ wɑ wɑ rɑ rɑ

啊虫啊虎啊豹啊，一块儿街上跑啊！兔啊鹿啊鼠啊孩儿啊，一块儿上窗台儿啊！（《鸡鸭猫狗》）

wɑ yɑ yɑ yɑ wɑ wɑ nɑ ngɑ wɑ wɑ yɑ

③菜市场的货物真丰富啊！鸡啊鸭啊鱼啊肉啊，油啊盐啊酱啊醋啊，生抽啊茶叶啊

yɑ ngɑ yɑ yɑ yɑ wɑ nɑ ngɑ wɑ wɑ

大米啊高粱啊，白菜啊黄瓜啊番茄啊豆角啊，鸭蛋啊香肠啊辣椒啊大料啊……看得我眼

花缭乱啊（nɑ）！（《菜市场》）

第六节　多音节词语的综合训练

多音节词语综合训练的词语选自“词表”中的［表一］和［表二］，大部分词语选自［表一］。多音节词语的训练也与单音节字词训练一样需要足够量的练习。针对应试人可能存在的不同问题，本节设计了不同的训练项目，希望能够使应试人受到更全面的训练，为朗读及说话打下比较扎实的基础。

一、多音节词语训练

（一）双音节词语练习

练习一

bǐjì	kēngqiāng	wǔbì	wēixíng	jǔsàng	huāpíngr	yuè' ěr
笔迹	铿锵	舞弊	微型	沮丧	花瓶儿	悦耳
juéqiào	fān' àn	duì wu	xīnyuàn	ángyáng	pèngzhuàng	mínjǐng
诀窍	翻案	队伍	心愿	昂扬	碰撞	民警
dāngquán	bīnglěng	Yēsū	zhēngqiú	miǎnqiǎng	níngjié	dǎoméi
当权	冰冷	耶稣	征求	勉强	凝结	倒霉
biǎozhāng	wěiyuán	hánxù	zhēnbír	shǒubiǎo	chǎnliàng	fùdì
表彰	委员	含蓄	针鼻儿	手表	产量	腹地
yānyè	dǐhuǐ	hénggèn	wūmiè	yǎnghuo	chǔlǐ	dǐyù
烟叶	诋毁	横亘	诬蔑	养活	处理	抵御
kuāndù	xuànyào	yǔsǎn	héngxíng	gùnbàng	xiánsǎn	yíngyú
宽度	炫耀	雨伞	横行	棍棒	闲散	盈余
chánghuán	zhèngzhòng	kuàngqū	quèzáo	xúnmì	wú yuán	jūnì
偿还	郑重	矿区	确凿	寻觅	无缘	拘泥
pūgai	hángchéng	píngjiǎng	yuānyuán	shǒujuànr	hóngshǔ	wùqì
铺盖	航程	评奖	渊源	手绢儿	红薯	雾气
pīlù	lěngshuǐ	bìbìng	yínpái	bǐyí	gāoxià	duìlù
披露	冷水	弊病	银牌	鄙夷	高下	对路
kūwěi	wéimù	tǐwèi	yáshuā	zhuàngjī	biǎomíng	jìnguésài
枯萎	帷幕	体味	牙刷	撞击	表明	竞赛
zhǔtuō	juéqǐ	zhànjú	gāoyao	jìnqū	dìngyuè	xìnì
嘱托	崛起	战局	膏药	禁区	订阅	细腻
kǔxiào	guìbīn	dǎhuàngr	shāngquè	tuánjù	yóujú	dìnglùn
苦笑	贵宾	打晃儿	商榷	团聚	邮局	定论
píngzhèng	fǔxiǔ	tíngkān	xīnxiōng	kuòqi	yángcōng	shùnbiàn
凭证	腐朽	停刊	心胸	阔气	洋葱	顺便
xiédàir	suìbùr	wénbǐ	zhuǎnjiāo	wā qián	xuánwō	lǚxíng
鞋带儿	碎步儿	文笔	转交	挖潜	漩涡	履行
bǔzhuō	zuǐchún	gǎngkǒu	xìmì	shěnměi	pùbù	rùgǔ
捕捉	嘴唇	港口	细密	审美	瀑布	入股

lǎnsǎn	fùyì	fùlì	yuànluò	yīshang	xuànlì	dǔxìn
懒散	复议	富丽	院落	衣裳	绚丽	笃信
yīwēi	yǔnxǔ	bìnggù	bīnyú	dǎliang	duǎnquē	qūshǐ
依偎	允许	病故	濒于	打量	短缺	驱使

练习二

quànshuō	yuánshǒu	zǔzhǐ	dòngjing	mímàn	yán zhì	hóngliàng
劝说	元首	阻止	动静	弥漫	研制	洪亮
fēngmáng	jiǎnliàn	fūhuà	shí máo	jiǎnqīng	xiǎoxiér	shǒufǎ
锋芒	简练	孵化	时髦	减轻	小鞋儿	手法
dǎzhàng	duǎnzàn	qīnshí	luǎncháo	jìngxuǎn	zhōngduān	wénzhàng
打仗	短暂	侵蚀	卵巢	竞选	终端	蚊帐
yǎnjiǎng	nǎxiē	jūshù	zònghéng	héshang	cǎnzhòng	qīliáng
演讲	哪些	拘束	纵横	和尚	惨重	凄凉
huāwén	yāpiàn	fójiào	hài xiū	jīngzhàn	shèngchǎn	jíbìng
花纹	鸦片	佛教	害羞	精湛	盛产	疾病
móshì	zhújiàn	xiá'ài	wéirào	bǎocún	yuèmǔ	xuānrǎng
模式	逐渐	狭隘	围绕	保存	岳母	喧嚷
cānjù	juànliàn	húxū	méipǔr	qǐdiǎn	jíqǔ	àndàn
餐具	眷恋	胡须	没谱儿	起点	汲取	暗淡
bǎi tuō	jǔjué	yǐnmán	zhēnjūn	shǒuzhǎng	shūfu	lǚguǎn
摆脱	咀嚼	隐瞒	真菌	首长	舒服	旅馆
xiǎotōur	guǒshù	dāying	huǎnmàn	gōngfēn	sǔn shī	yǎnchū
小偷儿	果树	答应	缓慢	公分	损失	演出
chǔcún	qǐtú	kēlì	bànjiér	qīhuò	mǎyǐ	shū shì
储存	企图	颗粒	半截儿	期货	蚂蚁	舒适
tōngchàng	rěntòng	zhíjìng	zúgòu	gēn suí	piàoliang	guānliáo
通畅	忍痛	直径	足够	跟随	漂亮	官僚
jīngshén	yuángù	diǎnfàn	gàosu	chōngzhuàng	yǎnrán	gōngzhèng
精神	缘故	典范	告诉	冲撞	俨然	公证
yìngxìng	dāndāng	guānwàng	gǎnkǎi	lìsuo	quánhéng	shénxiàng
硬性	担当	观望	感慨	利索	权衡	神像
yányòng	yānjuǎnr	bìngzhèng	kǔ nǎo	dōngxi	zhōngduān	xuánzhuǎn
沿用	烟卷儿	病症	苦恼	东西	终端	旋转
wéijiǎo	bēiliáng	wánshàn	xuánlǜ	píngtán	dòu lèr	zēngshēng
围剿	悲凉	完善	旋律	评弹	逗乐儿	增生
qǐyuán	hǎozhuǎn	xíngchuán	shǒujiǎo	chōusuì	yāngge	shǒulǐng
起源	好转	行船	手脚	抽穗	秧歌	首领
dǎgér	fǎnkàng	fǒudìng	gǎndào	tīngjué	jiā sāir	sōují
打嗝儿	反抗	否定	感到	听觉	加塞儿	搜集

（二）三音节词语练习

练习一［表一］

bàngōngshì	sīyǒuzhì	bìránxìng	jìsuànjī	chàbuduō	dàxuéshēng
办公室	私有制	必然性	计算机	差不多	大学生
gòngchǎndǎng	dàilǐrén	kāiwánxiào	shìjièguān	yánjiūshēng	zhǔréngōng
共产党	代理人	开玩笑	世界观	研究生	主人公
yíngguāngpíng	dāngshìrén	fādòngjī	fàngshèxiàn	fúwùyuán	gōngshāngyè
荧光屏	当事人	发动机	放射线	服务员	工商业

rǎnsètǐ	shǒugōngyè	gōngchéngshī	gēnjùdì	yóujīduì	zhíxiáshì
染色体	手工业	工程师	根据地	游击队	直辖市
gònghéguó	ānjīsuān	jìshēngchóng	guówùyuàn	chuàngzàoxìng	jīdūjiào
共和国	氨基酸	寄生虫	国务院	创造性	基督教
nóngzuòwù	jīxièhuà	ǒuránxìng	jījíxìng	tiānzhǔjiào	juédìngxìng
农作物	机械化	偶然性	积极性	天主教	决定性
wéishēngsù	kēxuéyuàn	nóngchǎnpǐn	pàichūsuǒ	qīnggōngyè	dànbáizhì
维生素	科学院	农产品	派出所	轻工业	蛋白质
sīxiǎngjiā	tàiyángnéng	jiāsùdù	tuōlājī	wēishēngwù	zhōngxuéshēng
思想家	太阳能	加速度	拖拉机	微生物	中学生
zhuómùniǎo	zhònggōngyè	zìzhìqū	zérèngǎn	yuánzǐhé	xiàndàihuà
啄木鸟	重工业	自治区	责任感	原子核	现代化
shǒuliúdàn	xiǎohuǒzi	xiāofèipǐn	wàngyuǎnjìng	tàiyángxì	sìbiānxíng
手榴弹	小伙子	消费品	望远镜	太阳系	四边形
Liánhéguó	xiǎngxiànglì	shōuyīnjī	xiǎoxuéshēng	shěbude	rénmínbì
联合国	想象力	收音机	小学生	舍不得	人民币

练习二［表二］

bàobupíng	huángdēngdēng	luóxuánjiǎng	piǎobáifěn	dāndǐnghè	bǎozhèngjīn
抱不平	黄澄澄	螺旋桨	漂白粉	丹顶鹤	保证金
bànchéngpǐn	dǎngùchún	bālěiwǔ	fāngxiàngpán	bìléizhēn	lùyīnjī
半成品	胆固醇	芭蕾舞	方向盘	避雷针	录音机
chángbìyuán	bàofēngyǔ	hùnhéwù	dìxiàshì	chéngwùyuán	shèngdànjié
长臂猿	暴风雨	混合物	地下室	乘务员	圣诞节
diànyǐngyuàn	fèijiéhé	lǐngshìguǎn	dǒngshìhuì	fánghùlín	huíguīxiàn
电影院	肺结核	领事馆	董事会	防护林	回归线
jiǎzhuàngxiàn	jiāoxiǎngyuè	fēnshuǐlǐng	lián yī qún	huàzhuāngpǐn	xiǎoyèqǔ
甲状腺	交响乐	分水岭	连衣裙	化妆品	小夜曲
fùlízǐ	jìchéngquán	lěngbufáng	pútaojiǔ	jiàokēshū	kàobuzhù
负离子	继承权	冷不防	葡萄酒	教科书	靠不住
mǎlíngshǔ	liánhuánhuà	juéshìyuè	měnggǔbāo	línyīndào	shíwùliàn
马铃薯	连环画	爵士乐	蒙古包	林荫道	食物链
pínghéngmù	mùsīlín	qīngméisù	sānjiǎozhōu	tóngwèisù	yèlǜsù
平衡木	穆斯林	青霉素	三角洲	同位素	叶绿素
zhǔrénwēng	púgōngyīng	tángniàobìng	xiàngrìkuí	yídǎosù	zòumíngqǔ
主人翁	蒲公英	糖尿病	向日葵	胰岛素	奏鸣曲
shìwǎngmó	tǒngyītǐ	xīhóngshì	bǐlìchǐ	nèiránjī	zhōngjiānrén
视网膜	统一体	西红柿	比例尺	内燃机	中间人
xùdiànchí	xìbāohé	zhùshèqì	cānyìyuàn	diàncíchǎng	běibànqiú
蓄电池	细胞核	注射器	参议院	电磁场	北半球
xíngróngcí	gōngzuòrì	fùzuòyòng	gōngwùyuán	guīfànhuà	nánwéiqíng
形容词	工作日	副作用	公务员	规范化	难为情

（三）四音节词语练习

xīnchén – dàixiè	zìlì – gēngshēng	yīndì – zhìyí	qiānfāng – bǎijì	céngchū – bùqióng
新陈代谢	自力更生	因地制宜	千方百计	层出不穷
xīnkuàng – shényí	zhěněr – yùlóng	qíngbùzìjīn	ruòwúqíshì	chìshǒu – kōngquán
心旷神怡	震耳欲聋	情不自禁	若无其事	赤手空拳
chùmù – jīngxīn	cǐqǐ – bǐfú	dàjīng – xiǎoguài	hànliú – jiābèi	chūlèi – bácuì
触目惊心	此起彼伏	大惊小怪	汗流浃背	出类拔萃

bǎijiā – zhēngmíng	qiányí – mòhuà	déxīn – yìngshǒu	fènbú – gùshēn	fēngchí – diànchè
百家争鸣	潜移默化	得心应手	奋不顾身	风驰电掣
gēnshēn – dìgù	hǎishì – shènlóu	bùsù – zhīkè	hòugùzhīyōu	fēitóngxiǎokě
根深蒂固	海市蜃楼	不速之客	后顾之忧	非同小可
bùyánéryù	zhōuérfùshǐ	sìwújìdàn	jūgōng – jìncuì	jiǎoróu – zàozuò
不言而喻	周而复始	肆无忌惮	鞠躬尽瘁	矫揉造作
lǚjiàn – bùxiǎn	bǎihuā – qífàng	jǔzú – qīngzhòng	línláng – mǎnmù	sīkōng – jiànguàn
屡见不鲜	百花齐放	举足轻重	琳琅满目	司空见惯
tíxiào – jiēfēi	línlí – jìnzhì	páiyōu – jiěnàn	máogǔ – sǒngrán	chàngsuǒ – yùyán
啼笑 皆非	淋漓尽致	排忧解难	毛骨悚然	畅所欲言
mèngmèi – yǐqiú	qiánfù – hòujì	chízhī – yǐhéng	xiāngdé – yìzhāng	bèidào – érchí
梦寐以求	前赴后继	持之以恒	相得益彰	背道而驰
rúshì – zhòngfù	wàng'ēn – fùyì	bāoluó – wànxiàng		
如释重负	忘恩负义	包罗万象		

二、易误读词语训练

bènzhuō	fā jiào	xuéwèi	kěnqiè	qiǎké	biāozhì	sǔnhào	páozhì	qìfēn
笨拙	发酵	穴位	恳切	卡壳	标志	损耗	炮制	气氛
bèngfā	bèibāo	rènshēn	chànhuǐ	cūcāo	nǚwū	cìhou	fēnxī	xióngzī
迸发	背包	妊娠	忏悔	粗糙	女巫	伺候	分析	雄姿
jìngkuàng	jīhū	dàng'àn	kǒuwěn	mányuàn	nìngkěn	pōuxī	rúshēng	qǔpǔ
镜框	几乎	档案	口吻	埋怨	宁肯	剖析	儒生	曲谱
róngxǔ	yùnhán	zūlìn	tiánjìng	yùnniàng	wángguān	sīcǔn	tíngyuàn	xuèzì
容许	蕴含	租赁	恬静	酝酿	王冠	思忖	庭院	血渍
yāsuō	yóushuì	zhàohuàn	róngxìng	wéirào	zhìliàng	xuànrǎn	zuōfang	rǎnliào
压缩	游说	召唤	荣幸	围绕	质量	渲染	作坊	染料
sāhuǎng	tùxiě	yīnggāi	zìtiè	qiēcuō	shànyǎng	shuǎnòng	wūpó	yuānbó
撒谎	吐血	应该	字帖	切磋	赡养	耍弄	巫婆	渊博
bǐjiào	xuèpō	qiēgē	quèzáo	shòuliè	zhàiquàn	wéifǎn	tiǎobō	biāodì
比较	血泊	切割	确凿	狩猎	债券	违反	挑拨	标的
zūnxún	yǔnxǔ	zhuānhèng	xuánzhuǎn	wūgào	zuómo	shuāituì	sājiāo	rǔxiù
遵循	允许	专横	旋转	诬告	琢磨	衰退	撒娇	乳臭
zàitǐ	zhāzǐ	sǎnmàn	xiázhǎi	zhuóluò	hépàn	zhuǎndòng	ěrsāi	réngrán
载体	渣滓	散漫	狭窄	着落	河畔	转动	耳塞	仍然
zànshí	sèzé	zhēngjié	zuānyán	qǐng tiě	chìrè	zhǎoqì	zhēnjiǔ	bùzhòu
暂时	塞责	症结	钻研	请帖	炽热	沼气	针灸	步骤
cuòzhé	juésè	zuàntǎ	gōngjǐ	biānqiǎ	zēnghèn	zhēteng	jǐyǔ	zhīfáng
挫折	角色	钻塔	供给	边卡	憎恨	折腾	给予	脂肪
húxū	huāngmiù	zháojí	jiāzá	juānzèng	kōngxū	móulüè	liánlěi	múyàng
胡须	荒谬	着急	夹杂	捐赠	空虚	谋略	连累	模样
jīxíng	dìqiào	mónǐ	xiá'ài	lúnkuò	jìdù	móhu	jiācéng	chéngjì
畸形	地壳	模拟	狭隘	轮廓	忌妒	模糊	夹层	成绩
nìngyuàn	nüèdài	jiàohuì	pìjìng	mènqì	jìzǎi	nǐdìng	piānchā	shēngxiào
宁愿	虐待	教诲	僻静	闷气	记载	拟定	偏差	生肖
qūzhé	qǐhòng	sāpō	rèxuè	cánkuì	xuànyūn	qīchá	qióngzhī	pūkè
曲折	起哄	撒泼	热血	惭愧	眩晕	沏茶	琼脂	扑克

chāngkuáng	chànà	fànwén	diēluò	fǎngzhī	fānchuán	jídù	pífá	mōsuǒ
猖狂	刹那	梵文	跌落	纺织	帆船	嫉妒	疲乏	摸索
mēngpiàn	miùlùn	yǐnqíng	zháicài	qìfēn	bēibāo	bàonüè	gēngyún	gāozhǎng
蒙骗	谬论	引擎	择菜	气氛	背包	暴虐	耕耘	高涨
diànhè	diànfěn	fànchóu	chǎnshù	hàozhào	jiāchù	jiānmiè	jiàngé	yánggōng
电荷	淀粉	范畴	阐述	号召	家畜	歼灭	间隔	佯攻
jiěpōu	liánzǐ	lǜqì	qiánlì	rújiā	shìdàng	tuānliú	wǔrǔ	xiānwéi
解剖	莲子	氯气	潜力	儒家	适当	湍流	侮辱	纤维
yǔyǐ	zhōngshū	zhùcáng	zhuóyuè	zhuózhòng	ànnà	àngrán	báihuà	bēibǐ
予以	中枢	贮藏	卓越	着重	按捺	盎然	白桦	卑鄙
qǐqiú	bǔjǐ	bùlǚ	chíchěng	chōngsè	chóuchú	tóuzhì	zhuànjì	cūguǎng
乞求	补给	步履	驰骋	充塞	踌躇	投掷	传记	粗犷
dílún	dǐhuǐ	táoyě	dòngzhé	dǔsè	fúshè	gānhé	qīngchè	gǒuqiě
涤纶	诋毁	陶冶	动辄	堵塞	辐射	干涸	清澈	苟且
hàowù	hénggèn	huìlù	jībàn	jíshǒu	jiānmò	kèshǒu	liǎngqī	ménkǎn
好恶	横亘	贿赂	羁绊	棘手	缄默	恪守	两栖	门槛
niǎokàn	niēzào	wèijiè	wūhuì	xìxuè	xiáài	xiáqū	xiéshǒu	yínhuì
鸟瞰	捏造	慰藉	污秽	戏谑	狭隘	辖区	携手	淫秽

三、生僻词语训练

zàoyì	shānlù	xùnsī	fēnmì	bāobiǎn	jǔjué	kuǐlěi	biānzuǎn	bèngfā
造诣	山麓	徇私	分泌	褒贬	咀嚼	傀儡	编纂	迸发
qièyì	liàowàng	chuāngbā	chuánxián	yànjuàn	hùndùn	chuǎimó	dǎnqiè	huòmiǎn
惬意	瞭望	疮疤	船舷	厌倦	混沌	揣摩	胆怯	豁免
tuísàng	xiàochuǎn	shèmiǎn	diānbǒ	wǎlì	fójiào	jǐngzhuī	wúyín	qiáojuàn
颓丧	哮喘	赦免	颠簸	瓦砾	佛教	颈椎	无垠	侨眷
kēngqiāng	shìhào	tuānjí	lǎnduò	fěibó	níqiū	gǒngshǒu	pínjí	shétāi
铿锵	嗜好	湍急	懒惰	菲薄	泥鳅	拱手	贫瘠	舌苔
kòngxiá	niúdú	gēnjīng	huāruǐ	ǒuxīn	qièyì	xīxiào	chuòqì	biānzhuàn
空暇	牛犊	根茎	花蕊	呕心	惬意	嬉笑	啜泣	编撰
gùyōng	xīnfēi	quánsuō	miǎoshì	liányī	hé'ǎi	huìsè	shàshí	tuìhuà
雇佣	心扉	蜷缩	藐视	涟漪	和蔼	晦涩	霎时	蜕化
púfú	hùnxiáo	tūnshì	túnjù	huōkǒu	suōyī	jiǒngkuàng	piēkāi	xuànyūn
匍匐	混淆	吞噬	屯聚	豁口	蓑衣	窘况	撇开	眩晕
xièdú	jiànxì	ái'ái	gānguō	huànyǎng	ǒutù	guǎngmào	zhànlì	fēihóng
亵渎	间隙	皑皑	坩埚	豢养	呕吐	广袤	颤栗	绯红
huìcuì	tiǎoxìn	línmó	cháoxué	jìngmì	chìluǒ	pēngrèn	zhùcáng	cùyōng
荟萃	挑衅	临摹	巢穴	静谧	赤裸	烹饪	贮藏	簇拥
shùnjiān	wěnluàn	tāochóng	déchěng	kuāngsuàn	piāoqiè	shānggǔ	pēiyá	tānhuàn
瞬间	紊乱	绦虫	得逞	匡算	剽窃	商贾	胚芽	瘫痪
línxún	tǒngxiá	wěisuō	nángkuò	xuànyào	pílín	bīnlín	juéqǔ	xūntáo
嶙峋	统辖	萎缩	囊括	炫耀	毗邻	濒临	攫取	熏陶
pǒcè	yánxí	bùchì	hānhòu	dàimàn	chìrè	diānbǒ	fēnniè	jíshǒu
叵测	筵席	不啻	憨厚	怠慢	炽热	颠簸	分蘖	棘手

四、异形同音词语训练

sīlì　sīlì	chénjì　chénjì	zhēngqì　zhēngqì	chōngjī　chōngjī
私立—私利	沉寂—陈迹	争气—蒸汽	冲积—充饥

báihuà báihuà 白话—白桦	zuìrén zuìrén 罪人—醉人	rìjiàn rìjiàn 日见—日渐	zhēnxī zhēnxī 珍惜—珍稀
huìhé huìhé 汇合—会合	zhèngshì zhèngshì 正视—政事	shēngjī shēngjì 生机—生计	rénjì rénjì 人际—人迹
shíshì shíshì 时事—时势	shèngdì shèngdì 圣地—胜地	zuògōng zuògōng 做工—做功	zhànlì zhànlì 战栗—站立
cáijiǎn cáijiǎn 裁减—裁剪	zhuānzhù zhuānzhù 专注—专著	zhíqín zhíqín 执勤—值勤	chūshì chūshì 出世—出事
chéngcái chéngcái 成才—成材	chéngjiāo chéngjiāo 成交—城郊	xièlòu xièlòu 泄漏—泄露	cíxìng cíxìng 磁性—雌性
chǔshì chǔshì 处世—处事	shuǐxiāng shuǐxiāng 水乡—水箱	qūxiàn qūxiàn 曲线—区县	chéngzhì chéngzhì 诚挚—惩治
shìmiàn shìmiàn 世面—市面	chákàn chákàn 查看—察看	shuǐtǎ shuǐtǎ 水塔—水獭	shēnshì shēnshì 身世—绅士
gāncǎo gāncǎo 干草—甘草	shuǐlù shuǐlù 水陆—水路	rónghuà rónghuà rónghuà 溶化—熔化—融化	

五、多音字组成词语的训练

练习一

jǐyǔ gěiyǐ 给予—给以	diàobō tiáojié 调拨—调节	juésè jiǎoluò 角色—角落	jiáoshé jǔjué 嚼舌—咀嚼
ānníng nìngkě 安宁—宁可	dìqiào dànké 地壳—蛋壳	lùtiān lòuliǎn 露天—露脸	jiāoshū jiàocái 教书—教材
sìhū shìde 似乎—似的	fēnhuà fènnèi 分化—分内	shénme shíjǐn 什么—什锦	huáchuán huàfēn 划船—划分
dàxiǎo dàifu 大小—大夫	hǎojiǔ hàoshèng 好久—好胜	wéinán wèicǐ 为难—为此	féngbǔ fèngxì 缝补—缝隙
zhuǎjiān zhǎoyá 爪尖—爪牙	fāzhǎn fàxíng 发展—发型	zháojí zhuóluò 着急—着落	páozhì pàohuǒ 炮制—炮火
tiǎobō tiāoxuǎn 挑拨—挑选	dīfáng tíxǐng 提防—提醒	zhāntiē niánxìng 粘贴—粘性	tǔlù tùxiě 吐露—吐血
piēkāi piězuǐ 撇开—撇嘴	dàotuì dǎo le 倒退—倒了	yāoqiú yàoshi 要求—要是	shànzi shānfēng 扇子—扇风
dāngshí dàngtiān 当时—当天	xiānxì qiànfū 纤细—纤夫	bìlǔ mìmì 秘鲁—秘密	chǔfá chùsuǒ 处罚—处所
chùsheng xùmù 畜牲—畜牧	mófǎng múyàng 模仿—模样	zuāntàn zuànshí 钻探—钻石	máizàng mányuàn 埋葬—埋怨
qiàoshé qiáoshǒu 翘舌—翘首	yānhóng yīnqín 殷红—殷勤	zhuǎnwān zhuàndòng 转弯—转动	xīngjiàn xìngqù 兴建—兴趣
dànyào tánhuáng 弹药—弹簧	jiācéng jiá' ǎo 夹层—夹袄	zhágāng yàdàojī 轧钢—轧道机	dàibǔ dǎilǎoshǔ 逮捕—逮老鼠
bēngdài běngzheliǎn 绷带—绷着脸	sāngzàng huīxīn-sàngqì 丧葬—灰心丧气	lòngtáng nòngqiǎo-chéngzhuō 弄堂—弄巧成拙	
piāobó piǎobái piàoliang 漂泊—漂白—漂亮	shùmù shǔluo shuòjiàn-bùxiǎn 数目—数落—数见不鲜		

练习二

qūzhé gēqǔ 曲折—歌曲　chángyuàn dēngchǎng 场院 — 登场　zháicài xuǎnzé 择菜—选择　bǎwò huàbàr 把握—话把儿

chóuhèn xìng Qiú 仇恨—姓仇　chángdù shēngzhǎng 长度 — 生长　chòuqì tóngxiù 臭气—铜臭　chuāngshāng chuàngzào 创伤 — 创造

pūlù wòpù 铺路—卧铺　qiē cài mìqiè 切菜—密切　dāndāng zhòngdàn 担当 — 重担　yèzi xiéyùn 叶子—叶韵

dúshū jùdòu 读书—句读　féngrèn ménfèng 缝纫—门缝　juǎnchǐ shìjuàn 卷尺—试卷　yūnchē rìyùn 晕车—日晕

nítǔ jūnì 泥土—拘泥　xīngsāo hàisào 腥臊—害臊　huáichuāi chuǎicè 怀揣 — 揣测　shēngxiào xìng Xiao 生肖 — 姓肖

hàomǎ hūháo 号码—呼号　yàogāo gàoyóu 药膏—膏油　hébàng Bèngbù 河蚌—蚌埠　shōucáng bǎozàng 收藏 — 宝藏

yóushuì shuōchàng 游说— 说唱　yīnyuè huānlè 音乐—欢乐　húpō tíngbó 湖泊—停泊　fāngbiàn piányi 方便 —便宜

qiángjìng gànjìn 强劲 —干劲　bùjīn jìnzhǐ 不禁—禁止　niǎolóng lǒngzhào 鸟笼 — 笼罩　jìzǎi zàitǐ 记载—载体

gēngzhòng zhǒnglèi 耕种 — 种类　guānqiǎ kǎchē 关卡 —卡车　tùxiě xuèyā 吐血—血压　zhíniù àokǒu 执拗—拗口

cānyù yǔqí 参与—与其　liūbīng suídàliù 溜冰—随大溜　shànbù cǎoshānzi 苫布—草苫子　jǐngzhuī bógěngr 颈椎—脖颈儿

chōngfēng xiāngqì hěn chòng 冲锋— 香气很冲　zhōngjiān zhèngzhòngxiàhuái 中间 — 正中下怀　yáohuàng xūhuǎng－yīdāo 摇晃 — 虚晃一刀

zuì'è zēngwù ěxin 罪恶—憎恶—恶心　yānhóu tūnyàn wūyè 咽喉—吞咽—呜咽　léi zhuì lěijí láolèi 累赘—累及—劳累

liúchuán zhuànjì 流传 —传记　guànjūn nùfà－chōngguān 冠军 — 怒发冲冠　qiángyìng miǎnqiǎng juèjiàng 强硬 — 勉强 — 倔强

xìngŌu qūfēn 姓区—区分　yī dá zhǐ fēnzhì-tàlái 一沓纸—纷至沓来　níngmáojīn nǐng luósī píqìnìng 拧毛巾 —拧 螺丝—脾气拧

六、形近词语对比训练

zàoniè zīshēng 造孽— 孳生　rìzi zǐyuē 日子—子曰　zhēnjiǔ zhìkǎo 针灸—炙烤　lǎobiē áotóu 老鳖—鳌头

xìng Xún gǒuqiě 姓荀—苟且　tányú mèngzǐ 痰盂—孟子　gùnbàng pěngchǎng 棍棒— 捧场　huáng'àn ānshù 磺胺 —桉树

róngyù téngyìn 荣誉—誊印　wūyán chánchú 屋檐— 蟾蜍　zhuīsù shuòyuè 追溯— 朔月　jiǎohuái luǒtǐ 脚踝—裸体

xūyào wánshuǎ 需要— 玩耍　méiguī jiǔ yuán 玫瑰— 玖元　xuànrǎn xuānnào 渲染 — 喧闹　sēngrén zēnghèn 僧人— 憎恨

suícháo duòluò 隋朝 —堕落　kuángyǔ guàngjiē 诳语 — 逛街　tuómǎ jiàyù 驮马—驾驭　qiángwēi lìnsè 蔷薇 —吝啬

xuěcài xuělái 雪菜—雪莱　chuánzi yuánfèn 椽子 — 缘份　rùnyuè guīnü 闰月—闺女　fǔbài quézi 腐败—瘸子

wèilái mòwěi 未来—末尾　xuánzhuǎn lǚxíng 旋转 —旅行　kuǎdiào kuàlán 垮掉—跨栏　mián'ǎo wòtǔ 棉袄 —沃土

èzhì jiélì 遏制—竭力　lūnchuí lúnluò 抡锤—沦落　tǒnglóuzi yǒngxiàn 捅娄子— 涌现　huànyǎng zhèngquàn 豢养 — 证券

yī lǚ lǒubào fǎmǎ fàláng duòshǒu tuóniǎo cuōtuó
一缕—搂抱 砝码—珐琅 舵手—鸵鸟—蹉跎

hōnggān gǒngshǒu òuqì kōuménr ǒutù héngshù jiānjué
烘干—拱手 怄气—抠门儿—呕吐 横竖—坚决

shǒukào kǎodǎ bùqū-bùnáo ràolù ráomìng jiā tíng huāngzhǒng
手铐—拷打 不屈不挠—绕路—饶命 家庭—荒冢

àimèi wēnnuǎn cuàngǎi biānzuǎn xiǎozhuàn rángzi shuǐpiáo
暧昧—温暖 篡改—编纂—小篆 瓤子—水瓢

zhuājiūr yánwang bāoguǒ zhìnáng xiānglǐ kǒngzǐ hǒujiào
抓阄儿—阎王 包裹—智囊—襄理 孔子—吼叫

xìng Zhèng tóu zhì chèdǐ qī chá qì qiáng huǒkàng tǔkēng
姓郑—投掷 彻底—沏茶—砌墙 火炕—土坑

bēibǐ bàizi núbì píqi píjiǔ bìyì
卑鄙—稗子—奴婢—脾气—啤酒—裨益

tuānjí duānzhèng huáichuāi chuài zhuìzhuìbù'ān chuǎnxī
湍急—端正—怀揣—踹—惴惴不安—喘息

七、词语综合训练

练习一

zìxué 自学	suīrán 虽然	rújīn 如今	jiǎonà 缴纳	mòshuǐr 墨水儿	línchuáng 临床	hèngcái 横财
jìdu 忌妒	piānchā 偏差	nèizhàn 内战	xúnhuán 循环	ràoyuǎnr 绕远儿	guǎngbó 广博	tígōng 提供
wēixiào 微笑	cídài 磁带	húntun 馄饨	chìbǎng 翅膀	qīnqi 亲戚	zǒngděi 总得	jiāqiáng 加强
zhīfáng 脂肪	ěrsāi 耳塞	huāyuán 花园	juésè 角色	duànliàn 锻炼	pōuxī 剖析	yàngzi 样子
móuqiú 谋求	sīrén 私人	jūbǔ 拘捕	nuǎnhuo 暖和	gǎnzhào 感召	bièniu 别扭	kuājiǎng 夸奖
yānzuǐr 烟嘴儿	xuànyūn 眩晕	huáigǔ 踝骨	yǔyǐ 予以	xiá'ài 狭隘	fēngshàng 风尚	yòngchu 用处
kùdōur 裤兜儿	xióngmāo 熊猫	míngpái 名牌	qièshí 切实	guǒ fǔ 果脯	cāntīng 餐厅	búsùzhīkè 不速之客

练习二

yāoqiú 要求	sìhū 似乎	gāoxià 高下	niánjì 年纪	nèibù 内部	rán'ér 然而	lǎobǎixìng 老百姓
huáijiù 怀旧	jūnzhuāng 军装	juānkuǎn 捐款	tíngzi 亭子	jiāyuán 家园	qǔbǎo 取保	chéngkěn 诚恳
gànhuór 干活儿	gālí 咖喱	guàhào 挂号	pǐnzhǒng 品种	róngliàng 容量	móulüè 谋略	zòumíngqǔ 奏鸣曲
nítāir 泥胎儿	hūnjué 昏厥	shēchǐ 奢侈	bǎituō 摆脱	jiǒngkuàng 窘况	dǎting 打听	qìngzhù 庆祝
pǎowài 跑外	fěishǒu 匪首	lǚcì 屡次	cáifeng 裁缝	diàochá 调查	kuíhuā 葵花	déyǔ 德语

mòshuǐr	wǎngfù	xióngmāo	biǎndan	chuàngzuò	qīnqiè	fǎnkàng
墨水儿	往复	熊猫	扁担	创作	亲切	反抗
tùryé	zuì chū	kǎnjiānr	huòxiāng	mìngyùn	shènzhì	pòsuì
兔儿爷	最初	坎肩儿	藿香	命运	甚至	破碎

练习三

zhīshi	fèiyòng	kùnnan	diàochá	jìnxiū	qúndǎo	kànwàng
知识	费用	困难	调查	进修	群岛	看望
fēicháng	jīhū	fēn bié	bèiké	zàinǎr	huóbo	xīnzàng
非常	几乎	分别	贝壳	在哪儿	活泼	心脏
sànhuǒ	zhēnkōng	guī mó	sīhán	zhuórè	zìzhìqū	huī jìn
散伙	真空	规模	丝毫	灼热	自治区	灰烬
dàitì	hétao	juéqǔ	ānpéi	pāizhào	pēngtiáo	nónghòu
代替	核桃	攫取	安培	拍照	烹调	浓厚
rìlì	sòngxìnr	biānyuán	jiǒngpò	cíhuà	chúncuì	liánnián
日历	送信儿	边缘	窘迫	磁化	纯粹	连年
shǔnxī	míhóu	rènqī	zhuìluò	tiàogāor	xīnqíng	màibó
吮吸	猕猴	任期	坠落	跳高儿	心情	脉搏
tāi’ér	xiūmián	gōujié	zījīn	sānjiǎoxíng	máogǔ – sǒngrán	
胎儿	休眠	勾结	资金	三角形	毛骨悚然	

练习四

yuánquán	yìnshuā	zhàopiānr	má zuì	qīn’ ài	jiějué	hòulái
源泉	印刷	照片儿	麻醉	亲爱	解决	后来
jiǎshǐ	hǎohāor	miǎnqiǎng	chuīniú	zìrán	zhǐ yǒu	wèishēng
假使	好好儿	勉强	吹牛	自然	只有	卫生
cáikuài	gēnběn	shēntǐ	chuāngtái	jǐnzhāng	liáotiānr	zhěngjié
财会	根本	身体	窗台	紧张	聊天儿	整洁
diànbào	shǎngwu	wǎngrì	xiàngsheng	sūnnǚ	értóng	dǎngxìng
电报	晌午	往日	相声	孙女	儿童	党性
gōngchéng	gùbude	fēichuán	fǒuzé	róuruǎn	xiàbān	chēliàng
工程	顾不得	飞船	否则	柔软	下班	车辆
zhēntàn	jǐyǔ	xīnli	méishìr	xiǎngxiàng	āigèr	lèisì
侦探	给予	心里	没事儿	想象	挨个儿	类似
zuòmèng	wěiba	pǔsù	zhìliàng	cǎinà	jùjué	nóngchǎnpǐn
做梦	尾巴	朴素	质量	采纳	拒绝	农产品

练习五

mínyáo	kāfēi	suìbùr	hépíng	xúnmì	pòqiè	shìwǎngmó
民谣	咖啡	碎步儿	和平	寻觅	迫切	视网膜
sùmiáo	xióngbiàn	chǎnliàng	zhuàngyuan	nuǎnhuo	lǎngsòng	xiézòuqǔ
素描	雄辩	产量	状元	暖和	朗诵	协奏曲
zhéxué	tóuzī	shàonǚ	qióngzhī	tiáojiàn	shuāxǐ	nàmènr
哲学	投资	少女	琼脂	条件	刷洗	纳闷儿
quántǐ	dàngcì	jīnyúr	yāyùn	chuánbó	guǎiwān	zǎochén
全体	档次	金鱼儿	押韵	船舶	拐弯	早晨

cúnkuǎn 存款	gàilùn 概论	pēngrèn 烹饪	gélóu 阁楼	ěrduo 耳朵	quēfá 缺乏	ránhòu 然后
xīnyǎnr 心眼儿	zhuóqíng 酌情	rìchéng 日程	cǎigòu 采购	niángjia 娘家	kuāzhāng 夸张	tiělù 铁路
fěnbǐ 粉笔	zōngsè 棕色	zhēnduì 针对	guāngmíng 光明	shuàilǐng 率领	dànjuér 旦角儿	xiázhǎi 狭窄

八、多音节词语模拟测试训练

模拟题一

陷入　代理　积极　阅读　广阔　答应　摆脱　拨弄
舞剧　冶金　柔软　笔杆儿　尽快　结局　捏造　内因
处理　旅客　钢铁　繁荣　规则　剥削　寺院　微生物
交流　耗费　纽扣儿　号召　恼怒　依赖　笼罩　盈利
监狱　液体　家庭　收集　缺乏　跑腿儿　权利　来不及
东家　料理　趋势　清晰　观察　西欧　逆流　啼笑皆非

模拟题二

取得　阳台　儿童　管理　此外　混淆　衰落　洒脱
模特儿　沙丘　防御　板凳儿　分析　队伍　挖潜　科学
奔跑　晚上　光环　便宜　塑料　扭转　女士　没准儿
加油　应当　名牌儿　侨眷　干净　紧张　生字　炽热
手指　策略　抢劫　委员会　港口　群众　日用　快乐
窗户　财富　沉醉　卑劣　包装　森林　现代化　轻描淡写

模拟题三

原料　疑惑　弯曲　开动　顺当　自由　家庭　好久
破产　飞翔　安全　邮戳儿　深切　误会　鲁莽　柔软
形状　仍然　地板　铁笔　吵嘴　外孙　公共　心眼儿
诊所　女儿　纯粹　评选　苦瓜　糟糕　痉挛　蒸发
泯灭　病情　痛快　哪怕　磨蹭　围脖儿　逞能　宣传
来临　状态　创伤　杏仁儿　身份　妹妹　应用　思念
千难万险

模拟题四

领导　白天　主席　类似　窟窿　乡村　政权　从来
大伙儿　宴会　一块儿　罪状　病菌　春节　恳切　染色体
运送　沙漠　非常　宾馆　脖颈儿　脱离　凝聚　悬崖
成品　纺织　睡觉　刚才　前途　老人　其他　早晚
展望　什么　雪花　处分　耳朵　假使　范畴　绳子

否定	盘算	遵守	美好	男女	明亮	共和国	朝不保夕

模拟题五

花色	捐款	窗户	说明	全体	鸦片	晚上	让步
瓜分	沉醉	差点儿	样品	衰弱	仿制	春节	而且
举行	寻找	挫折	回头	开窍儿	疟族	战略	侵犯
锻炼	整理	勇敢	所谓	蓬勃	潦草	决心	法律
尊敬	打算	忍耐	背诵	内科	洽谈	描写	粮食
充足	狂风	纳闷儿	零星	凶恶	秋天	次数	山高水低

第四章　朗读短文的训练

朗读短文是普通话测试的第三个测试项，其目的在于测查应试人使用普通话朗读书面作品的水平。在测查应试人声母、韵母、声调是否标准的同时，重点测查连读音变、停连、语调以及流畅程度。要提高朗读水平，除了读准声韵调及语流音变外，应试人还应该处理好各种语气和语调，因此要多加练习，培养语感。

第一节　朗读短文的要求

一、测试内容与测试细则

（一）测试内容

朗读测试的内容来自“普通话水平测试用朗读作品”。“普通话水平测试用朗读作品”共有60篇，具体篇目通常由应试人抽签决定，朗读时读到短文中双斜线“//”处为400个音节。

（二）测试细则

应试人在朗读时要吐字清楚，字音准确，做到不读错字、不漏字、不添字和不改字。测试要求字音的发音要完整，语调要自然，如果出现声母、韵母系统性缺陷或语调偏误会视程度扣分；停连要得当，特别要注意句中停顿的处理，每停连不当一处扣0.5分，最多扣2分；朗读要流畅，不回读，每回读一次扣0.5分，此项最多扣2分。另外，朗读时，要把握好语速，可保持中速，400个音节的短文要求在4分钟内完成，超时会扣分。

二、朗读短文的要求

（一）读准字音及音变

朗读中读准字音是指在语流中读好一个个音段，包括多音字、多音节词语、轻声、儿化以及变调。朗读测试对字音准确度的要求是很明确的，应试人在平时的训练中应重视声韵调及音变的练习，练字、练词、练句子，打好基础。测试时看清楚再读，不能随意漏字、添字和改字。

1. 把握多音字的不同读音

shì de　sì hū　guāngyīn sì jiàn　　gōngyìng　gòngfèng　gōng bu qǐ
似的—似乎—光阴似箭　　供应—供奉—供不起

zā fēngzheng　zhāshi　zhēngzhá　　nuǎnhuo　huó ní　huòyào
扎风筝—扎实—挣扎　　暖和—和泥—和药

2. 读准外国人名

Ānuòdé　Bùlǔnuò　Láiyī'ēn　　Ràng　Bǐhàolè
阿诺德　布鲁诺　莱伊恩　　让·彼浩勒

Bānjiémíng	Dáruì	Tuō'ěrsītài	Bǐdé Fúléitè
班杰明	达瑞	托尔斯泰	彼得·弗雷特

3. 读准多音节词语

lǜhuànà	lǜhuàjiǎ	tànsuānyán	róngjiěyǎng	Sàwén hépàn	Táng Zhāotísì
氯化钠	氯化钾	碳酸盐	溶解氧	萨文河畔	唐招提寺
Nàisī Shì	yídǎosù	èr'èyīng	línsuānyán	Lǐyuērènèilú	Měiméng lǚguǎn
耐斯市	胰岛素	二噁英	磷酸盐	里约热内卢	美蒙旅馆

（二）处理好停连

停连是指朗读过程中声音的顿歇和连接。顿歇主要受到朗读者生理方面的气息换停和文句逻辑结构层次及情感表达的制约，非顿歇的地方表现为连接，应试人要把这两者的关系处理好。在朗读时，既不能一字一停，断断续续地读，也不能字字相连，一口气念到底。书面句子标点符号中的点号是处理句间停连的一个基础，句中的停连则要靠应试人对文句的理解来处理。

朗读测试时，语义传达明晰是处理停连的一个基本原则，因此要求不读破句，不造成语句歧义。一般来说，停连分为语法停连和句中停连两种。

1. 语法停连

语法停连是依据句中的相关标点符号来安排的停连。一般来说，句号、问号、感叹号的停顿较长，分号、冒号的停顿其次，然后依次是逗号的停顿与顿号的停顿。段落之间的停顿则长于句子之间的停顿。例如：

可是一段时间后，｜叫阿诺德的那个小伙子青云直上，｜而那个叫布鲁诺的小伙子却仍在原地踏步。｜布鲁诺很不满意老板的不公正待遇。｜终于有一天他到老板那儿发牢骚了。｜老板一边耐心地听着他的抱怨，｜一边在心里盘算着怎样向他解释清楚他和阿诺德之间的差别。（作品2号《差别》）

2. 句中停连

句中停连是朗读者根据朗读作品思想感情、文句逻辑层次等方面的需要而在句中安排的停连。例如：

两个同龄的年轻人｜同时受雇于一家店铺，并且｜拿同样的薪水。

可是一段时间后，叫阿诺德的那个小伙子｜青云直上，而那个｜叫布鲁诺的小伙子｜却仍在原地踏步。布鲁诺｜很不满意老板的不公正待遇。终于有一天｜他到老板那儿｜发牢骚了。老板一边耐心地｜听着他的抱怨，一边在心里盘算着｜怎样向他解释清楚｜他和阿诺德之间的差别。

"布鲁诺先生，"老板开口说话了，"您现在｜到集市上去一下，看看今天早上｜有什么卖的。"

布鲁诺｜从集市上回来｜向老板汇报说，今早集市上｜只有一个农民｜拉了一车土豆｜在卖。

"有多少？"

老板问。布鲁诺｜赶快戴上帽子｜又跑到集上，然后回来｜告诉老板｜一共四十袋土豆。

"价格是多少？"

布鲁诺｜又第三次｜跑到集上｜问来了价格。

“好吧，”老板对他说，“现在｜请您｜坐到这把椅子上｜一句话也不要说，看看阿诺德｜怎么说。”

阿诺德｜很快就从集市上回来了。向老板汇报说｜到现在为止｜只有一个农民在卖土豆，一共四十口袋，价格是多少多少；土豆质量很不错，他带回来一个｜让老板看看。这个农民｜一个钟头以后｜还会弄来几箱西红柿，据他看｜价格非常公道。昨天｜他们铺子的西红柿｜卖得很快，库存已经不//多了。(作品 2 号《差别》)

应试人对朗读短文内容的熟悉程度是能否朗读好短文的关键。如果不熟悉朗读短文，随意停连割裂了原文的意思，就会出现破读或引起歧义。因此在备考前，应试人应该事先对每一篇作品的停连进行合情合理的处理，尤其是一些结构复杂、字数较多的句子，一定要反复琢磨，确定每一处可以停顿的地方，并用“｜”做好标记，反复练习，加深印象，省得朗读时停连失据。

（三）处理好语调和语流

语调又称句调，指的是说话时语言的高低变化，可分为句末语调和整句语调两种。句末语调根据表示的语气和感情态度的不同又可分为 4 种：升调、降调、平调、曲调。句末语调的参照单位通常是一个句子，突出表现在句末音节上的升降曲折。整句语调的参照单位通常是句子所处的语段或语篇，其基本表现是一句话的语调随着内容与情感的起伏而出现语势变化。语句的语调是曲折变化的，通过声音的高低、强弱、长短，以及音色综合表现出来。

朗读时要处理好语调和语流，做到语调自然，语句流畅。

1. 语调自然

朗读不是读字、读词，而是有感情地朗读句子，由于语句内容具有不同的感情色彩，因此在朗读时就会带来相应的语气高低、强弱、快慢等变化，从而形成不同的语调。应试人在准备测试的训练中需要注意把握语调，主要注意以下三点：

（1）把握吐字力度的强弱、轻重。

（2）抓住短文的感情色彩，使用恰当的语气帮助表达。

（3）要有节奏感，做到声音有高有低、语速有快有慢、节奏有抑有扬，高亢与低沉、紧张与舒缓、轻快与凝重相得益彰，不能一味平铺直叙。

例如：

①清晨，当第一束阳光｜射进舷窗时，它便敞开｜美丽的歌喉，唱啊唱，嘤嘤有韵，宛如春水淙淙。(作品 22 号《可爱的小鸟》)

②可小鸟憔悴了，给水，不喝！喂肉，不吃！油亮的羽毛失去了光泽。(作品 22 号《可爱的小鸟》)

③因而，我稚小的心灵，曾将心声献给小桥：你是一弯银色的新月，给人间普照光辉；你是一把闪亮的镰刀，割刈着欢笑的花果；你是一根晃悠悠的扁担，挑起了彩色的明天！哦，小桥走进我的梦中。(作品 18 号《家乡的桥》)

①的感情是喜悦的，语气应该饱满些；②的感情是忧伤的，语气应该低沉些；③的感情是喜悦的，语气也应该饱满一点。从句式来看，①和②是叙述句，读的时候，语势比较平稳；③由三组句子组成排比句，读的时候，语气应该形成渐强的趋势。

语调自然要受到文章感情基调的制约，应试人应该根据短文的不同感情基调来做好相应的处理。

2. 语句流畅

语句流畅指朗读短文时不结巴、不重复，语流连贯自然。应试人在平时的朗读训练时应该养成一个好的朗读习惯，具体做法是：

（1）朗读时，不能只见字词不见句，打破句义，要流畅地读好每一句话，起承转换自然。

（2）朗读时，遇到难字、易错字或轻声、儿化、变调等现象，按第一反应大胆朗读，不要犹豫、中断；同时不要为了追求字音的准确而读得过慢，语速保持适中。

（3）熟读短文，朗读时要一气呵成，不能回读。

例如：

①一阵清风徐来，娇艳鲜嫩的盛期牡丹｜忽然整朵整朵地坠落，铺撒一地绚丽的花瓣。那花瓣落地时｜依然鲜艳夺目，如同一只奉上祭坛的大鸟｜脱落的羽毛，低吟着｜壮烈的悲歌离去。（作品 30 号《牡丹的拒绝》）

②一锅小米稀饭，一碟大头菜，一盘自家酿制的泡菜，一只巷口买回的烤鸭，简简单单，不像请客，倒像家人团聚。（作品 32 号《朋友和其他》）

③陶行知又掏出第三块糖果｜塞到王友手里，说："我调查过了，你用泥块｜砸那些男生，是因为｜他们不守游戏规则，欺负女生；你砸他们，说明你很正直善良，且有｜批评不良行为的勇气，应该奖励你啊！"王友感动极了，他流着泪后悔地喊道："陶……陶校长｜你打我两下吧！我砸的不是坏人，而是自己的同学啊……"（作品 39 号《陶行知的"四块糖果"》）

朗读时要能够做到语句流畅，首先应试人应该疏通字词，解决字音的问题。如例句中易错的字词：坠落 zhuìluò、绚丽 xuànlì、花瓣 huābàn、祭坛 jìtán、酿制 niàngzhì；多音字：铺撒 pūsǎ、巷口 xiàngkǒu、倒 dào、塞 sāi；连读上声的变调：你打我（nǐ dǎ wǒ）；"一"的变调：一（yí）阵、一（yí）地、一（yì）只、一（yì）锅、一（yì）碟、一（yì）盘；轻声词：欺负 qīfu、他们 tānen；可轻读的词语：牡丹 mǔ · dān；"啊"音变：同学啊（ya）、你啊（ya）。这些读音都应该在朗读前予以解决，这样朗读时才有可能语句流畅。其次，应试人还应该处理好句中停连，在相应的停顿位置做好标记。还有熟悉作品也是朗读流畅的重要环节之一。

除了要注意上面提到的三方面之外，应试人在朗读短文的时候还要尽量克服由于方言的影响而造成的语音缺陷，注意朗读的整体效果。

第二节　朗读短文的综合训练

为了帮助应试人全面提高朗读水平，本节进行朗读短文的综合训练。每篇综合训练的朗读短文后面均配有训练提示，目的是帮助应试人克服单念某些字词时发音准确而朗读短文时却发音不准的弊病。训练提示分 5 部分，包括难读易错字词、平翘舌音声母字词、前后鼻音韵母字词、轻声词语和可轻读词语。60 篇作品中难读易错字词都进行了拼音标注，平翘舌音声母字词、前后鼻音韵母字词、轻声词语以及可轻读词语每篇都单独列出，重复出现的只列举一次，“的、地、得、着、了、过、呢、啊、呀”等常见轻声助词不列。

作品 1 号

那是力争上游的一种树，笔直的干，笔直的枝。它的干呢，通常是丈把高，像是加以人工似的，一丈以内，绝无旁枝；它所有的丫枝呢，一律向上，而且紧紧靠拢，也像是加以人工似的，成为一束，绝无横斜逸出；它的宽大的叶子也是片片向上，几乎没有斜生的，更不用说倒垂了；它的皮，光滑而有银色的晕圈，微微泛出淡青色。这是虽在北方的风雪的压迫下却保持着倔强挺立的一种树！哪怕只有碗来粗细罢，它却努力向上发展，高到丈许，两丈，参天耸立，不折不挠，对抗着西北风。

这就是白杨树，西北极普通的一种树，然而绝不是平凡的树！

它没有婆娑的姿态，没有屈曲盘旋的虬枝，也许你要说它不美丽，——如果美是专指“婆娑”或“横斜逸出”之类而言，那么，白杨树算不得树中的好女子；但是它却伟岸、正直、朴质、严肃，也不缺乏温和，更不用提它的坚强不屈与挺拔，它是树中的伟丈夫！当你在积雪初融的高原上走过，看见平坦的大地上傲然挺立这么一株或一排白杨树，难道你就只觉得树只是树？难道你就不想到它的朴质、严肃，坚强不屈，至少也象征了北方的农民？难道你竟一点儿也不联想到，在敌后的广大土//地上，到处有坚强不屈，就像这白杨树一样傲然挺立的守卫他们家乡的哨兵！难道你又不更远一点想到这样枝枝叶叶靠紧团结、力求上进的白杨树，宛然象征了今天在华北平原纵横决荡用血写出新中国历史的那种精神和意志。

（节选自茅盾《白杨礼赞》）

训练提示：

1. 难读易错字词

笔直的干 (bǐzhí deg àn)　似的 (shìde)　丫枝 (yāzhī)　一束 (yīshù)　横斜逸出 (héngxié－yìchū)　倒垂 (dàochuí)　晕圈 (yùnquān)　倔强 (juéjiàng)　不折不挠 (bùzhé－bùnáo)　婆娑 (pósuō)　姿态 (zītài)　虬枝 (qiúzhī)　温和 (wēnhé)　挺拔 (tǐngbá)　伟丈夫 (wěizhàngfu)　积雪 (jīxuě)　朴质 (pǔzhì)

2. 平、翘舌音声母字词

（1）平舌音声母字词。

所有　叶子　银色　虽在　碗来粗细　参天耸立　婆娑　姿态　算不得　严肃　走过

（2）翘舌音声母字词。

那是　力争上游　一种　通常　丈把高　人工　似的　成为　一束　横斜逸出　斜生　更不用说倒垂　保持着　只有　发展　不折不挠　虬枝　如果　专指　之类　树中　正直　朴质　积雪初融　傲然　这么　一株　至少　象征

3. 前后鼻音韵母字词

（1）前鼻音韵母字词。

笔直的干　人工　紧紧　宽大　片片向上　银色　晕圈　泛出　淡青色　碗来粗细　发展　参天耸立　然而　平凡　屈曲盘旋　专指　而言　算不得　但是　伟岸　严肃　温和　坚强不屈　高原　看见　平坦　难道　农民　一点儿　联想

（2）后鼻音韵母字词。

力争上游　一种树　通常　丈把高　像是　人工　绝无旁枝　一律向上　靠拢　成为　横斜逸出　斜生　更不用说　光滑　淡青色　北方　风雪　倔强　挺立　参天耸立　对抗　白杨树　平凡　树中　正直　坚强不屈　挺拔　当你　积雪初融　联想　象征　农民　竟　广大

4. 轻声词语

似的　叶子　伟丈夫　这么

5. 可轻读词语

没有　算不得　高原上　看见　大地上　觉得

作品2号

两个同龄的年轻人同时受雇于一家店铺，并且拿同样的薪水。

可是一段时间后，叫阿诺德的那个小伙子青云直上，而那个叫布鲁诺的小伙子却仍在原地踏步。布鲁诺很不满意老板的不公正待遇。终于有一天他到老板那儿发牢骚了。老板一边耐心地听着他的抱怨，一边在心里盘算着怎样向他解释清楚他和阿诺德之间的差别。

“布鲁诺先生，”老板开口说话了，“您现在到集市上去一下，看看今天早上有什么卖的。”

布鲁诺从集市上回来向老板汇报说，今早集市上只有一个农民拉了一车土豆在卖。

“有多少？”老板问。

布鲁诺赶快戴上帽子又跑到集上，然后回来告诉老板一共四十袋土豆。

“价格是多少？”

布鲁诺又第三次跑到集上问来了价格。

“好吧，”老板对他说，“现在请您坐到这把椅子上一句话也不要说，看看阿诺德怎么说。”

阿诺德很快就从集市上回来了。向老板汇报说到现在为止只有一个农民在卖土豆，一共四十口袋，价格是多少多少；土豆质量很不错，他带回来一个让老板看看。这个农民一个钟头以后还会弄来几箱西红柿，据他看价格非常公道。昨天他们铺子的西红柿卖得很快，库存已经不//多了。他想这么便宜的西红柿，老板肯定会要进一些的，所以他不仅带回了一个西红柿做样品，而且把那个农民也带来了，他现在正在外面等回话呢。

（节选自张建鹏、胡足青主编《时代故事》中《差别》）

训练提示：

1. 难读易错字词

xīnshuǐ	bìngqiě	réngzài	láosāo	bàoyuàn	pánsuanzhe	chābié	jíshì	gàosu	zhìliàng	pùzi
薪水	并且	仍在	牢骚	抱怨	盘算着	差别	集市	告诉	质量	铺子

2. 平、翘舌音声母字词

（1）平舌音声母字词。

小伙子　仍在　牢骚　盘算　怎样　早上　从集市上　告诉　四十袋　第三次　坐到　很不错　昨天　库存

（2）翘舌音声母字词。

年轻人 同时 受雇 薪水 可是 青云直上 仍在原地 公正 终于 听着 解释清楚 之间 差别 先生 说话 集市 什么 只有 一车 多少 然后 四十 这 到现在为止 质量 让老板看看 一个钟头 西红柿 非常

3. 前后鼻音韵母字词

（1）前鼻音韵母字词。

年轻人 店铺 薪水 一段 时间 青云直上 原地 很不满意 一边 耐心地 抱怨 盘算 怎样 先生 您 现在 看看 今天 什么 农民 老板问 赶快 然后 他们 库存

（2）后鼻音韵母字词。

两个 同龄 年轻人 并且 同样 青云直上 仍在原地 不公正 终于 听着 向他解释清楚 农民 一共 请您 质量 让老板看看 一个钟头 弄来 几箱 西红柿 非常 公道 已经

4. 轻声词语

小伙子 盘算 清楚 先生 看看 早上 什么 帽子 告诉 椅子 怎么 口袋 他们 铺子 这个

5. 可轻读词语

薪水 牢骚 抱怨 心里 集市上 回来 多少 戴上 集上 椅子上 公道 已经

作品3号

我常常遗憾我家门前的那块丑石：它黑黝黝地卧在那里，牛似的模样；谁也不知道是什么时候留在这里的，谁也不去理会它。只是麦收时节，门前摊了麦子，奶奶总是说："这块丑石，多占地面呀，抽空把它搬走吧。"

它不像汉白玉那样的细腻，可以刻字雕花，也不像大青石那样的光滑，可以供来浣纱捶布；它静静地卧在那里，院边的槐荫没有庇覆它，花儿也不再在它身边生长。荒草便繁衍出来，枝蔓上下，慢慢地，它竟锈上了绿苔、黑斑。我们这些做孩子的，也讨厌起它来，曾合伙要搬走它，但力气又不足；虽时时咒骂它，嫌弃它，也无可奈何，只好任它留在那里了。

终有一日，村子里来了一个天文学家。他在我家门前路过，突然发现了这块石头，眼光立即就拉直了。他再没有离开，就住了下来；以后又来了好些人，都说这是一块陨石，从天上落下来已经有二三百年了，是一件了不起的东西。不久便来了车，小心翼翼地将它运走了。

这使我们都很惊奇！这又怪又丑的石头，原来是天上的啊！它补过天，在天上发过热，闪过光，我们的先祖或许仰望过它，它给了他们光明、向往、憧憬；而它落下来了，在污土里，荒草里，一躺就//是几百年了！

（节选自贾平凹《丑石》）

训练提示：

1. 难读易错字词

yíhàn	chǒushí	hēiyǒuyǒu	niú shìde	múyàng	chōukòng	xìnì	gōnglái	huànshā	chuíbù
遗憾	丑石	黑黝黝	牛似的	模样	抽空	细腻	供来	浣纱	捶布

huáiyīn　bìfù　fányǎn　zhīmàn　lǜtái　zhòumà　xiánqì　lìjí　yǔnshí　chōngjǐng　wūtǔlǐ
槐阴　庇覆　繁衍　枝蔓　绿苔　咒骂　嫌弃　立即　陨石　憧憬　污土里

2. 平、翘舌音声母字词

(1) 平舌音声母字词。

卧在　总是　搬走　刻字　不再　荒草　做孩子的　曾合伙　不足　虽时时咒骂　村子　从天上　二三百年　先祖

(2) 翘舌音声母字词。

常常　丑石　似的　谁也不知道　什么　时候　只是　麦收　多占　抽空　浣纱捶布　身边　生长　出来　枝蔓上下　咒骂　任它　终有一日　突然　拉直　住了下来　好些人　都说　车　这使　发过热　闪过光　憧憬

3. 前后鼻音韵母字词

(1) 前鼻音韵母字词。

遗憾　门前　什么　摊了　多占地面　搬走　汉白玉　浣纱捶布　院边　槐阴　身边　便繁衍　枝蔓上下　慢慢地　黑斑　我们　讨厌　嫌弃　任它　天文学　突然　发现　眼光　好些人　陨石　二三百年　一件　小心翼翼　运走了　都很惊奇　原来　闪过光　先祖

(2) 后鼻音韵母字词。

常常　模样　总是　抽空　不像　大青石　供来　静静地　生长　荒草　竟锈上　曾合伙　终有一日　从天上　已经　东西　将它运走　惊奇　仰望　光明　向往　憧憬　一躺

4. 轻声词语

似的　什么　时候　麦子　奶奶　我们　孩子　力气　村子　石头　东西

5. 可轻读词语

那里　知道　这里　没有　出来　讨厌起它来　村子里　天上　落下来　了不起　已经　污土里　荒草里

作品 4 号

在达瑞八岁的时候，有一天他想去看电影。因为没有钱，他想是向爸妈要钱，还是自己挣钱。最后他选择了后者。他自己调制了一种汽水，向过路的行人出售。可那时正是寒冷的冬天，没有人买，只有两个人例外——他的爸爸和妈妈。

他偶然有一个和非常成功的商人谈话的机会。当他对商人讲述了自己的“破产史”后，商人给了他两个重要的建议：一是尝试为别人解决一个难题；二是把精力集中在你知道的、你会的和你拥有的东西上。

这两个建议很关键。因为对于一个八岁的孩子而言，他不会做的事情很多。于是他穿过大街小巷，不停地思考：人们会有什么难题，他又如何利用这个机会？

一天，吃早饭时父亲让达瑞去取报纸。美国的送报员总是把报纸从花园篱笆的一个特制的管子里塞进来。假如你想穿着睡衣舒舒服服地吃早饭和看报纸，就必须离开温暖的房间，冒着寒风，到花园去取。虽然路短，但十分麻烦。

当达瑞为父亲取报纸的时候，一个主意诞生了。当天他就按响邻居的门铃，对他们说，每个月只需付给他一美元，他就每天早上把报纸塞到他们的房门底下。大多数人都同意了，很快他有//了七十多个顾客。一个月后，当他拿到自己赚的钱时，觉得自己简直是飞上了天。

（节选自［德］博多·舍费尔《达瑞的故事》，刘志明译）

训练提示：

1. 难读易错字词

zhèngqián	liǎngge rén	jiǎngshù	chángshì	líba	shūshu－fūfū de	zhǔyi	dànshēng	dàngtiān
挣钱	两个人	讲述	尝试	篱笆	舒舒服服地	主意	诞生	当天

2. 平、翘舌音声母字词

（1）平舌音声母字词。

八岁　自己　最后　选择　集中在　孩子　不会做　思考　早饭　送报员　总是　从花园　塞进来　虽然

（2）翘舌音声母字词。

达瑞　挣钱　后者　调制　一种　汽水　出售　商人　试特制　正是　只有　偶然　非常　成功　讲述　破产史　重要　尝试　集中　知道　东西上　这两个　事情　穿过　什么　如何　吃早饭时　让　报纸　假如　穿着　睡衣　舒舒服服　十分　主意　诞生　对他们说　大多数

3. 前后鼻音韵母字词

（1）前鼻音韵母字词。

一天　看电影　因为　没有钱　选择　寒冷　偶然　谈话　破产史　建议　难题　很关键　而言　穿过　人们　什么　早饭　父亲　送报员　花园　管子　塞进来　穿着　温暖　房间　路短　但十分麻烦　诞生　按响　邻居　门铃　一美元

（2）后鼻音韵母字词。

想去　电影　向爸妈　挣钱　一种　行人　正是　寒冷　冬天　两个人　非常　成功　商人　讲述　重要　尝试　精力　集中　拥有　东西上　事情　大街小巷　不停　利用　让达瑞　送报员　总是　从花园　房间　寒风　当达瑞　诞生　当天　按响　门铃　同意

4. 轻声词语

时候　爸爸　妈妈　东西　孩子　事情　人们　什么　篱笆　管子　舒舒服服　麻烦　主意　他们　早上

5. 可轻读词语

因为　没有　机会　别人　知道　东西上　父亲　管子里　塞进来　邻居　底下

作品5号

这是入冬以来，胶东半岛上第一场雪。

雪纷纷扬扬，下得很大。开始还伴着一阵儿小雨，不久就只见大片大片的雪花，从彤云密布的天空中飘落下来。地面上一会儿就白了。冬天的山村，到了夜里就万籁俱寂，只听得雪花簌簌地不断往下落，树木的枯枝被雪压断了，偶尔咯吱一声响。

大雪整整下了一夜。今天早晨，天放晴了，太阳出来了。推开门一看，嗬！好大的雪啊！山川、河流、树木、房屋，全都罩上了一层厚厚的雪，万里江山，变成了粉妆玉砌的世界。落光了叶子的柳树上挂满了毛茸茸亮晶晶的银条儿，而那些冬夏常青的松树和柏树上，则挂满了蓬松松沉甸甸的雪球儿。一阵风吹来，树枝轻轻地摇晃，美丽的银条儿和雪球儿簌簌地落下来，玉屑似的雪末儿随风飘扬，映着清晨的阳光，显出一道道五光十色的彩虹。

大街上的积雪足有一尺多深，人踩上去，脚底下发出咯吱咯吱的响声。一群群孩子在雪地里堆雪人、掷雪球儿。那欢乐的叫喊声，把树枝上的雪都震落下来了。

俗话说，“瑞雪兆丰年”。这个话有充分的科学根据，并不是一句迷信的成语。寒冬大雪，可以冻死一部分越冬的害虫；融化了的水渗进土层深处，又能供应//庄稼生长的需要。我相信这一场十分及时的大雪，一定会促进明年春季作物，尤其是小麦的丰收。有经验的老农把雪比做是麦子的“棉被”。冬天“棉被”盖得越厚，明春麦子就长得越好，所以又有这样一句谚语：“冬天麦盖三层被，来年枕着馒头睡。”

（节选自峻青《第一场雪》）

训练提示：

1. 难读易错字词

第一场雪（dì－yī chǎng xuě） 一会儿（yīhuìr） 万籁俱寂（wànlài－jùjì） 簌簌地（sùsùde） 枯枝（kūzhī） 偶尔（ǒu'ěr） 咯吱（gēzhī） 粉妆玉砌（fěnzhuāng－yùqì）

毛茸茸（máoróngróng） 柏树（bǎishù） 玉屑似的（yùxiè shìde） 银条儿（yíntiáor） 掷雪球儿（zhì xuěqiúr）

2. 平、翘舌音声母字词

（1）平舌音声母字词。

从形云密布的天空中 山村 簌簌地 早晨 一层 叶子 则挂满了 蓬松松 随风飘扬 五光十色 彩虹 足有 踩上去 在雪地里 俗话说 冻死

（2）翘舌音声母字词。

这是 入冬 第一场 开始 一阵儿 只见 天空中 树木 枯枝 咯吱一声响 整整 早晨 出来 山川 罩上 变成 粉妆玉砌 世界 毛茸茸 常青 沉甸甸 吹来 玉屑似的 映着 五光十色 一尺多深 堆雪人 掷雪球儿 震落 俗话说 瑞雪 兆丰年 充分 害虫 融化了的水 渗进

3. 前后鼻音韵母字词

（1）前鼻音韵母字词。

半岛 纷纷扬扬 很大 伴着 一阵儿 只见 大片大片 形云密布 地面 山村 万籁俱寂 不断 今天 早晨 推开门 一看 山川 全都罩上 万里江山 变成 粉妆玉砌 挂满 银条儿 沉甸甸 显出 多深 人踩上去 一群群 欢乐 叫喊 震落 丰年 充分 根据 迷信 寒冬 渗进

（2）后鼻音韵母字词。

入冬 胶东 半岛上 第一场 纷纷扬扬 从形云密布的天空中 听得 往下落 一声响 整整 放晴 房屋 一层 万里江山 变成 粉妆玉砌 落光 毛茸茸 亮晶晶 冬夏常青 蓬松松 轻轻 摇晃 随风飘扬 映着 清晨 阳光 彩虹 丰年 充分 并不是 冻死 害虫 能供应

4. 轻声词语

叶子 似的 一部分 庄稼 这个

5. 可轻读词语

半岛上 飘落下来 地面上 夜里 早晨 太阳 出来 罩上 柳树上 柏树上 摇晃 落下来 大街上 踩上去 脚底下 雪地里 树枝上 震落下来

作品6号

我常想读书人是世间幸福人，因为他除了拥有现实的世界之外，还拥有另一个更为浩瀚也更为丰富的世界。现实的世界是人人都有的，而后一个世界却为读书人所独有。由此我想，那些失去或不能阅读的人是多么的不幸，他们的丧失是不可补偿的。世间有诸多的不平等，财富的不平等，权力的不平等，而阅读能力的拥有或丧失却体现为精神的不平等。

一个人的一生，只能经历自己拥有的那一份欣悦，那一份苦难，也许再加上他亲自闻知的那一些关于自身以外的经历的经验。然而，人们通过阅读，却能进入不同时空的诸多他人的世界。这样，具有阅读能力的人，无形间获得了超越有限生命的无限可能性。阅读不仅使他多识了草木虫鱼之名，而且可以上溯远古下及未来，饱览存在的与非存在的奇风异俗。

更为重要的是，读书加惠于人们的不仅是知识的增广，而且还在于精神的感化与陶冶。人们从读书学做人，从那些往哲先贤以及当代才俊的著述中学得他们的人格。人们从《论语》中学得智慧的思考，从《史记》中学得严肃的历史精神，从《正气歌》中学得人格的刚烈，从马克思学得人世//的激情，从鲁迅学得批判精神，从托尔斯泰学得道德的执著。歌德的诗句刻写着睿智的人生，拜伦的诗句呼唤着奋斗的热情。一个读书人，一个有机会拥有超乎个人生命体验的幸运人。

（节选自谢冕《读书人是幸福的人》）

训练提示：

1. 难读易错字词

yīnwèi	hàohàn	sàngshī	xīnyuè	érqiě	shàngsù	táo yě	wǎngzhé－xiānxián	dāngdài	cáijùn	xué dé
因为	浩瀚	丧失	欣悦	而且	上溯	陶冶	往哲先贤	当代	才俊	学得

2. 平、翘舌音声母字词

（1）平舌音声母字词。

所独有 由此 丧失 财富 自己 再加上 草木虫鱼 上溯远古 存在 奇风异俗 增广 在于 从读书 学做人 才俊 思考 严肃 马克思

（2）翘舌音声母字词。

常想 读书人 世间 除了 现实 之外 失去 补偿 诸多 精神 一生 只能 再加上 闻知 然而 进入 时空 这样 超越 使 多识 草木虫鱼 重要的是 往哲先贤 著述中 智慧 史记 正气歌

3. 前后鼻音韵母字词

（1）前鼻音韵母字词。

读书人 世间 因为 现实 浩瀚 他们 权力 精神 一份 欣悦 难 亲自闻知 关于 自身 经验 然而 进入 有限 不仅 远古 饱览 存在 感化 往哲先贤 才

俊 论语 严肃

(2) 后鼻音韵母字词。

常想 幸福 拥有 另一个 更为 丰富 丧失 补偿 不平等 精神 经历 加上 经验 通过 不同 时空 这样 无形间 生命 可能性 草木虫鱼 奇风异俗 重要 增广 往哲先贤 当代 从《论语》中 正气歌 刚烈

4. 轻声词语

除了 多么 他们 人们 知识

5. 可轻读词语

因为 加上

作品 7 号

一天，爸爸下班回到家已经很晚了，他很累也有点儿烦，他发现五岁的儿子靠在门旁正等着他。

“爸，我可以问您一个问题吗?”

“什么问题?”“爸，您一小时可以赚多少钱?”“这与你无关，你为什么问这个问题?”父亲生气地说。

“我只是想知道，请您告诉我，您一小时赚多少钱?”小孩儿哀求道。“假如你一定要知道的话，我一小时赚二十美金。”

“哦，”小孩儿低下了头，接着又说，“爸，可以借我十美金吗?”父亲发怒了:“如果你只是借钱去买毫无意义的玩具的话，给我回到你的房间睡觉去。好好想想为什么你会那么自私。我每天辛苦工作，没时间和你玩儿小孩子的游戏。”

小孩儿默默地回到自己的房间关上门。

父亲坐下来还在生气。后来，他平静下来了。心想他可能对孩子太凶了——或许孩子真的很想买什么东西，再说他平时很少要过钱。

父亲走进孩子的房间:“你睡了吗?”“爸，还没有，我还醒着。”孩子回答。

“我刚才可能对你太凶了，”父亲说。“我不应该发那么大的火儿——这是你要的十美金。”“爸，谢谢您。”孩子高兴地从枕头下拿出一些被弄皱的钞票，慢慢地数着。

“为什么你已经有钱了还要?”父亲不解地问。

“因为原来不够，但现在凑够了。”孩子回答:“爸，我现在有//二十美金了，我可以向您买一个小时的时间吗？明天请早一点儿回家——我想和您一起吃晚餐。”

(节选自唐继柳编译《二十美金的价值》)

训练提示:

1. 难读易错字词

zhuàn duōshao qián	āiqiú	wèishénme	èrshí	hǎohao xiǎngxiang	bèi nòng zhòu	chāopiào	mànmàn de
赚多少钱	哀求	为什么	二十	好好想想	被弄皱	钞票	慢慢地

2. 平、翘舌音声母字词

(1) 平舌音声母字词。

五岁 儿子 靠在 告诉 自私 工作 坐下来 再说 走进 刚才 从枕头下

凑够

（2）翘舌音声母字词。

正等着　什么　赚多少钱　这个　生气地说　只是　知道　假如　二十美金　睡觉　真的　平时　枕头　拿出　被弄皱　钞票　数着

3. 前后鼻音韵母字词

（1）前鼻音韵母字词。

一天　下班　很晚　有点儿烦　门旁　问您　什么　赚多少钱　无关　父亲　美金　玩具　房间　辛苦　关上　真的　走进　枕头　慢慢地　因为　原来　但现在

（2）后鼻音韵母字词。

已经　门旁　正等着　生气　一定　想知道　房间　平静　可能　太凶了　东西　平时　醒着　刚才　应该　高兴　从枕头下

4. 轻声词语

爸爸　儿子　什么　这个　告诉　想想　那么　小孩子　东西　谢谢　枕头

5. 可轻读词语

已经　多少钱　父亲　知道　睡觉去　关上　坐下来　平静下来　没有　因为　枕头下

作品 8 号

我爱月夜，但我也爱星天。从前在家乡七八月的夜晚在庭院里纳凉的时候，我最爱看天上密密麻麻的繁星。望着星天，我就会忘记一切，仿佛回到了母亲的怀里似的。

三年前在南京我住的地方有一道后门，每晚我打开后门，便看见一个静寂的夜。下面是一片菜园，上面是星群密布的蓝天。星光在我们的肉眼里虽然微小，然而它使我们觉得光明无处不在。那时候我正在读一些天文学的书，也认得一些星星，好像它们就是我的朋友，它们常常在和我谈话一样。

如今在海上，每晚和繁星相对，我把它们认得很熟了。我躺在舱面上，仰望天空。深蓝色的天空里悬着无数半明半昧的星。船在动，星也在动，它们是这样低，真是摇摇欲坠呢！渐渐地我的眼睛模糊了，我好像看见无数萤火虫在我的周围飞舞。海上的夜是柔和的，是静寂的，是梦幻的。我望着许多认识的星，我仿佛看见它们在对我眨眼，我仿佛听见它们在小声说话。这时我忘记了一切。在星的怀抱中我微笑着，我沉睡着。我觉得自己是一个小孩子，现在睡在母亲的怀里了。

有一夜，那个在哥伦波上船的英国人指给我看天上的巨人。他用手指着：//那四颗明亮的星是头，下面的几颗是身子，这几颗是手，那几颗是腿和脚，还有三颗星算是腰带。经他这一番指点，我果然看清楚了那个天上的巨人。看，那个巨人还在跑呢！

（节选自巴金《繁星》）

训练提示：

1. 难读易错字词

fǎngfú	jìngjì	cāngmiàn shàng	bànmíng－bànmèi	yǎnjing	yínghuǒchóng	zhǎyǎn	chénshuìzhe
仿佛	静寂	舱面上	半明半昧	眼睛	萤火虫	眨眼	沉睡着

yīngguórén
英国人

2. 平、翘舌音声母字词

(1) 平舌音声母字词。

从前 在家乡 最爱看 三年前 菜园 虽然 舱面上 深蓝色 自己 小孩子

(2) 翘舌音声母字词。

天上 似的 住的地方 肉眼 然而 使 无处不在 天文学的书 常常 如今 很熟 深蓝色 无数 船在动 真是 摇摇欲坠 萤火虫 周围 柔和 认识 眨眼 小声说话 这时 怀抱中 沉睡着 指给 巨人 用手

3. 前后鼻音韵母字词

(1) 前鼻音韵母字词。

但我 夜晚 庭院 繁星 母亲 三年前 南京 后门 便看见 下面 一片 菜园 星群密布 蓝天 我们 肉眼 虽然 天文学 认得 谈话 如今 深蓝色 悬着 半明半昧 船在动 真是 渐渐地 梦幻 沉睡着 现在 英国人

(2) 后鼻音韵母字词。

星天 从前 家乡 庭院里 纳凉 望着 忘记 仿佛 南京 地方 静寂 光明 好像 朋友 常常 一样 相对 躺在 舱面上 仰望 天空 半明半昧 眼睛 萤火虫 梦幻 小声 怀抱中 英国人

4. 轻声词语

时候 地方 我们 星星 朋友 它们 认得 眼睛 模糊 认识 小孩子 身子 那个

5. 可轻读词语

庭院里 天上 母亲 怀里 看见 下面 上面 肉眼里 觉得 海上 舱面上 天空里 听见

作品9号

假日到河滩上转转，看见许多孩子在放风筝。一根根长长的引线，一头系在天上，一头系在地上，孩子同风筝都在天与地之间悠荡，连心也被悠荡得恍恍惚惚了，好像又回到了童年。

儿时的放风筝，大多是自己的长辈或家人编扎的，几根削得很薄的篾，用细纱线扎成各种鸟兽的造型，糊上雪白的纸片，再用彩笔勾勒出面孔与翅膀的图案。通常扎得最多的是“老雕”、“美人儿”、“花蝴蝶”等。

我们家前院就有位叔叔，擅扎风筝，远近闻名。他扎得风筝不只体型好看，色彩艳丽，放飞得高远，还在风筝上绷一叶用蒲苇削成的膜片，经风一吹，发出“嗡嗡”的声响，仿佛是风筝的歌唱，在蓝天下播扬，给开阔的天地增添了无尽的韵味，给驰荡的童心带来几分疯狂。

我们那条胡同的左邻右舍的孩子们放的风筝几乎都是叔叔编扎的。他的风筝不卖钱，谁上门去要，就给谁，他乐意自己贴钱买材料。

后来，这位叔叔去了海外，放风筝也渐与孩子们远离了。不过年年叔叔给家乡写信，总不忘提起儿时的放风筝。香港回归之后，他在家信中说到，他这只被故乡放飞到海外的风筝，尽管飘荡游弋，经沐风雨，可那线头儿一直在故乡和//亲人手中牵着，如今飘得太累了，也该要回归到家乡和亲人身边来了。

（节选自李恒瑞《风筝畅想曲》）

训练提示：

1. 难读易错字词

fēngzheng　huǎnghuǎng－hūhū　érshí　miè　gōulè　měirénr　huāhúdié　púwěi　xiāochéng　fǎngfú
风筝　恍恍惚惚　儿时　篾　勾勒　美人儿　花蝴蝶　蒲苇　削成　仿佛

bōyáng　zuǒlín－yòushè　jīhū　piāodàng yóuyì
播扬　左邻右舍　几乎　飘荡游弋

2. 平、翘舌音声母字词

（1）平舌音声母字词。

孩子　在放风筝　自己　编扎　造型　再用　最多　色彩　增添　左邻右舍　买材料　总不忘

（2）翘舌音声母字词。

假日　转转　风筝　长长的　之间　儿时　大多是　长辈　家人　细纱线　扎成　各种　鸟兽　纸片　勾勒出　翅膀　通常　叔叔　擅扎　不只　经风一吹　声响　歌唱　驰荡　左邻右舍　谁上门　说到　这只　一直

3. 前后鼻音韵母字词

（1）前鼻音韵母字词。

河滩　转转　看见　一根根　引线　之间　连心　童年　家人　编扎　几根　纸片　面孔　图案　我们　前院　擅扎　远近闻名　艳丽　蓝天　增添　无尽　韵味　几分　左邻右舍　不卖钱　上门　贴钱　渐与　写信　尽管

（2）后鼻音韵母字词。

河滩上　风筝　长长的　同　悠荡　恍恍惚惚　好像　童年　长辈　各种　造型　面孔　翅膀　通常　等　远近闻名　体型　放飞　绷　用蒲苇　嗡嗡　声响　仿佛　歌唱　播扬　增添　疯狂　胡同　家乡　总不忘　香港　经沐风雨

4. 轻声词语

转转　风筝　孩子　叔叔　我们　孩子们

5. 可轻读词语

河滩上　天上　看见　地上　糊上　风筝上　蓝天下

作品 10 号

爸不懂得怎样表达爱，使我们一家人融洽相处的是我妈。他只是每天上班下班，而妈则把我们做过的错事开列清单，然后由他来责骂我们。

有一次我偷了一块糖果，他要我把它送回去，告诉卖糖的说是我偷来的，说我愿意替他拆箱卸货作为赔偿。但妈妈却明白我只是个孩子。

我在运动场打秋千跌断了腿，在前往医院的途中一直抱着我的，是我妈。爸把汽车停在急诊室门口，他们叫他驶开，说那空位是留给紧急车辆停放的。爸听了便叫嚷道：“你以为这是什么车？旅游车？”

在我生日会上，爸总是显得有些不大相称。他只是忙于吹气球，布置餐桌，做杂务。把插着蜡烛的蛋糕推过来让我吹的，是我妈。

我翻阅照相册时，人们总是问：“你爸爸是什么样子的？”天晓得！他老是忙着替别人拍照。妈和我笑容可掬地一起拍的照片，多得不可胜数。

我记得妈有一次叫他教我骑自行车。我叫他别放手，但他却说是应该放手的时候了。我摔倒之后，妈跑过来扶我，爸却挥手要她走开。我当时生气极了，决心要给他点颜色看。于是我马上爬上自行车，而且自己骑给他看。他只是微笑。

我念大学时，所有的家信都是妈写的。他//除了寄支票外，还寄过一封短柬给我，说因为我没有在草坪上踢足球了，所以他的草坪长得很美。

（节选自［美］埃尔玛·邦贝克《父亲的爱》）

训练提示：

1. 难读易错字词

róngqià－xiāngchǔ　chāi xiāng xiè huò　péicháng　qiūqiān　diēduàn　jízhěnshì　lǚyóuchē　shēngrì
融洽相处　拆箱卸货　赔偿　秋千　跌断　急诊室　旅游车　生日

zhàoxiàngcè　xiàoróng－kějū　zhàopiàn　bùkě－shèngshǔ　zìxíngchē　shēngqì　érqiě　wēixiào
照相册　笑容可掬　照片　不可胜数　自行车　生气　而且　微笑

2. 平、翘舌音声母字词

（1）平舌音声母字词。

怎样　则把　做过　错事　责骂　有一次　送回去　告诉　作为　孩子　在运动场　总是　餐桌　杂务　照相册　自行车　走开　颜色　所有

（2）翘舌音声母字词。

使　一家人　融洽相处　只是　上班　错事　然后　说是　拆箱卸货　赔偿　运动场　途中　一直　汽车　急诊室　驶开　叫嚷　这是　什么　生日会　相称　吹气球　布置　插着　蜡烛　让　照相册　笑容　不可胜数　放手　时候　摔倒　之后

3. 前后鼻音韵母字词

（1）前鼻音韵母字词。

怎样　我们　一家人　每天　上班　清单　然后　愿意　运动场　秋千　跌断　前往　医院　急诊室　门口　紧急　便叫嚷　什么　显得　相称　餐桌　蛋糕　翻阅　总是问　照片　但他　决心　颜色　骑给他看　念大学　家信

（2）后鼻音韵母字词。

懂得　怎样　融洽相处　清单　糖果　送回去　拆箱卸货　赔偿　明白　运动场　前往　途中　停在　空位　车辆　停放　叫嚷　生日会上　总是　忙于　照相册　忙着　不可胜数　自行车　应该　当时

4. 轻声词语

我们　告诉　明白　孩子　妈妈　什么　人们　他们　爸爸　样子　时候

5. 可轻读词语

懂得　做过　愿意　送回去　生日会上　推过来　别人　跑过来　爬上　草坪上

作品11号

一个大问题一直盘踞在我脑袋里：

世界杯怎么会有如此巨大的吸引力？除去足球本身的魅力之外，还有什么超乎其上而更伟大的东西？

近来观看世界杯，忽然从中得到了答案：是由于一种无上崇高的精神情感——国家荣誉感！

地球上的人都会有国家的概念，但未必时时都有国家的感情。往往人到异国，思念家乡，心怀故国，这国家概念就变得有血有肉，爱国之情来得非常具体。而现代社会，科技昌达，信息快捷，事事上网，世界真是太小太小，国家的界限似乎也不那么清晰了。再说足球正在快速世界化，平日里各国球员频繁转会，往来随意，致使越来越多的国家联赛都具有国际的因素。球员们不论国籍，只效力于自己的俱乐部，他们比赛时的激情中完全没有爱国主义的因子。

然而，到了世界杯大赛，天下大变。各国球员都回国效力，穿上与光荣的国旗同样色彩的服装。在每一场比赛前，还高唱国歌以宣誓对自己祖国的挚爱与忠诚。一种血缘情感开始在全身的血管里燃烧起来，而且立刻热血沸腾。

在历史时代，国家间经常发生对抗，好男儿戎装卫国。国家的荣誉往往需要以自己的生命//换取。但在和平时代，只有这种国家之间大规模对抗性的大赛，才可以唤起那种遥远而神圣的情感，那就是：为祖国而战！

（节选自冯骥才《国家荣誉感》）

训练提示：

1. 难读易错字词

pánjù 盘踞　zhì' ài 挚爱　mèilì 魅力　chónggāo 崇高　róngyùgǎn 荣誉感　yǒu xiě yǒu ròu 有血有肉　qīngxī 清晰　guójí 国籍　rèxuè－fèiténg 热血沸腾

2. 平、翘舌音声母字词

（1）平舌音声母字词。

在　怎么　如此　足球　思念　似乎　再说　快速　随意　因素　自己　因子　色彩　比赛　祖国

（2）翘舌音声母字词。

一直　世界杯　如此　除去　本身　之外　什么　超乎其上　忽然　从中　一种　崇高　精神　荣誉感　地球上的人　时时　这　有血有肉　非常　社会　昌达　事事上网　真是　再说　正在　平日　转会　致使　爱国主义　穿上　每一场　高唱　宣誓　挚爱　忠诚　开始　燃烧　热血　历史　发生　戎装

3. 前后鼻音韵母字词

（1）前鼻音韵母字词。

问题　盘踞　怎么　吸引力　本身　什么　近来　观看　忽然　答案　精神　情感　地球上的人　概念　但　心怀故国　现代　信息　真是　界限　球员们　频繁　转会　联赛　因素　不论　完全　天下大变　穿上　比赛前　宣誓　血缘　血管　燃烧　国家间　好男儿　换取

（2）后鼻音韵母字词。

东西 从中 一种 无上崇高 精神 情感 往往 家乡 昌达 上网 清晰 正在 平日 光荣 同样 服装 每一场 高唱 忠诚 沸腾 经常 对抗 戎装 生命

4. 轻声词语

脑袋 怎么 什么 东西 那么 他们 球员们

5. 可轻读词语

脑袋里 地球上 平日里 没有 穿上 血管里 起来

作品 12 号

夕阳落山不久，西方的天空，还燃烧着一片橘红色的晚霞。大海，也被这霞光染成了红色，而且比天空的景色更要壮观。因为它是活动的，每当一排排波浪涌起的时候，那映照在浪峰上的霞光，又红又亮，简直就像一片片霍霍燃烧着的火焰，闪烁着，消失了。而后面的一排，又闪烁着，滚动着，涌了过来。

天空的霞光渐渐地淡下去了，深红的颜色变成了绯红，绯红又变为浅红。最后，当这一切红光都消失了的时候，那突然显得高而远了的天空，则呈现出一片肃穆的神色。最早出现的启明星，在这蓝色的天幕上闪烁起来了。它是那么大，那么亮，整个广漠的天幕上只有它在那里放射着令人注目的光辉，活像一盏悬挂在高空的明灯。

夜色加浓，苍空中的“明灯”越来越多了。而城市各处的真的灯火也次第亮了起来，尤其是围绕在海港周围山坡上的那一片灯光，从半空倒映在乌蓝的海面上，随着波浪，晃动着，闪烁着，像一串流动着的珍珠，和那一片片密布在苍穹里的星斗互相辉映，煞是好看。

在这幽美的夜色中，我踏着软绵绵的沙滩，沿着海边，慢慢地向前走去。海水，轻轻地抚摸着细软的沙滩，发出温柔的//刷刷声。晚来的海风，清新而又凉爽。我的心里，有着说不出的兴奋和愉快。

（节选自峻青《海滨仲夏夜》）

训练提示：

1. 难读易错字词

júhóngsè	érqiě	yīnwèi	fēihóng	sùmù	lìng rén zhùmù	cāngqióng	shà shì hǎokàn	fǔmō
橘红色	而且	因为	绯红	肃穆	令人注目	苍穹	煞是好看	抚摸

2. 平、翘舌音声母字词

（1）平舌音声母字词。

橘红色 最后 则呈现出 肃穆 最早 苍空 次第 从半空 随着 走去

（2）翘舌音声母字词。

落山 燃烧着 这霞光 染成 壮观 时候 映照 浪峰上 简直 闪烁 消失 深红 突然 呈现出 神色 整个 只有 放射 令人注目 一盏 城市 各处 真的灯火 围绕 周围 一串 珍珠 煞是好看 软绵绵 沙滩 海水 温柔

3. 前后鼻音韵母字词

（1）前鼻音韵母字词。

落山 天空 燃烧 一片 晚霞 染成 壮观 因为 映照 简直 火焰 闪烁 后

面　滚动　渐渐　淡下去　深红　颜色　变成　浅红　突然　显得　高而远　呈现　神色　蓝色　令人注目　一盏　悬挂　真的灯火　半空　一串　珍珠　煞是好看　软绵绵　沙滩　沿着　海边　慢慢地　向前　温柔

(2) 后鼻音韵母字词。

夕阳　西方　霞光　染成　景色　更要　壮观　每当　涌起　映照　浪峰　又红又亮　就像　呈现　启明星　整个　广漠　天幕上　放射　令人注目　明灯　夜色加浓　苍空中　城市　海港　从半空　晃动　苍穹　互相　轻轻地

4. 轻声词语

时候　那么　那里

5. 可轻读词语

因为　活动　浪峰上　涌了过来　后面　淡下去　天幕上　闪烁起来　山坡上　亮了　起来　海面上　苍穹里　向前走去

作品 13 号

生命在海洋里诞生绝不是偶然的，海洋的物理和化学性质，使它成为孕育原始生命的摇篮。

我们知道，水是生物的重要组成部分，许多动物组织的含水量在百分之八十以上，而一些海洋生物的含水量高达百分之九十五。水是新陈代谢的重要媒介，没有它，体内的一系列生理和生物化学反应就无法进行，生命也就停止。因此，在短时期内动物缺水要比缺少食物更加危险。水对今天的生命是如此重要，它对脆弱的原始生命，更是举足轻重了。生命在海洋里诞生，就不会有缺水之忧。

水是一种良好的溶剂。海洋中含有许多生命所必需的无机盐，如氯化钠、氯化钾、碳酸盐、磷酸盐，还有溶解氧等，原始生命可以毫不费力地从中吸取它所需要的元素。

水具有很高的热容量，加之海洋浩大，任凭夏季烈日曝晒，冬季寒风扫荡，它的温度变化却比较小。因此，巨大的海洋就像是天然的"温箱"，是孕育原始生命的温床。

阳光虽然为生命所必需，但是阳光中的紫外线却有扼杀原始生命的危险。水能有效地吸收紫外线，因而又为原始生命提供了天然的"屏障"。

这一切都是原始生命得以产生和发展的必要条件。//

（节选自童裳亮《海洋与生命》）

训练提示：

1. 难读易错字词

dànshēng	yùnyù	cuìruò	jǔzú-qīngzhòng	pùshài	èshā	tígōng
诞生	孕育	脆弱	举足轻重	曝晒	扼杀	提供

2. 平、翘舌音声母字词

(1) 平舌音声母字词。

在海洋里　组成　因此　脆弱　举足轻重　所必需　碳酸盐　从中　元素　扫荡　虽然　紫外线

（2）翘舌音声母字词。

偶然 性质 使 成为 原始 知道 重要 组织 含水量 百分之八十以上 新陈代谢 时期 缺少 食物 如此 脆弱 海洋中 热容量 任凭 烈日 曝晒 温床 扼杀 屏障 产生 发展

3. 前后鼻音韵母字词

（1）前鼻音韵母字词。

诞生 偶然 孕育 原始 摇篮 我们 部分 含水量 新陈代谢 进行 因此 短时期 今天 碳酸盐 磷酸盐 元素 任凭 寒风 温度 变化 天然 紫外线 危险 产生 发展 条件

（2）后鼻音韵母字词。

生命 海洋 性质 组成 含水量 以上 反应 进行 停止 动物 更加 举足轻重 一种 良好 溶解氧 从中 任凭 冬季 寒风 扫荡 温箱 温床 阳光 提供 屏障

4. 轻声词语

部分 我们

5. 可轻读词语

海洋里 知道

作品 14 号

读小学的时候，我的外祖母去世了。外祖母生前最疼爱我，我无法排除自己的忧伤，每天在学校的操场上一圈儿又一圈儿地跑着，跑得累倒在地上，扑在草坪上痛哭。

那哀痛的日子，断断续续地持续了很久，爸爸妈妈也不知道如何安慰我。他们知道与其骗我说外祖母睡着了，还不如对我说实话：外祖母永远不会回来了。

“什么是永远不会回来呢？”我问着。

“所有时间里的事物，都永远不会回来。你的昨天过去，它就永远变成昨天，你不能再回到昨天。爸爸以前也和你一样小，现在也不能回到你这么小的童年了；有一天你会长大，你会像外祖母一样老；有一天你度过了你的时间，就永远不会回来了。”爸爸说。

爸爸等于给我一个谜语，这谜语比课本上的“日历挂在墙壁，一天撕去一页”使我心里着急和“一寸光阴一寸金，寸金难买寸光阴”还让我感到可怕；也比作文本上的“光阴似箭，日月如梭”更让我觉得有一种说不出的滋味。

时间过得那么飞快，使我的小心眼里不只是着急，还有悲伤。有一天我放学回家，看到太阳快落山了，就下决心说：“我要比太阳更快地回家。”我狂奔回去，站在庭院前喘气的时候，看到太阳//还露着半边脸，我高兴地跳跃起来，那一天我跑赢了太阳。以后我就时常做那样的游戏，有时和太阳赛跑，有时和西北风比快，有时一个暑假才能做完的作业，我十天就做完了；那时我三年级，常常把哥哥五年级的作业拿来做。每一次比赛胜过时间，我就快乐得不知道怎么形容。

（节选自（台湾）林清玄《和时间赛跑》）

训练提示：

1. 难读易错字词

yī quānr　yǔqí　míyǔ　guāngyīn sì jiàn　rìyuè rú suō　juéde　érshì

一圈儿　与其　谜语　光阴似箭　日月如梭　觉得　而是

2. 平、翘舌音声母字词

(1) 平舌音声母字词。

外祖母　自己　在学校　操场　草坪　日子　所有　昨天　撕去　寸金　作文　光阴似箭　日月如梭　滋味

(2) 翘舌音声母字词。

时候　去世　生前　排除　忧伤　操场上　跑着　日子　持续　知道　如何　骗我说睡着了　实话　什么　事物　变成　这么　长大　使　让悲伤　站在　喘气

3. 前后鼻音韵母字词

(1) 前鼻音韵母字词。

每天　一圈儿　断断续续　很久　安慰　永远　他们　骗我　什么　问着　时间　变成　现在　童年　课本　寸金　难买　感到　作文本　光阴似箭　心眼　落山　狂奔　站在　庭院前　喘气　看到

(2) 后鼻音韵母字词。

生前　疼爱　忧伤　操场上　草坪　痛哭　永远　变成　不能　一样　童年　长大像外祖母　等于　墙壁　光阴　更让我　一种　放学　太阳　狂奔　庭院

4. 轻声词语

日子　时候　爸爸　妈妈　他们　这么　什么　那么

5. 可轻读词语

操场上　地上　草坪上　知道　回来　时间里　过去　课本上　撕去　心里　作文本上　说不出　觉得　小心眼儿里　太阳　回去　起来

作品 15 号

三十年代初，胡适在北京大学任教授。讲课时他常常对白话文大加称赞，引起一些只喜欢文言文而不喜欢白话文的学生的不满。

一次，胡适正讲得得意的时候，一位姓魏的学生突然站了起来，生气地问："胡先生，难道说白话文就毫无缺点吗？"胡适微笑着回答说："没有。"那位学生更加激动了："肯定有！白话文废话太多，打电报用字多，花钱多。"胡适的目光顿时变亮了，轻声地解释说："不一定吧！前几天有位朋友给我打来电报，请我去政府部门工作，我决定不去，就回电拒绝了。复电是用白话写的，看来也很省字。请同学们根据我这个意思，用文言文写一个回电，看看究竟是白话文省字，还是文言文省字？"胡教授刚说完，同学们立刻认真地写了起来。

十五分钟过去，胡适让同学举手，报告用字的数目，然后挑了一份用字最少的文言电报稿，电文是这样写的：

"才疏学浅，恐难胜任，不堪从命。"白话文的意思是：学问不深，恐怕很难担任这个工作，不能服从安排。

胡适说："这份写得确实不错，仅用了十二个字。但我的白话电报却只用了五个字：'干不了，谢谢！'"

胡适又解释说："干不了"就有才疏学浅、恐难胜任的意思；"谢谢"既//对朋友的介绍表示感谢，又有拒绝的意思。所以，废话多不多，并不看它是文言文还是白话文，只要注意选用字词，白话文是可以比文言文更省字的。

（节选自陈灼主编《实用汉语中级教程》（上）中《胡适的白话电报》）

训练提示：

1. 难读易错字词

chēngzàn 称赞　jùjué 拒绝　cáishū-xuéqiǎn 才疏学浅　kǒng nán shèngrèn 恐难胜任　bùkān cóngmìng 不堪从命

2. 平、翘舌音声母字词

（1）平舌音声母字词。

三十　在北京大学　称赞　一次　用字　才疏学浅　工作　从命　不错　意思

（2）翘舌音声母字词。

三十年代初　胡适　教授　常常　称赞　只　学生　正讲得　时候　突然　站了起来　难道说　顿时　轻声地　解释　政府　这个　究竟是　省字　认真　分钟　让　举手　数目　最少　然后　才疏学浅　恐难胜任　学问不深　确实

3. 前后鼻音韵母字词

（1）前鼻音韵母字词。

三十　年代　称赞　引起　喜欢　文言文　不满　突然　站了起来　先生　难道　肯定　花钱　顿时　变亮　部门　前几天　看来　很省字　根据　说完　认真　分钟　一份　才疏学浅　恐难胜任　不堪从命　学问不深　担任　安排　干不了　电报

（2）后鼻音韵母字词。

北京　常常　称赞　学生　正讲得　姓魏　更加　激动　用字　目光　变亮　轻声地　不一定　朋友　请我　政府　工作　究竟　省字　分钟　让同学　这样　恐难胜任　不堪从命　不能

4. 轻声词语

喜欢　学生　时候　先生　同学们　朋友　看看　意思　学问　这个　谢谢

5. 可轻读词语

起来　没有　打来　过去　干不了

作品 16 号

很久以前，在一个漆黑的秋天的夜晚，我泛舟在西伯利亚一条阴森森的河上。船到一个转弯处，只见前面黑黢黢的山峰下面一星火光蓦地一闪。

火光又明又亮，好像就在眼前……

"好啦，谢天谢地！"我高兴地说，"马上就到过夜的地方啦！"

船夫扭头朝身后的火光望了一眼，又不以为然地划起桨来。

"远着呢！"

我不相信他的话，因为火光冲破朦胧的夜色，明明就在那儿闪烁。不过船夫是对的，事实上，火光的确还远着呢。

这些黑夜的火光的特点是：驱散黑暗，闪闪发亮，近在眼前，令人神往。乍一看，再划几下就到了……其实却还远着呢！……

我们在漆黑如墨的河上又划了很久。一个个峡谷和悬崖，迎面驶来，又向后移去，仿佛消失在茫茫的远方，而火光却依然停在前头，闪闪发亮，令人神往——依然是这么近，又依然是这么远……

现在，无论是这条被悬崖峭壁的阴影笼罩的漆黑的河流，还是那一星明亮的火光，都经常浮现在我的脑际，在这以前和在这以后，曾有许多火光，似乎近在咫尺，不止使我一人心驰神往。可是生活之河却仍然在那阴森森的两岸之间流着，而火光也依旧非常遥远。因此，必须加劲划桨……

然而，火光啊……毕竟……毕竟就//在前头！

（节选自［俄］柯罗连科《火光》，张铁夫译）

训练提示：

1. 难读易错字词

qīhēi　hēiqūqū　mòdì　fǎngfú　lìng rén shénwǎng　xuányá－qiàobì　zhǐchǐ　xīnchí－shénwǎng

漆黑　黑黢黢　蓦地　仿佛　令人神往　悬崖峭壁　咫尺　心驰神往

2. 平、翘舌音声母字词

（1）平舌音声母字词。

阴森森　夜色　驱散　近在眼前　曾有　似乎　因此

（2）翘舌音声母字词。

泛舟　转弯处　只见　高兴地说　山峰　朝身后　冲破　闪烁　船夫　事实上　特点是　令人神往　乍一看　远着呢　漆黑如墨　迎面驶来　消失　这条　笼罩　经常　咫尺　不止使我　心驰神往　生活之河　仍然

3. 前后鼻音韵母字词

（1）前鼻音韵母字词。

很久　秋天　夜晚　泛舟　阴森森　转弯　只见　前面　山峰　近在眼前　船夫　身后　相信　因为　闪烁　驱散　黑暗　令人神往　乍一看　我们　悬崖　远方　依然　现在　无论　阴影　心驰神往　两岸　之间　加劲

（2）后鼻音韵母字词。

河上　山峰　火光　又明又亮　高兴　相信　朦胧　令人神往　仿佛　茫茫　远方　笼罩　一星　经常　生活　仍然　划桨　毕竟

4. 轻声词语

地方　我们　前头　这么　那么

5. 可轻读词语

河上　前面　山峰下面　划起浆来　因为　事实上　移去　驶来

作品 17 号

对于一个在北平住惯的人，像我，冬天要是不刮风，便觉得是奇迹；济南的冬天是没有风声的。对于一个刚由伦敦回来的人，像我，冬天要能看得见日光，便觉得是怪事；济南的冬天是响晴的。自然，在热带的地方，日光永远是那么毒，响亮的天气，反有点儿叫人害怕。可是，在北方的冬天，而能有温晴的天气，济南真得算个宝地。

设若单单是有阳光，那也算不了出奇。请闭上眼睛想：一个老城，有山有水，全在天底下晒着阳光，暖和安适地睡着，只等春风来把它们唤醒，这是不是理想的境界？小山把济南围了个圈儿，只有北边缺着点口儿。这一圈小山在冬天特别可爱，好像是把济南放在一个小摇篮里，它们安静不动地低声地说："你们放心吧，这儿准保暖和。"真的，济南的人们在冬天是面上含笑的。他们一看那些小山，心中便觉得有了着落，有了依靠。他们由天上看到山上，便不知不觉地想起：明天也许就是春天了吧？这样的温暖，今天夜里山草也许就绿起来了吧？就是这点儿幻想不能一时实现，他们也并不着急，因为这样慈善的冬天，干什么还希望别的呢！

最妙的是下点儿小雪呀。看吧，山上的矮松越发的青黑，树尖上顶//着一髻儿白花，好像日本看护妇。山尖儿全白了，给蓝天镶上一道银边。山坡上，有的地方雪厚点儿，有的地方草色还露着；这样，一道儿白，一道儿暗黄，给山们穿上一件带水纹儿的花衣；看着看着，这件花衣好像被风儿吹动，叫你希望看见一点儿更美的山的肌肤。等到快日落的时候，微黄的阳光斜射在山腰上，那点儿薄雪好像忽然害羞，微微露出点儿粉色。就是下小雪吧，济南是受不住大雪的，那些小山太秀气。

（节选自老舍《济南的冬天》）

训练提示：

1. 难读易错字词

qíjì 奇迹　Jǐnán 济南　wēnqíng 温晴　shàizhe 晒着　nuǎnhuo 暖和

2. 平、翘舌音声母字词

(1) 平舌音声母字词。

在北平　自然　算不了　山草　慈善　矮松

(2) 翘舌音声母字词。

住惯　人们　要是　日光　怪事　自然　热带　真得　设若　出奇　老城　有山有水　晒着　安适　睡着　只等　春风　低声地说　准保　心中　着落　山上　不知不觉　这样　一时　实现　慈善　什么　树尖儿

3. 前后鼻音韵母字词

(1) 前鼻音韵母字词。

住惯　便觉得　济南　伦敦　看得见　自然　反有点儿　温晴　真得　算个　单单　眼睛　全在　唤醒　小山　圈儿　北边　摇篮　安静　放心　准保　人们　面上含笑　春天　温暖　幻想　实现　因为　慈善　干什么

(2) 后鼻音韵母字词。

北平　像我　冬天　风声　刚　日光　响晴　永远　响亮　北方　温晴　阳光　请闭

上眼睛 老城 只等 唤醒 境界 整 安静 放心 心中 明天 这样 幻想 希望 矮松 青黑

4. 轻声词语

那么 地方 眼睛 暖和 它们 他们 你们 人们 干什么

5. 可轻读词语

觉得 回来 算不了 闭上 天底下 是不是 摇篮里 面上 天上 绿起来 想起 夜里 山上 树尖儿上

作品18号

纯朴的家乡村边有一条河，曲曲弯弯，河中架一弯石桥，弓样的小桥横跨两岸。

每天，不管是鸡鸣晓月，日丽中天，还是月华泻地，小桥都印下串串足迹，洒落串串汗珠。那是乡亲为了追求多棱的希望，兑现美好的遐想。弯弯小桥，不时荡过轻吟低唱，不时露出舒心的笑容。

因而，我稚小的心灵，曾将心声献给小桥：你是一弯银色的新月，给人间普照光辉；你是一把闪亮的镰刀，割刈着欢笑的花果；你是一根晃悠悠的扁担，挑起了彩色的明天！哦，小桥走进我的梦中。

我在漂泊他乡的岁月，心中总涌动着故乡的河水，梦中总看到弓样的小桥。当我访南疆探北国，眼帘闯进座座雄伟的长桥时，我的梦变得丰满了，增添了赤橙黄绿青蓝紫。

三十多年过去，我带着满头霜花回到故乡，第一紧要的便是去看望小桥。

啊！小桥呢？它躲起来了？河中一道长虹，浴着朝霞熠熠闪光。哦，雄浑的大桥敞开胸怀，汽车的呼啸、摩托的笛音、自行车的叮零，合奏着进行交响乐；南来的钢筋、花布，北往的柑橙、家禽，绘出交流欢悦图……

啊！蜕变的桥，传递了家乡进步的消息，透露了家乡富裕的声音。时代的春风，美好的追求，我蓦地记起儿时唱//给小桥的歌，哦，明艳艳的太阳照耀了，芳香甜蜜的花果捧来了，五彩斑斓的岁月拉开了！

（节选自郑莹《家乡的桥》）

训练提示：

1. 难读易错字词

曲曲弯弯（qūqū wānwān） 兑现（duìxiàn） 遐想（xiáxiǎng） 割刈（gēyì） 飘泊（piāobó） 赤橙（chì chéng） 黄绿青（huáng lǜ qīng） 蓝紫（lán zǐ） 熠熠（yìyì） 闪光（shǎnguāng）

蜕变（tuìbiàn） 透露（tòulù） 蓦地（mòdì） 稚小（zhìxiǎo）

2. 平、翘舌音声母字词

（1）平舌音声母字词。

村边 足迹 洒落 彩色 在漂泊他乡 岁月 走进 座座 增添 赤橙黄绿青蓝紫 三十 自行车 合奏

（2）翘舌音声母字词。

纯朴 石桥 日丽中天 串串汗珠 追求 轻吟低唱 露出 舒心 笑容 稚小 心声 人间 普照 闪亮 割刈着 河水 闯进 赤橙黄绿青蓝紫 三十 霜花 便是 长

虹 朝霞 敞开 自行车 柑橙 传递 时代 春风

3. 前后鼻音韵母字词

(1) 前鼻音韵母字词。

村边 曲曲弯弯 两岸 不管 印下 串串汗珠 乡亲 兑现 轻吟低唱 因而 心灵 献给 银色 新月 人间 闪亮 镰刀 欢笑 一根 扁担 明天 走进 南疆 探北国 眼帘 变得 丰满 增添 赤橙黄绿青蓝紫 三十多年 紧要 便是 看望 雄浑 笛音 钢筋 柑橙 家禽 传递 春风

(2) 后鼻音韵母字词。

家乡 弓样 横跨 两岸 鸡鸣晓月 多棱 希望 遐想 荡过 轻吟低唱 笑容 心灵 曾将 光辉 闪亮 晃悠悠 明天 梦中 总涌动着 当我访南疆 闯进 雄伟 丰满 增添 赤橙黄绿青蓝紫 霜花 长虹 敞开 胸怀 自行车 叮零 交响乐 钢筋 北往 柑橙 声音 春风

4. 轻声词语

扁担 消息

5. 可轻读词语

挑起 三十多年过去 躲起来

作品 19 号

三百多年前，建筑设计师莱伊恩受命设计了英国温泽市政府大厅。他运用工程力学的知识，依据自己多年的实践，巧妙地设计了只用一根柱子支撑的大厅天花板。一年以后，市政府权威人士进行工程验收时，却说只用一根柱子支撑天花板太危险，要求莱伊恩再多加几根柱子。

莱伊恩自信只要一根坚固的柱子足以保证大厅安全，他的“固执”惹恼了市政官员，险些被送上法庭。他非常苦恼，坚持自己原先的主张吧，市政官员肯定会另找人修改设计；不坚持吧，又有悖自己为人的准则，矛盾了很长一段时间，莱伊恩终于想出了一条妙计，他在大厅里增加了四根柱子，不过这些柱子并未与天花板接触，只不过是装装样子。

三百多年过去了，这个秘密始终没有被人发现。直到前两年，市政府准备修缮大厅的天花板，才发现莱伊恩当年的“弄虚作假”。消息传出后，世界各国的建筑专家和游客云集，当地政府对此也不加掩饰，在新世纪到来之际，特意将大厅作为一个旅游景点对外开放，旨在引导人们崇尚和相信科学。

作为一名建筑师，莱伊恩并不是最出色的。但作为一个人，他无疑非常伟大，这种//伟大表现在他始终恪守着自己的原则，给高贵的心灵一个美丽的住所，哪怕是遭遇到最大的阻力，也要想办法抵达胜利。

（节选自游宇明《坚守你的高贵》）

训练提示：

1. 难读易错字词

kǔnǎo 苦恼　yǒubèi 有悖　xiūshàn 修缮　xīnshìjì 新世纪　zhǐ zài 旨在

2. 平、翘舌音声母字词

（1）平舌音声母字词。

三百　自己　足以　准则　送上　增加　四根　才发现　弄虚作假　对此　旨在　最出色

（2）翘舌音声母字词。

建筑　设计师　受命　温泽市　政府　知识　只用　实践　柱子　支撑　人士　工程　验收　却说　保证　固执　惹恼　非常　坚持　主张　准则　很长　时间　终于　接触　不过是　装装样子　始终　直到　修缮　传出　专家　掩饰　新世纪　崇尚　这种

3. 前后鼻音韵母字词

（1）前鼻音韵母字词。

三百多年前　建筑　莱伊恩　温泽市　运用　实践　一根　天花板　权威　进行　验收　危险　自信　安全　官员　坚持　原先　肯定　准则　很长　一段　时间　发现　修缮　传出　专家　云集　掩饰　景点　引导　人们

（2）后鼻音韵母字词。

受命　英国　政府　大厅　运用　工程　支撑　进行　保证　法庭　非常　主张　肯定　另找人　终于　想出　增加　装装样子　始终　当年　景点　开放　崇尚　相信　这种

4. 轻声词语

知识　柱子　装装　样子　人们　消息　这个

5. 可轻读词语

送上　大厅里　只不过　三百多年过去　没有　固执

作品 20 号

自从传言有人在萨文河畔散步时无意发现了金子后，这里便常有来自四面八方的淘金者。他们都想成为富翁，于是寻遍了整个河床，还在河床上挖出很多大坑，希望借助它们找到更多的金子。的确，有一些人找到了，但另外一些人因为一无所得而只好扫兴归去。

也有不甘心落后的，便驻扎在这里，继续寻找。彼得·弗雷特就是其中一员。他在河床附近买了一块没人要的土地，一个人默默地工作。他为了找金子，已把所有的钱都押在这块土地上。他埋头苦干了几个月，直到土地全变成了坑坑洼洼，他失望了——他翻遍了整块土地，但连一丁点儿金子都没看见。

六个月后，他连买面包的钱都没有了。于是他准备离开这儿到别处去谋生。

就在他即将离去的前一个晚上，天下起了倾盆大雨，并且一下就是三天三夜。雨终于停了，彼得走出小木屋，发现眼前的土地看上去好像和以前不一样：坑坑洼洼已被大水冲刷平整，松软的土地上长出一层绿茸茸的小草。

“这里没找到金子，”彼得忽有所悟地说，“但这土地很肥沃，我可以用来种花，并且拿到镇上去卖给那些富人，他们一定会买些花装扮他们华丽的客厅。//如果真是这样的话，那么我一定会赚许多钱。有朝一日我也会成为富人……”

（节选自陶猛译《金子》）

训练提示：

1. 难读易错字词

fùwēng　kēngkeng-wāwā　yīdīngdiǎnr　jíjiāng　sōngruǎn
富翁　坑坑洼洼　一丁点儿　即将　松软

2. 平、翘舌音声母字词

(1) 平舌音声母字词。

自从　在萨文河畔　散步　金子　四面八方　一无所得　扫兴　工作　三天三夜　走出　一层　小草

(2) 翘舌音声母字词。

传言　散步时　这里　便常有　淘金者　于是　整个　河床　只好　借助　驻扎　寻找　其中　直到　变成　失望　准备　别处　谋生　终于　大水　冲刷　松软　长出　绿茸茸说　种花　镇上　富人　装扮

3. 前后鼻音韵母字词

(1) 前鼻音韵母字词。

传言　萨文河畔　散步　发现　金子　便常有　四面八方　他们　寻遍　很多　因为　甘心　一员　附近　所有的钱　若干　全变成　翻遍　但连一丁点儿　看见　面包　准备　晚上　倾盆　三天　眼前　松软　富人　装扮

(2) 后鼻音韵母字词。

自从　常有　四面八方　都想　成为　富翁　河床　大坑　希望　更多　另外　扫兴　落空　其中　工作　谋生　倾盆大雨　并且　终于　停了　好像　平整　松软　长出　一层　绿茸茸　镇上种花　装扮　客厅

4. 轻声词语

它们　金子　他们　晚上

5. 可轻读词语

这里　河床上　因为　看上去　土地上　看见　没有　镇上

作品 21 号

我在加拿大学习期间遇到过两次募捐，那情景至今使我难以忘怀。

一天，我在渥太华的街上被两个男孩子拦住去路。他们十来岁，穿得整整齐齐，每人头上戴着个做工精巧、色彩鲜艳的纸帽，上面写着“为帮助患小儿麻痹的伙伴募捐”。其中的一个，不由分说就坐在小凳上给我擦起皮鞋来，另一个则彬彬有礼地发问：“小姐，您是哪国人？喜欢渥太华吗？”“小姐，在你们国家有没有小孩儿患小儿麻痹？谁给他们医疗费？”一连串的问题，使我这个有生以来头一次在众目睽睽之下让别人擦鞋的异乡人，从近乎狼狈的窘态中解脱出来。我们像朋友一样聊起天来……

几个月之后，也是在街上。一些十字路口处或车站坐着几位老人。他们满头银发，身穿各种老式军装，上面布满了大大小小形形色色的徽章、奖章，每人手捧一大束鲜花。有水仙、石竹、玫瑰以及叫不出名字的，一色雪白。匆匆过往的行人纷纷止步，把钱投进这些老人身旁的白色木箱内，然后向他们微微鞠躬，从他们手中接过一朵花。我看了一会儿，有人投一两元，有人投几百元，还有人掏出支票填好后投进木箱。那些老军人毫不注意人们捐多少钱，一直不//停地向人们低声道谢。同行的朋友告诉我，这是为纪念二次大战中参战的勇士，募捐救济残废军人和烈士遗孀，每年一次；认捐的人可谓踊跃，而且秩序井然，气氛庄严。有些地方，人们还耐心地排着队。我想，这是因为他们都知道：正是这些老人们的流血牺牲换来了包括他们信仰自由在内的许许多多。

（节选自青白《捐诚》）

训练提示：

1. 难读易错字词

mùjuān 募捐　xiǎo'érmábì 小儿麻痹　zhòngmù－kuíkuí 众目睽睽　lángbèi 狼狈　jiǒngtài 窘态　huīzhāng 徽章　méigui 玫瑰　jūgōng 鞠躬

2. 平、翘舌音声母字词

（1）平舌音声母字词。

两次　十来岁　做工　色彩　坐在　擦鞋　从近乎狼狈的窘态中　名字　匆匆

（2）翘舌音声母字词。

至今　使我　拦住　十来岁　整整齐齐　戴着　纸帽　上面　帮助　其中　不由分说　谁　一连串　这个　有生以来　众目睽睽　之下　让别人　出来　也是　路口处　车站　身穿　老式　军装　徽章　手捧　一大束　水仙　石竹　止步　然后　支票　注意　一直

3. 前后鼻音韵母字词

（1）前鼻音韵母字词。

期间　至今　难以　一天　男孩子　拦住　他们　鲜艳　上面　患小儿麻痹　伙伴　彬彬有礼　发问　您　喜欢　一连串　近乎　车站　满头银发　身穿　鲜花　水仙　纷纷　投进　然后　看　一两元　填好　军人　捐多少钱

（2）后鼻音韵母字词。

情景　忘怀　整整齐齐　做工精巧　上面　帮助　其中　小凳上　另一个　众目睽睽　让别人　异乡　狼狈　窘态　朋友　各种　军装　形形色色　奖章　手捧　名字　匆匆过往　行人　身旁　木箱　鞠躬　从

4. 轻声词语

喜欢　朋友　名字　他们　男孩子

5. 可轻读词语

街上　遇到过　头上　上面　擦起皮鞋来　小姐　没有　别人　聊起天来　出来　玫瑰　叫不出　多少

作品 22 号

没有一片绿叶，没有一缕炊烟，没有一粒泥土，没有一丝花香，只有水的世界，云的海洋。

一阵台风袭过，一只孤单的小鸟无家可归，落到被卷到洋里的木板上，乘流而下，姗姗而来，近了，近了！……

忽然，小鸟张开翅膀，在人们头顶盘旋了几圈儿，“噗啦”一声落到了船上。许是累了？还是发现了“新大陆”？水手撵它它不走，抓它，它乖乖地落在掌心。可爱的小鸟和善良的水手结成了朋友。

瞧，它多美丽，娇巧的小嘴，啄理着绿色的羽毛，鸭子样的扁脚，呈现出春草的鹅黄。水手们把它带到舱里，给它“搭铺”，让它在船上安家落户，每天，把分到的一塑料筒淡水匀给它喝，把从祖国带来的鲜美的鱼肉分给它吃，天长日久，小鸟和水手的感情日趋笃厚。清晨，当第一束阳光射进舷窗时，它便敞开美丽的歌喉，唱啊唱，嘤嘤有韵，宛如春水淙淙。人类给它以生命，它毫不悭吝地把自己的艺术青春奉献给了哺育它的人。可能都是这样？艺术家们的青春只会献给尊敬他们的人。

小鸟给远航生活蒙上了一层浪漫色调。返航时，人们爱不释手，恋恋不舍地想把它带到异乡。可小鸟憔悴了，给水，不喝！喂肉，不吃！油亮的羽毛失去了光泽。是啊，我//们有自己的祖国，小鸟也有它的归宿，人和动物都是一样啊，哪儿也不如故乡好！

（节选自王文杰《可爱的小鸟》）

训练提示：

1. 难读易错字词

姗姗而来（shānshān ér lái） 噗啦（pūlā） 撵它（niǎntā） 结成（jiéchéng） 娇巧（jiāoqiǎo） 搭铺（dāpù） 哺育（bǔyù） 笃厚（dǔhòu） 舷窗（xiánchuāng） 嘤嘤有韵（yīngyīng yǒuyùn） 淙淙（cóngcóng） 毫不悭吝（háobù qiānlìn） 憔悴（qiáocuì）

2. 平、翘舌音声母字词

（1）平舌音声母字词。

一丝 不走 落在 小嘴 鸭子 春草 舱里 塑料 从祖国 春水淙淙 尊敬 自己 一层 色调 憔悴 光泽

（2）翘舌音声母字词。

炊烟 只有 世界 一阵 一只 乘流而下 姗姗而来 忽然 张开翅膀 一声 船上 水手 抓它 掌心 善良 结成 啄理 呈现出 让它 鱼肉 天长日久 清晨 第一束 射进 舷窗 敞开 唱啊唱 宛如 春水 人类 生命 艺术 都是 这样 爱不释手 返航时 恋恋不舍 不吃 失去

3. 前后鼻音韵母字词

（1）前鼻音韵母字词。

一片 炊烟云 一阵 孤单 卷到 木板 姗姗而来 近了 忽然 人们 盘旋 几圈儿 船上 发现 新大陆 撵它 掌心 善良 扁脚 春草 安家落户 每天 分到 淡水 匀给 鲜美 感情 射进 便敞开 舷窗 嘤嘤有韵 宛如 毫不悭吝 奉献 尊敬 远航 返航 恋恋不舍

（2）后鼻音韵母字词。

花香 海洋 台风 乘流而下 张开 翅膀 头顶 掌心 善良 结成 朋友 呈现出 鹅黄 舱里 让它 从祖国 天长日久 感情 清晨 当第一束阳光 舷窗 敞开 唱啊唱 嘤嘤有韵 春水淙淙 生命 青春 奉献 这样 尊敬 远航 蒙上 一层 浪漫 异乡 油亮

4. 轻声词语

人们 朋友 鸭子样 水手们 他们

5. 可轻读词语

没有　洋里　木板上　船上　舱里　带来　蒙上

作品 23 号

纽约的冬天常有大风雪，扑面的雪花不但令人难以睁开眼睛，甚至呼吸都会吸入冰冷的雪花。有时前一天晚上还是一片晴朗，第二天拉开窗帘，却已经积雪盈尺，连门都推不开了。

遇到这样的情况，公司、商店常会停止上班，学校也通过广播，宣布停课。但令人不解的是，惟有公立小学，仍然开放。只见黄色的校车，艰难地在路边接孩子，老师则一大早就口中喷着热气，铲去车子前后的积雪，小心翼翼地开车去学校。

据统计，十年来纽约的公立小学只因为超级暴风雪停过七次课。这是多么令人惊讶的事。犯得着在大人都无须上班的时候让孩子去学校吗？小学的老师也太倒霉了吧？

于是，每逢大雪而小学不停课时，都有家长打电话去骂。妙的是，每个打电话的人，反应全一样——先是怒气冲冲地骂，然后满口道歉，最后笑容满面地挂上电话。原因是，学校告诉家长：

在纽约有许多百万富翁，但也有不少贫困的家庭。后者白天开不起暖气，供不起午餐，孩子的营养全靠学校里免费的中饭，甚至可以多拿些回家当晚餐。学校停课一天，穷孩子就受一天冻，挨一天饿，所以老师们宁愿自己苦一点儿，也不能停课。//

（节选自［台湾］刘墉《课不能停》）

训练提示：

1. 难读易错字词

jīxuě yíng chǐ	pēnzhe	xiǎoxīn-yìyì	fàndezháo	dàoqiàn	nìngyuàn	gòngbuqǐ	shènzhì
积雪盈尺	喷着	小心翼翼	犯得着	道歉	宁愿	供不起	甚至

2. 平、翘舌音声母字词

（1）平舌音声母字词。

公司　在路边　则一大早　车子　七次　责问　最后　告诉　午餐　所以　自己

（2）翘舌音声母字词。

常有　令人　睁开　甚至　吸入　有时　晚上　还是　窗帘　积雪盈尺　这样　商店　停止　仍然　老师　只见　口中　喷着　热气　铲去　车子　十年　超级　事　犯得着　让孩子　家长　怒气冲冲　笑容满面　不少　后者　受一天冻

3. 前后鼻音韵母字词

（1）前鼻音韵母字词。

冬天　扑面　不但　令人　难以　眼睛　甚至　一片　窗帘　连门　上班　宣布　但　艰难　路边　喷着　铲去　前后　小心翼翼　犯得着　电话　反应　全先是　责问　然后　满口　道歉　原因　百万富翁　贫困　暖气　免费　中饭　晚餐　宁愿　苦一点儿

（2）后鼻音韵母字词。

冬天　常有　大风雪　睁开　眼睛　冰冷　晚上　晴朗　窗帘　已经　积雪盈尺　这样　情况　公司　商店　停止　通过　广播　公立　仍然　开放　黄色　统计　令人惊讶

让孩子 每逢 反应 怒气冲冲 笑容满面 家长 富翁 家庭 供不起 营养 中饭 穷孩子 受冻 宁愿

4. 轻声词语

眼睛 晚上 孩子 多么 告诉

5. 可轻读词语

已经 推不开 因为 挂上 学校里 开不起 供不起

作品24号

十年，在历史上不过是一瞬间。只要稍加注意，人们就会发现：在这一瞬间里，各种事物都悄悄经历了自己的千变万化。

这次重新访日，我处处感到亲切和熟悉，也在许多方面发觉了日本的变化。就拿奈良的一个角落来说吧，我重游了为之感受很深的唐招提寺，在寺内各处匆匆走了一遍，庭院依旧，但意想不到还看到了一些新的东西。其中之一，就是近几年从中国移植来的“友谊之莲”。

在存放鉴真遗像的那个院子里，几株中国莲昂然挺立，翠绿的宽大荷叶正迎风而舞，显得十分愉快。开花的季节已过，荷花朵朵已变为莲蓬累累。莲子的颜色正在由青转紫，看来已经成熟了。

我禁不住想：“因”已转化为“果”。

中国的莲花开在日本，日本的樱花开在中国，这不是偶然。我希望这样一种盛况延续不衰。可能有人不欣赏花，但绝不会有人欣赏落在自己面前的炮弹。

在这些日子里，我看到了不少多年不见的老朋友，又结识了一些新朋友。大家喜欢涉及的话题之一，就是古长安和古奈良。那还用得着问吗，朋友们缅怀过去，正是瞩望未来。瞩目于未来的人们必将获得未来。

我不例外，也希望一个美好的未来。

为//了中日人民之间的友谊，我将不浪费今后生命的每一瞬间。

（节选自严文井《莲花和樱花》）

训练提示：

1. 难读易错字词

ángrán tǐnglì	liánpéng léiléi	yóu qīng zhuǎn zǐ	jīnbuzhù	yánxùbù shuāi	miǎnhuái	zhǔwàng
昂然挺立	莲蓬累累	由青转紫	禁不住	延续不衰	缅怀	瞩望

2. 平、翘舌音声母字词

(1) 平舌音声母字词。

自己 这次 唐招提寺 匆匆 走了一遍 从中国 存放 翠绿 莲子 颜色 正在 由青转紫 日子

(2) 翘舌音声母字词。

十年 历史上 瞬间 只要 注意 人们 在这 各种 事物 重新 访日 处处 熟悉 来说 感受 很深 唐招提寺 其中之一 就是 移植 鉴真 几株 昂然 正迎风而舞 成熟 盛况 延续不衰 欣赏 不少 结识 涉及 古长安 用得着 瞩望

3. 前后鼻音韵母字词

(1) 前鼻音韵母字词。

瞬间　人们　发现　千变万化　重新　感到　亲切　很深　一遍　庭院　看到　近几年　存放　鉴真　莲花　昂然　宽大　显得　十分　颜色　禁不住　因转化为果　延续　欣赏　但决不会　面前　炮弹　多年不见　喜欢　问　缅怀

(2) 后鼻音韵母字词。

各种　经历　重新　访日　方面　奈良　唐招提寺　匆匆　庭院　从中国　存放　遗像　昂然挺立　正迎风而舞　由青转紫　成熟　禁不住想　樱花　希望　这样　盛况　欣赏　朋友　古长安　必将

4. 轻声词语

东西　院子　日子　朋友们　莲蓬　喜欢　用得着

5. 可轻读词语

历史上　在这一瞬间里　熟悉　院子里　显得　已经　禁不住　日子里

作品 25 号

梅雨潭闪闪的绿色招引着我们，我们开始追捉她那离合的神光了。揪着草，攀着乱石，小心探身下去，又鞠躬过了一个石穹门，便到了汪汪一碧的潭边了。

瀑布在襟袖之间，但是我的心中已没有瀑布了。我的心随潭水的绿而摇荡。那醉人的绿呀！仿佛一张极大极大的荷叶铺着，满是奇异的绿呀。我想张开两臂抱住她，但这是怎样一个妄想啊。

站在水边，望到那里，居然觉着有些远呢！这平铺着、厚积着的绿，着实可爱。她松松地皱缬着，像少妇拖着的裙幅；她滑滑地明亮着，像涂了"明油"一般，有鸡蛋清那样软，那样嫩；她又不杂些尘滓，宛然一块温润的碧玉，只清清的一色——但你却看不透她！

我曾见过北京什刹海拂地的绿杨，脱不了鹅黄的底子，似乎太淡了。我又曾见过杭州虎跑寺近旁高峻而深密的"绿壁"，丛叠着无穷的碧草与绿叶的，那又似乎太浓了。其余呢，西湖的波太明了，秦淮河的也太暗了。可爱的，我将什么来比拟你呢？我怎么比拟得出呢？大约潭是很深的，故能蕴蓄着这样奇异的绿；仿佛蔚蓝的天融了一块在里面似的，这才这般的鲜润啊。

那醉人的绿呀！我若能裁你以为带，我将赠给那轻盈的//舞女，她必能临风飘举了。我若能挹你以为眼，我将赠给那善歌的盲妹，她必明眸善睐了，我舍不得你，我怎舍得你呢？我用手拍着你，抚摩着你，如同一个十二三岁的小姑娘。我又掬你入口，便是吻着她了。我送你一个名字，我从此叫你"女儿绿"，好吗？

（节选自朱自清《绿》）

训练提示：

1. 难读易错字词

揪着 (jiū zhe)　攀着 (pānzhe)　鞠躬 (jūgōng)　石穹门 (shíqióngmén)　瀑布 (pùbù)　仿佛 (fǎngfú)　皱缬着 (zhòuxiézhe)　尘滓 (chénzǐ)　什刹海 (Shíchàhǎi)　虎跑寺 (Hǔpáosì)　比拟 (bǐnǐ)　蕴蓄 (yùnxù)

2. 平、翘舌音声母字词

(1) 平舌音声母字词。

绿色 随潭水 醉人 怎样 站在 松松地 不杂些尘滓 曾见过 底子 似乎 虎跑寺 丛叠 碧草 才这般 裁你 赠给

(2) 翘舌音声母字词。

闪闪 招引 开始 追捉 神光 探身 石穹门 之间 心中 潭水 醉人 张开 抱住 这是 站在 居然 着实 皱缬着 少妇 那样软 什刹海 杭州 深密 什么 融了 似的 鲜润 若能

3. 前后鼻音韵母字词

(1) 前鼻音韵母字词。

梅雨潭 闪闪 招引 我们 神光 攀着乱石 小心 探身 石穹门 便到 潭边 襟袖 之间 但是 满是 怎样 站在 那面 有些远 裙幅 一般 鸡蛋清 那样软 那样嫩 宛然 温润 见过 太淡 近旁 高峻 深密 秦淮河 太暗 什么 蕴蓄 蔚蓝 鲜润

(2) 后鼻音韵母字词。

神光 鞠躬 汪汪 心中 仿佛 一张 怎样 妄想 望到 平铺 松松地 像少妇 明亮 鸡蛋清 曾见过 北京 杭州 近旁 丛叠 无穷 太浓 故能 仿佛 融了 将 赠给 轻盈

4. 轻声词语

我们 什么 怎么 底子 似的

5. 可轻读词语

小心 下去 没有 那面 看不透 脱不了 在里面

作品 26 号

我们家的后园有半亩空地，母亲说："让它荒着怪可惜的，你们那么爱吃花生，就开辟出来种花生吧。"我们姐弟几个都很高兴，买种，翻地，播种，浇水，没过几个月，居然收获了。

母亲说："今晚我们过一个收获节，请你们父亲也来尝尝我们的新花生，好不好？"我们都说好。母亲把花生做成了好几样食品，还吩咐就在后园的茅亭里过这个节。

晚上天色不太好，可是父亲也来了，实在很难得。

父亲说："你们爱吃花生吗？"

我们争着答应："爱！"

"谁能把花生的好处说出来？"

姐姐说："花生的味美。"

哥哥说："花生可以榨油。"

我说："花生的价钱便宜，谁都可以买来吃，都喜欢吃。这就是它的好处。"

父亲说："花生的好处很多，有一样最可贵：它的果实埋在地里，不像桃子、石榴、苹果那样，把鲜红嫩绿的果实高高地挂在枝头上，使人一见就生爱慕之心。你们看它矮矮地长在地上，等到成熟了，也不能立刻分辨出来它有没有果实，必须挖出来才知道。"

我们都说是，母亲也点点头。

父亲接下去说："所以你们要像花生，它虽然不好看，可是很有用，不是外表好看而没有实用的东西。"

我说："那么，人要做有用的人，不要做只讲体面，而对别人没有好处的人了。" //

父亲说："对。这是我对你们的希望。"

（节选自许地山《落花生》）

训练提示：

1. 难读易错字词

fēnfù 吩咐　piányi 便宜　shíliu 石榴　nènlǜ 嫩绿　àimù 爱慕　kāipì 开辟

2. 平、翘舌音声母字词

(1) 平舌音声母字词。

做成　在后园　天色　最可贵　桃子　才知道　虽然

(2) 翘舌音声母字词。

母亲说　让它　爱吃　出来　种花生　买种　浇水　居然　收获　尝尝　做成　食品　这个　晚上　可是　实在　争着　谁能　好处　榨油　石榴　枝头　使人　爱慕之心　长在　成熟　知道　只讲

3. 前后鼻音韵母字词

(1) 前鼻音韵母字词。

我们　后园　半亩　母亲　翻地　居然　今晚　新花生　食品　吩咐　天色　难得　价钱　便宜　喜欢　很多　鲜红　嫩绿　使人一见　看它　分辨　点点头　体面

(2) 后鼻音韵母字词。

空地　让它　荒着　种花生　高兴　买种　请你们　尝尝　几样　茅亭　争着　答应　枝头上　长在　等到　成熟　不能　要像　实用　东西

4. 轻声词语

我们　那么　尝尝　这个　晚上　答应　姐姐　哥哥　便宜　你们　喜欢　东西　桃子　石榴

5. 可轻读词语

母亲　出来　父亲　好不好　吩咐　茅亭里　好处　价钱　地里　在枝头上　地上　没有　知道　接下去　体面　别人

作品 27 号

我打猎回来，沿着花园的林阴路走着，狗跑在我的前面。

突然，狗放慢脚步，蹑足潜行，好像嗅到了前边有什么野物。

我顺着林荫路望去，看见有一只嘴边还带着黄色，头上生着柔毛的小麻雀。风猛烈地吹打着林阴路上的白桦树，麻雀从巢里跌落下来，呆呆地伏在地上，孤立无援地张开两只羽毛还未丰满的小翅膀。

我的狗慢慢向它靠近，忽然，从附近的树上飞下一只黑胸脯的老麻雀，像一颗石子似的落到狗的跟前。老麻雀全身倒竖着羽毛，惊恐万状，发出绝望、凄惨的叫声，接着向露出牙齿、大张着的狗嘴扑去。

老麻雀是猛扑下来救护幼雀的。它用身体掩护着自己的幼儿……但它整个小小的身体因恐怖而战栗着！它小小的声音也变得粗暴嘶哑。它在牺牲自己！

在它看来，这狗该是多么庞大的怪物啊！然而它还是不能站在自己高高的、安全的树枝上……一种比它的理智更强烈的力量，使它从那儿扑下身来。我的狗站住了，向后退了退……看来，它也感到了这种力量。

我赶紧唤住惊惶失措的狗，然后我怀着崇敬的心情，走开了。是啊，请不要见笑。我崇敬那只小小的、英勇的鸟，我崇敬它那种爱的冲动和力量。

爱，我想，比死//和死的恐惧更强大。只有依靠它，依靠这种爱，生命才能维持下去，发展下去。

（节选自［俄］屠格涅夫《麻雀》，巴金译）

训练提示：

1. 难读易错字词

niè zú qiánxíng	xiùdào	báihuàshù	kǒngbù	zhànlì	jīnghuáng－shīcuò	chóngjìng
蹑足潜行	嗅到	白桦树	恐怖	战栗	惊惶失措	崇敬

2. 平、翘舌音声母字词

（1）平舌音声母字词。

在我前 蹑足潜行 嘴边 从附近 石子 凄惨 黄色 自己 粗暴 嘶哑 惊惶失措 走开

（2）翘舌音声母字词。

突然 顺着 一只 生着 柔毛 吹打 巢里 张开 翅膀 石子 似的 倒竖 惊恐万状 叫声 露出 牙齿 身体 整个 战栗 牺牲 还是 站住 树枝上 理智 使它 这种 惊惶失措 崇敬 冲动

3. 前后鼻音韵母字词

（1）前鼻音韵母字词。

沿着 花园 林阴 前边 突然 放慢 蹑足潜行 顺着 看见 孤立无援 丰满 靠近 跟前 全身 惊恐万状 凄惨 掩护 战栗 变得 站在 安全 感到 赶紧 唤住 心情

（2）后鼻音韵母字词。

放慢 蹑足前行 好像 望去 黄色 头上 生着 风 猛烈 从巢里 张开 两只 丰满 翅膀 胸脯 惊恐万状 整个 恐怖 声音 牺牲 庞大 不能 一种 更强烈 力量 惊惶失措 崇敬 心情 英勇 冲动

4. 轻声词语

什么 似的 怪物

5. 可轻读词语

前面 望去 看见 头上 林荫路上 巢里 下来 地上 跌落下来 扑下来 树枝上 扑下身来 跟前 力量

作品28号

那年我六岁。离我家仅一箭之遥的小山坡旁，有一个早已被废弃的采石场，双亲从来不准我去那儿，其实那儿风景十分迷人。

一个夏季的下午，我随着一群小伙伴偷偷上那儿去了。就在我们穿越了一条孤寂的小路后，他们却把我一个人留在原地，然后奔向“更危险的地带”了。

等他们走后，我惊慌失措地发现，再也找不到要回家的那条孤寂的小道了。像只无头的苍蝇，我到处乱钻，衣裤上挂满了芒刺。太阳已经落山，而此时此刻，家里一定开始吃晚餐了，双亲正盼着我回家……想着想着，我不由得背靠着一棵树，伤心地呜呜大哭起来……

突然，不远处传来了声声柳笛。我像找到了救星，急忙循声走去。一条小道边的树桩上坐着一位吹笛人，手里还正削着什么。走近细看，他不就是被大家称为“乡巴佬儿”的卡廷吗？“你好，小家伙儿，”卡廷说，“看天气多美，你是出来散步的吧？”

我怯生生地点点头，答道：“我要回家了。”

“请耐心等上几分钟，”卡廷说，“瞧，我正在削一支柳笛，差不多就要做好了，完工后就送给你吧！”

卡廷边削边不时把尚未成形的柳笛放在嘴里试吹一下。没过多久，一支柳笛便递到我手中。我俩在一阵阵清脆悦耳的笛音//中，踏上了归途……

（节选自唐若水译《迷途笛音》）

训练提示：

1. 难读易错字词

yī jiàn zhī yáo　gūjì　jīnghuāng－shīcuò　xuēzhe　qièshēngshēng　chàbuduō

一箭之遥　孤寂　惊慌失措　削着　怯生生　差不多

2. 平、翘舌音声母字词

(1) 平舌音声母字词。

六岁　早已　采石场　从来　随着　惊慌失措　再也　苍蝇　乱钻　芒刺　此时　晚餐　走去　坐着　散步　正在　送给　嘴里　清脆

(2) 翘舌音声母字词。

一箭之遥　山坡　采石场　双亲　不准　其实　十分　迷人　穿越　然后　惊慌失措　像只　到处　开始　吃晚餐　正盼着　伤心　循声走去　传来　找到　树桩上　手中　什么　就是　卡廷说　出来　怯生生　几分钟　一支　差不多　不时　尚未成形　试吹　一阵阵

3. 前后鼻音韵母字词

(1) 前鼻音韵母字词。

那年　仅一箭之遥　双亲　不准　十分　迷人　一群　小伙伴　我们　穿越　原地　然后　奔向　危险　发现　乱钻　挂满　落山　晚餐　不远处　传来　循声　小道边　什么　走近　天气　散步　点点头　耐心　便递到　一阵阵　笛音

(2) 后鼻音韵母字词。

山坡旁　采石场　双亲　从来　风景　惊慌失措　像只　苍蝇　芒刺　太阳　已经

正盼着 想着想着 伤心 救星 急忙 循声 树桩上 称为 乡巴佬儿 卡廷 怯生生 请 等上 几分钟 完工 送给 尚未成形 放在 手中 清脆悦耳

4. 轻声词语

我们 他们 苍蝇 不由得 什么 乡巴佬儿 小家伙儿

5. 可轻读词语

找不到 衣裤上 太阳 已经 家里 传来 起来 树桩上 出来 等上几分钟 差不多 手里

作品 29 号

在浩瀚无垠的沙漠里，有一片美丽的绿洲，绿洲里藏着一颗闪光的珍珠。这颗珍珠就是敦煌莫高窟。它坐落在我国甘肃省敦煌市三危山和鸣沙山的怀抱中。

鸣沙山东麓是平均高度为十七米的崖壁。在一千六百多米长的崖壁上，凿有大小洞窟七百余个，形成了规模宏伟的石窟群。其中四百九十二个洞窟中，共有彩色塑像两千一百余尊，各种壁画共四万五千多平方米。莫高窟是我国古代无数艺术匠师留给人类的珍贵文化遗产。

莫高窟的彩塑，每一尊都是一件精美的艺术品。最大的有九层楼那么高，最小的还不如一个手掌大。这些彩塑个性鲜明，神态各异。有慈眉善目的菩萨，有威风凛凛的天王，还有强壮勇猛的力士……

莫高窟壁画的内容丰富多彩，有的是描绘古代劳动人民打猎、捕鱼、耕田、收割的情景，有的是描绘人们奏乐、舞蹈、演杂技的场面，还有的是描绘大自然的美丽风光。其中最引人注目的是飞天。壁画上的飞天，有的臂挎花篮，采摘鲜花；有的反弹琵琶，轻拨银弦；有的倒悬身子，自天而降；有的彩带飘拂，漫天遨游；有的舒展着双臂，翩翩起舞。看着这些精美动人的壁画，就像走进了//灿烂辉煌的艺术殿堂。

（节选自小学《语文》第六册中《莫高窟》）

训练提示：

1. 难读易错字词

Dūnhuáng Mògāokū	címéi－shànmù	wēifēng－lǐnlǐn	bǔyú	pípa	qīng bō yínxián	piānpiān－qǐwǔ
敦煌莫高窟	慈眉善目	威风凛凛	捕鱼	琵琶	轻拨银弦	翩翩起舞

2. 平、翘舌音声母字词

（1）平舌音声母字词。

藏着 坐落在 甘肃 三危山 凿有 四百 彩色 塑像 一百余尊 最大的 九层 菩萨 慈眉善目 奏乐 杂技 自然 采摘 身子 走进

（2）翘舌音声母字词。

沙漠 绿洲 藏着 闪光 珍珠 这颗 就是 甘肃省 敦煌市 鸣沙山 怀抱中 十七米 一千六百多米长 崖壁上 形成 石窟 各种 无数 艺术 匠师 遗产 不如 手掌 神态各异 慈眉善目 强壮 内容 收割 场面 大自然 引人注目 采摘 身子 舒展 双臂

3. 前后鼻音韵母字词

（1）前鼻音韵母字词。

浩瀚无垠 一片 闪光 珍珠 敦煌 甘肃 三危山 平均 一千 石窟群 文化遗产 每一尊 一件 艺术品 鲜明 神态 慈眉善目 威风凛凛 天王 人民 耕田 演杂技 场面 大自然 引人注目 花篮 反弹 轻拨银弦 倒悬 身子 漫天遨游 舒展 翩翩起舞 看着 走进

（2）后鼻音韵母字词。

藏着 甘肃省 鸣沙山 平均 一千六百多米长 崖壁上 洞窟 形成 宏伟 其中共有 塑像 各种 匠师 精美动人 九层 手掌 个性 鲜明 强壮 勇猛 内容 丰富 耕田 情景 场面 风光 轻拨银弦 自天而降 双臂

4. 轻声词语

有的 那么 人们 身子

5. 可轻读词语

沙漠里 绿洲里 崖壁上 菩萨 壁画上 琵琶

作品 30 号

其实你在很久以前并不喜欢牡丹，因为它总被人作为富贵膜拜。后来你目睹了一次牡丹的落花，你相信所有的人都会为之感动：一阵清风徐来，娇艳鲜嫩的盛期牡丹忽然整朵整朵地坠落，铺撒一地绚丽的花瓣。那花瓣落地时依然鲜艳夺目，如同一只奉上祭坛的大鸟脱落的羽毛，低吟着壮烈的悲歌离去。

牡丹没有花谢花败之时，要么烁于枝头，要么归于泥土，它跨越萎顿和衰老，由青春而死亡，由美丽而消遁。它虽美却不吝惜生命，即使告别也要展示给人最后一次的惊心动魄。

所以在这阴冷的四月里，奇迹不会发生。任凭游人扫兴和诅咒，牡丹依然安之若素。它不苟且、不俯就、不妥协、不媚俗，甘愿自己冷落自己。它遵循自己的花期自己的规律，它有权利为自己选择每年一度的盛大节日。它为什么不拒绝寒冷？

天南海北的看花人，依然络绎不绝地涌入洛阳城。人们不会因牡丹的拒绝而拒绝它的美。如果它再被贬谪十次，也许它就会繁衍出十个洛阳牡丹城。

于是你在无言的遗憾中感悟到，富贵与高贵只是一字之差。同人一样，花儿也是有灵性的，更有品位之高低。品位这东西为气为魂为//筋骨为神韵，只可意会。你叹服牡丹卓尔不群之姿，方知品位是多么容易被世人忽略或是漠视的美。

（节选自张抗抗《牡丹的拒绝》）

训练提示：

1. 难读易错字词

móbài	wéi zhī gǎndòng	wěidùn	xiāodùn	jíshǐ	jīngxīn－dòngpò	qíjì	zǔzhòu	biǎnzhé
膜拜	为之感动	萎顿	消遁	即使	惊心动魄	奇迹	诅咒	贬谪

2. 平、翘舌音声母字词

（1）平舌音声母字词。

在很久以前 总被人 作为 一次 所有 铺撒 死亡 虽美 最后 四月 扫兴

诅咒 安之若素 媚俗 自己 遵循 选择 再被 一字之差

(2) 翘舌音声母字词。

其实 被人 一阵 盛期 忽然 整朵整朵 坠落 落地时 如同 一只 奉上 壮烈 烁于枝头 衰老 青春 生命 即使 展示 任凭 诅咒 盛大 节日 为什么 洛阳城 贬谪 十次 繁衍出 遗憾中 只是 一字之差 这东西

3. 前后鼻音韵母字词

(1) 前鼻音韵母字词。

很久 以前 喜欢 牡丹 因为 相信 感动 一阵 娇艳鲜嫩 忽然 绚丽 花瓣 祭坛 低吟 萎顿 消遁 吝惜 展示 惊心动魄 阴冷 任凭 安之若素 甘愿 遵循 权利 选择 每年 为什么 寒冷 天南地北 看花人 贬谪 繁衍 无言 遗憾 品味 为魂

(2) 后鼻音韵母字词。

总 相信 清风 盛期 整朵整朵 奉上 壮烈 青春 死亡 生命 惊心动魄 阴冷 任凭 扫兴 涌入 洛阳城 同人一样 灵性 更有 东西

4. 轻声词语

喜欢 要么 为什么 东西

5. 可轻读词语

牡丹 因为 枝头 奉上 没有 四月里

作品 31 号

森林涵养水源，保持水土，防止水旱灾害的作用非常大。据专家测算，一片十万亩面积的森林，相当于一个两百万立方米的水库，这正如农谚所说的：“山上多栽树，等于修水库。雨多它能吞，雨少它能吐。”

说起森林的功劳，那还多得很。它除了为人类提供木材及许多种生产、生活的原料之外，在维护生态环境方面也是功劳卓著，它用另一种“能吞能吐”的特殊功能孕育了人类。因为地球在形成之初，大气中的二氧化碳含量很高，氧气很少，气温也高，生物是难以生存的。大约在四亿年之前，陆地才产生了森林。森林慢慢将大气中的二氧化碳吸收，同时吐出新鲜氧气，调节气温：这才具备了人类生存的条件，地球上才最终有了人类。

森林，是地球生态系统的主体，是大自然的总调度室，是地球的绿色之肺。森林维护地球生态环境的这种“能吞能吐”的特殊功能是其他任何物体都不能取代的。然而，由于地球上的燃烧物增多，二氧化碳的排放量急剧增加，使得地球生态环境急剧恶化，主要表现为全球气候变暖，水分蒸发加快，改变了气流的循环，使气候变化加剧，从而引发热浪、飓风、暴雨、洪涝及干旱。

为了//使地球的这个“能吞能吐”的绿色之肺能恢复健壮，以改善生态环境，抑制全球变暖，减少水旱等自然灾害，我们应该大力造林、护林，使每一座荒山都绿起来。

（节选自《中考语文课外阅读试题精选》中《“能吞能吐”的森林》）

训练提示：

1. 难读易错字词

cèsuàn	nóngyàn	tígōng	qìhòu	diàodù	jùfēng	hónglào
测算	农谚	提供	气候	调度	飓风	洪涝

2. 平、翘舌音声母字词

(1) 平舌音声母字词。

灾害　作用　测算　森林　栽树　木材　生存　四亿年之前　才产生　最终　大自然　绿色　增加　从而

(2) 翘舌音声母字词。

水源　保持　防止　非常　专家　十万　这正如　所说　山上　栽树　雨少　除了　人类　多种　生产　卓著　最终　特殊　形成之初　大气中　吸收　同时　吐出　大自然　主体　调度室　任何　燃烧　使得　蒸发　热浪

3. 前后鼻音韵母字词

(1) 前鼻音韵母字词。

森林　涵养　水源　专家　测算　一片　十万　农谚　山上　能吞　原料　方面　孕育　因为　二氧化碳　含量　很高　气温　难以　四亿年之前　生存　产生　慢慢　新鲜　条件　人类　然而　燃烧　表现　全球　变暖　水分　循环　引发　干旱

(2) 后鼻音韵母字词。

涵养　防止　作用　非常　相当　两百万　正如　农谚　等于　提供　环境　方面　功能　另一种　形成　大气中　含量　氧气　生态　系统　同时　最终　增多　蒸发　热浪　飓风　洪涝

4. 轻声词语

除了

5. 可轻读词语

山上　功劳　因为　吐出　新鲜　地球上　使得

作品 32 号

朋友即将远行。

暮春时节，又邀了几位朋友在家小聚，虽然都是极熟的朋友，却是终年难得一见，偶尔电话里相遇，也无非是几句寻常话。一锅小米稀饭，一碟大头菜，一盘自家酿制的泡菜，一只巷口买回的烤鸭，简简单单，不像请客，倒像家人团聚。

其实，友情也好，爱情也好，久而久之都会转化为亲情。

说也奇怪，和新朋友会谈文学、谈哲学、谈人生道理，等等，和老朋友却只话家常，柴米油盐，细细碎碎，种种琐事。很多时候，心灵的契合已经不需要太多的言语来表达。

朋友新烫了个头，不敢回家见母亲，恐怕惊骇了老人家，却欢天喜地来见我们，老朋友颇能以一种趣味性的眼光欣赏这个改变。

年少的时候，我们差不多都在为别人而活，为苦口婆心的父母活，为循循善诱的师长活，为许多观念、许多传统的约束力而活。年岁逐增，渐渐挣脱外在的限制与束缚，开始懂得为自己活，照自己的方式做一些自己喜欢的事，不在乎别人的批评意见，不在乎别人的诋毁流言，只在乎那一份随心所欲的舒坦自然。偶尔，也能够纵容自己放浪一下，并且有一种恶作剧的窃喜。

就让生命顺其自然，水到渠成吧，犹如窗前的//乌桕，自生自落之间，自有一分圆融丰满的喜悦。春雨轻轻落着，没有诗，没有酒，有的只是一份相知相属的自在自得。

（节选自［台湾］杏林子《朋友和其他》）

训练提示：

1. 难读易错字词

jíjiāng 即将　ǒu'ěr 偶尔　chái mǐ yóu yán 柴米油盐　qìhé 契合　jīnghài 惊骇　chà bu duō 差不多　xúnxún－shànyòu 循循善诱　xiànzhì yǔ shùfù 限制与束缚　dǒngdé 懂得　dǐhuǐ 诋毁

2. 平、翘舌音声母字词

（1）平舌音声母字词。

在家　虽然　自家　大头菜　细细碎碎　琐事　年岁逐增　随心所欲　纵容　恶作剧

（2）翘舌音声母字词。

暮春　时节　极熟　却是　终年　寻常话　酿制　一只　其实　久而久之　转化　说也奇怪　哲学　人生　柴米油盐　种种琐事　欣赏　这个　年少　差不多　循循善诱　师长　传统　约束力　年岁逐增　挣脱　束缚　开始　照自己的方式　只在乎　舒坦　纵容　顺其自然　水到渠成　犹如　窗前

3. 前后鼻音韵母字词

（1）前鼻音韵母字词。

远行　暮春　终年　难得一见　电话　寻常话　稀饭　一盘　简简单单　团聚　转化　亲情　新朋友　谈文学　柴米油盐　心灵　言语　不敢　老人家　欢天喜地　眼光　欣赏　改变　循循善诱　观念　传统　渐渐　限制　舒坦　顺其自然　窗前

（2）后鼻音韵母字词。

朋友　远行　终年　相遇　寻常话　酿制　巷口　不像请客　友情　等等　种种　心灵　已经　烫了　恐怕　惊骇　颇能　趣味性　眼光　欣赏　师长　传统　年岁逐增　挣脱　懂得　方式　批评　纵容　放浪　并且　生命　水到渠成　窗前

4. 轻声词语

朋友　时候　我们　老人家　喜欢　不在乎　舒坦　这个

5. 可轻读词语

电话里　道理　已经　母亲　差不多　别人　懂得　意见

作品 33 号

我们在田野散步：我，我的母亲，我的妻子和儿子。

母亲本不愿出来的。她老了，身体不好，走远一点儿就觉得很累。我说："正因为如此，才应该多走走。"母亲信服地点点头，便去拿外套。她现在很听我的话，就像我小时候很听她的话一样。

这南方初春的田野，大块小块的新绿随意地铺着，有的浓，有的淡，树上的嫩芽也密了，田里的冬水也咕咕地起着水泡。这一切都使人想着一样东西——生命。

我和母亲走在前面，我的妻子和儿子走在后面。小家伙突然叫起来："前面是妈妈和儿子，后面也是妈妈和儿子。"我们都笑了。

后来发生了分歧，母亲要走大路，大路平顺；我的儿子要走小路，小路有意思。不过，一切都取决于我。我的母亲老了，她早已习惯听从她强壮的儿子；我的儿子还小，他还习惯听从他高大的父亲；妻子呢，在外面，她总是听我的。一霎时我感到了责任的重大。我想找一个两全的办法，找不出；我想拆散一家人，分成两路，各得其所，终不愿意。我决定委屈儿子，因为我伴同他的时日还长。我说："走大路。"

但是母亲摸摸孙儿的小脑瓜，变了主意："还是走小路吧。"她的眼随小路望去：那里有金色的菜花，两行整齐的桑树，//尽头一口水波粼粼的鱼塘。"我走不过去的地方，你就背着我。"母亲对我说。

（节选自莫怀戚《散步》）

训练提示：

1. 难读易错字词

sànbù	nènyá	fēnqí	yīshàshí	chāisàn	wěiqu	zhǔyi
散步	嫩芽	分歧	一霎时	拆散	委屈	主意

2. 平、翘舌音声母字词

（1）平舌音声母字词。

散步 如此 才 走走 现在 随意 意思 早已 听从 总是 责任 金色 菜花 桑树

（2）翘舌音声母字词。

出来 身体 我说 正因为 如此 初春 树上 水泡 这一切 使人 想着 生命 突然 也是 平顺 强壮 一霎时 责任 重大 找不出 拆散 分成 终不愿意 时日 还长 主意 整齐

3. 前后鼻音韵母字词

（1）前鼻音韵母字词。

我们 田野 散步 母亲 本不愿意 身体 走远一点儿 很累 因为 信服 便去 现在 南方 初春 新绿 有的淡 嫩芽 前面 突然 分歧 平顺 习惯 感到 责任 两全 办法 拆散 一家人 伴同 但是 变了 她的眼 金色

（2）后鼻音韵母字词。

正因为 应该 就像 一样 南方 有的浓 树上 冬水 想着 东西 生命 平顺 听从 强壮 总是 重大 分成 两路 终不愿意 还长 望去 两行 整齐 桑树

4. 轻声词语

我们 妻子 儿子 走走 小时候 有的 东西 小家伙 妈妈 意思 摸摸 主意

5. 可轻读词语

母亲 出来 因为 树上 田里 起来 前面 后面 父亲 找不出 在外面 愿意 那里 委屈

作品 34 号

地球上是否真的存在“无底洞”？按说地球是圆的，由地壳、地幔和地核三层组成，真正的“无底洞”是不应存在的，我们所看到的各种山洞、裂口、裂缝，甚至火山口也都只是地壳浅部的一种现象。然而中国一些古籍却多次提到海外有个深奥莫测的无底洞。事实上地球上确实有这样一个“无底洞”。

它位于希腊亚各斯古城的海滨。由于濒临大海，大涨潮时，汹涌的海水便会排山倒海般地涌入洞中，形成一股湍湍的急流。据测，每天流入洞内的海水量达三万多吨。奇怪的是，如此大量的海水灌入洞中，却从来没有把洞灌满。曾有人怀疑，这个“无底洞”会不会就像石灰岩地区的漏斗、竖井、落水洞一类的地形。然而从二十世纪三十年代以来，人们就做了多种努力企图寻找它的出口，却都是枉费心机。

为了揭开这个秘密，一九五八年美国地理学会派出一支考察队，他们把一种经久不变的带色染料溶解在海水中，观察染料是如何随着海水一起沉下去。接着又察看了附近海面以及岛上的各条河、湖，满怀希望地寻找这种带颜色的水，结果令人失望。难道是海水量太大把有色水稀释得太淡，以致无法发现？//

（节选自罗伯特·罗威尔《神秘的“无底洞”》）

训练提示：

1. 难读易错字词

dìqiào 地壳　dìmàn 地幔　dìhé 地核　gǔjí 古籍　bīnlín 濒临　tuāntuān de jíliú 湍湍的急流　wǎngfèi－xīnjī 枉费心机

2. 平、翘舌音声母字词

（1）平舌音声母字词。

存在　三层　组成　所看到　多次　深奥莫测　希腊亚各斯　如此　从来　曾有人　随着　有色水

（2）翘舌音声母字词。

地球上　按说　组成　真正　各种　山洞　甚至　只是　然而　中国　深奥莫测　事实　这样　古城　涨潮　海水　涌入　如此　石灰岩　竖井　二十世纪　寻找　出口　考察队　染料　溶解　沉下去　令人失望　稀释　以致

3. 前后鼻音韵母字词

（1）前鼻音韵母字词。

存在　按说　圆的　地幔　真正　我们　看到　甚至　火山　浅部　现象　然而　深奥莫测　海滨　濒临　便会　排山倒海般　湍湍　三万多吨　灌满　寻找　枉费心机　经久不变　染料　观察　沉下去　附近　海面　颜色　令人失望　难道　太淡

（2）后鼻音韵母字词。

地球上　三层　真正　不应　裂缝　一种　现象　中国　无底洞　这样　古城　涨潮　汹涌　形成　海水量　从来　曾有人　就像　枉费心机　经久不变　溶解　希望　令人失望

4. 轻声词语

人们　他们

5. 可轻读词语

地球上 事实上 没有 会不会 沉下去 岛上

作品35号

我在俄国所见到的景物再没有比托尔斯泰墓更宏伟、更感人的了。

完全按照托尔斯泰的愿望，他的坟墓成了世间最美的、给人印象最深刻的坟墓。它只是树林中的一个小小的长方形土丘，上面开满鲜花——没有十字架，没有墓碑，没有墓志铭，连托尔斯泰这个名字也没有。

这个比谁都感到受自己的声名所累的伟人，却像偶尔被发现的流浪汉、不为人知的士兵，不留名姓地被人埋葬了。谁都可以踏进他最后的安息地，围在四周的稀疏的木栅栏是不关闭的——保护列夫·托尔斯泰得以安息的没有任何别的东西，唯有人们的敬意；而通常，人们却总是怀着好奇，去破坏伟人墓地的宁静。

这里，逼人的朴素禁锢住任何一种观赏的闲情，并且不容许你大声说话。风儿俯临，在这座无名者之墓的树木之间飒飒响着，和暖的阳光在坟头嬉戏；冬天，白雪温柔地覆盖这片幽暗的圭土地。无论你在夏天还是冬天经过这儿，你都想象不到，这个小小的、隆起的长方体里安放着一位当代最伟大的人物。

然而，恰恰是这座不留姓名的坟墓，比所有挖空心思用大理石和奢华装饰建造的坟墓更扣人心弦。在今天这个特殊的日子//里，到他的安息地来的成百上千人中间，没有一个有勇气，哪怕仅仅从这幽暗的土丘上摘下一朵花留作纪念。人们重新感到，世界上再没有比托尔斯泰最后留下的、这座纪念碑式的朴素坟墓，更打动人心的了。

（节选自［奥］茨威格《世间最美的坟墓》，张厚仁译）

训练提示：

1. 难读易错字词

fénmù 坟墓　shēngmíng suǒ lěi 声名所累　bù wéi rén zhī 不为人知　jìngù 禁锢　fǔlín 俯临　sàsà 飒飒　xīxì 嬉戏　kòurénxīnxián 扣人心弦　guītǔdì 圭土地

2. 平、翘舌音声母字词

（1）平舌音声母字词。

在俄国 所见到 再没有 十字架 自己 埋葬 最后 总是 朴素 飒飒 这座 心思 建造 日子

（2）翘舌音声母字词。

按照 成了 世间 深刻 树林中 长方形 上面 十字架 墓志铭 这个 谁 受 声名 不为人知 士兵 四周 稀疏 木栅栏 任何 通常 禁锢住 怀着 观赏 不容许 说话 无名者之墓 温柔 然而 大理石 奢华 装饰 特殊 日子

3. 前后鼻音韵母字词

（1）前鼻音韵母字词。

见到 感人 完全 按照 愿望 坟墓 世间 印象 树林 上面 开满 鲜花 连 发现 流浪汉 踏进 木栅栏 关闭 安息 任何 禁锢 观赏 闲情 俯临 和暖 温柔 幽暗 然而 心思 建造 扣人心弦 今天

（2）后鼻音韵母字词。

景物　更宏伟　愿望　印象　树林中　长方形　上面　墓志铭　声名　流浪汉　士兵　名姓　埋葬　故意　通常　总是　宁静　观赏　闲情　并且　不容许　响着　阳光　冬天　经过　想象　隆起　安放　当代　装饰

4. 轻声词语

名字　栅栏　东西　别的　人们　这个　日子

5. 可轻读词语

没有　上面　这里　长方体里　日子里　土丘上

作品 36 号

我国的建筑，从古代的宫殿到近代的一般住房，绝大部分是对称的，左边怎么样，右边怎么样。苏州园林可绝不讲究对称，好像故意避免似的。东边有了一个亭子或者一道回廊，西边绝不会来一个同样的亭子或者一道同样的回廊。这是为什么？我想，用图画来比方，对称的建筑是图案画，不是美术画，而园林是美术画，美术画要求自然之趣，是不讲究对称的。

苏州园林里都有假山和池沼。假山的堆叠，可以说是一项艺术而不仅是技术。或者是重峦叠嶂，或者是几座小山配合着竹子花木，全在乎设计者和匠师们生平多阅历，胸中有丘壑，才能使游览者攀登的时候忘却苏州城市，只觉得身在山间。

至于池沼，大多引用活水。有些园林池沼宽敞，就把池沼作为全园的中心，其他景物配合着布置。水面假如成河道模样，往往安排桥梁。假如安排两座以上的桥梁，那就一座一个样，绝不雷同。

池沼或河道的边沿很少砌齐整的石岸，总是高低屈曲任其自然。还在那儿布置几块玲珑的石头，或者种些花草。这也是为了取得从各个角度看都成一幅画的效果。池沼里养着金鱼或各色鲤鱼，夏秋季节荷花或睡莲开//放，游览者看“鱼戏莲叶间”，又是入画的一景。

（节选自叶圣陶《苏州园林》）

训练提示：

1. 难读易错字词

gōngdiàn　duìchèn　huíláng　chízhǎo　chóngluán－diézhàng　qiūhè　wàngquè　múyàng　jué bù léitóng
宫殿　对称　回廊　池沼　重峦叠嶂　丘壑　忘却　模样　绝不雷同

qì　qūqū　línglóng
砌　屈曲　玲珑

2. 平、翘舌音声母字词

（1）平舌音声母字词。

从古代　左边　怎么样　苏州　亭子　自然　几座　在乎　总是　花草　各色

（2）翘舌音声母字词。

建筑　住房　对称　苏州　似的　这是　为什么　美术　自然之趣　池沼　可以说　重峦叠嶂　竹子　设计者　匠师们　生平　使游览者　时候　城市　身在山间　至于　活水　宽敞　中心　布置　假如　两座以上　很少　齐整　石岸　任其自然　种些　都成　养着　睡莲

3. 前后鼻音韵母字词

(1) 前鼻音韵母字词。

建筑 宫殿 近代 一般 部分 对称 怎么样 园林 避免 为什么 图案画 不仅 重峦叠嶂 游览 攀登 身在山间 引用 宽敞 全园 中心 水面 安排 边沿 很少 任其自然 石岸 金鱼 睡莲

(2) 后鼻音韵母字词。

从古代 宫殿 讲究 好像 东边 亭子 回廊 同样 我想 比方 一项 重峦叠嶂 匠师们 生平 胸中 才能 攀登 城市 引用 宽敞 景物 都成 往往 桥梁 两座以上 齐整 总是 玲珑 种些 养着

4. 轻声词语

部分 怎么样 似的 亭子 为什么 竹子 比方 全在乎 匠师们 时候 石头

5. 可轻读词语

左边 右边 讲究 东边 西边 园林里 宽敞 池沼里

作品 37 号

一位访美中国女作家，在纽约遇到一位卖花的老太太。老太太穿着破旧，身体虚弱，但脸上的神情却是那样祥和兴奋。女作家挑了一朵花说：“看起来，你很高兴。”老太太面带微笑地说：“是的，一切都这么美好，我为什么不高兴呢？”“对烦恼，你倒真能看得开。”女作家又说了一句。没料到，老太太的回答更令女作家大吃一惊：“耶稣在星期五被钉上十字架时，是全世界最糟糕的一天，可三天后就是复活节。所以，当我遇到不幸时，就会等待三天，这样一切就恢复正常了。”

“等待三天”，多么富于哲理的话语，多么乐观的生活方式。它把烦恼和痛苦抛下，全力去收获快乐。

沈从文在“文革”期间，陷入了非人的境地。可他毫不在意，他在咸宁时给他的表侄、画家黄永玉写信说：“这里的荷花真好，你若来……”身陷苦难却仍为荷花的盛开欣喜赞叹不已，这是一种趋于澄明的境界，一种旷达洒脱的胸襟，一种面临磨难坦荡从容的气度，一种对生活童子般的热爱和对美好事物无限向往的生命情感。

由此可见，影响一个人快乐的，有时并不是困境及磨难，而是一个人的心态。如果把自己浸泡在积极、乐观、向上的心态中，快乐必然会//占据你的每一天。

（节选自《态度创造快乐》）

训练提示：

1. 难读易错字词

chuānzhuó 穿着　dào zhēn néng kàndekāi 倒真能看得开　Yēsū 耶稣　réngwèi 仍为　chéngmíng 澄明　kuàngdá 旷达　sǎtuō 洒脱　xiōngjīn 胸襟　tǎndàng 坦荡　cóngróng 从容

2. 平、翘舌音声母字词

(1) 平舌音声母字词。

女作家 耶稣 十字架 最糟糕 三天 所以 毫不在意 赞叹 洒脱 从容 童子

般　由此可见　自己

(2) 翘舌音声母字词。

中国　穿着　虚弱　神情　说　是的　这么　为什么　真能　大吃一惊　十字架　世界　正常　哲理　生活　方式　收获　沈从文　陷入　非人　表侄　若来　仍为　盛开　一种　澄明　从容　热爱　事物　有时　如果　向上　心态中　必然

3. 前后鼻音韵母字词

(1) 前鼻音韵母字词。

穿着　但脸上　神情　兴奋　看起来　为什么　烦恼　三天　乐观　全力　沈从文　期间　陷入　非人　咸宁　写信　真好　身陷苦难　欣喜　赞叹　面临　磨难　坦荡　童子般　无限　由此可见　困境　心态　浸泡　乐观　必然

(2) 后鼻音韵母字词。

访美　中国　神情　那样　祥和　兴奋　真能　更令　大吃一惊　星期五　钉上　当我　不幸　等待　正常　方式　境地　咸宁　黄永玉　仍为　盛开　澄明　一种　旷达　胸襟　坦荡　从容　向往　生命　影响　向上

4. 轻声词语

老太太　是的　这么　为什么　看得开　多么

5. 可轻读词语

脸上　看起来　钉上　抛下　这里　洒脱

作品 38 号

泰山极顶看日出，历来被描绘成十分壮观的奇景。有人说：登泰山而看不到日出，就像一出大戏没有戏眼，味儿终究有点寡淡。

我去爬山那天，正赶上个难得的好天，万里长空，云彩丝儿都不见。素常，烟雾腾腾的山头，显得眉目分明。同伴们都欣喜地说："明儿早晨准可以看见日出了。"我也是抱着这种想头，爬上山去。

一路上从山脚往上爬，细看山景，我觉得挂在眼前的不是五岳独尊的泰山，却像一幅规模惊人的青绿山水画，从下面倒展开来。最先露出在画卷的是山根底那座明朝建筑岱宗坊，慢慢地便现出王母池、斗母宫、经石峪。山是一层比一层深，一叠比一叠奇，层层叠叠，不知还会有多深多奇。万山丛中，时而点染着极其工细的人物。王母池旁的吕祖殿里有不少尊明塑，塑着吕洞宾等一些人，姿态神情是那样有生气，你看了，不禁会脱口赞叹说："活啦。"

画卷继续展开，绿阴森森的柏洞露面不太久，便来到对松山。两面奇峰对峙着，满山峰都是奇形怪状的老松，年纪怕都上千岁了，颜色竟那么浓，浓得好像要流下来似的。来到这儿你不妨权当一次画里的写意人物，坐在路旁的对松亭里，看看山色，听听流//水的松涛。

（节选自杨朔《泰山极顶》）

训练提示：

1. 难读易错字词

Dàizōngfāng	Dǒumǔgōng	Jīngshíyù	wàn shān cóng zhōng	bùjīn	bǎidòng	lòumiàn
岱宗坊	斗母宫	经石峪	万山丛中	不禁	柏洞	露面

2. 平、翘舌音声母字词

(1) 平舌音声母字词。

云彩丝儿　素常　早晨　从山脚　独尊　最先　那座　岱宗坊　层层叠叠　万山丛中　明塑　姿态　赞叹　阴森森　上千岁　颜色　坐在路旁　对松亭

(2) 翘舌音声母字词。

日出　描绘成　十分　壮观　有人说　泰山　终究　正赶上　万里长空　素常　早晨　准可以　也是　这种　山水画　倒展　画卷中　明朝建筑　王母池　经石峪　不知　多深多奇　时而　点染着　神情　生气　对峙　奇形怪状　似的

3. 前后鼻音韵母字词

(1) 前鼻音韵母字词。

壮观　戏眼　寡淡　赶上　难得　好天　万里长空　烟雾　显得　分明　同伴们　欣喜　早晨　准可以　看见　眼前　独尊　惊人　倒展　画卷　最先　山根底　建筑　现出　多深多奇　点染　吕祖殿　神情　不禁　赞叹　阴森森　露面　便来到　满山峰　年纪　颜色　权当

(2) 后鼻音韵母字词。

极顶　描绘成　壮观　奇景　登泰山　就像　终究　正赶上　万里长空　素常　烟雾腾腾　想头　从山脚往上爬　惊人　青绿　岱宗坊　王母池　斗母宫　经石峪　层层叠叠　万山丛中　明塑　吕洞宾等　神情　那样　生气　对松山　奇峰　奇形怪状　竟那么浓　不妨　权当　路旁　听听

4. 轻声词语

同伴们　想头　似的　看看　听听　云彩

5. 可轻读词语

看不到　没有　正赶上　显得　眉目　早晨看见　爬上山去　觉得　下面　展开来　吕祖殿里　下来　画里　对松亭里

作品 39 号

育才小学校长陶行知在校园看到学生王友用泥块砸自己班上的同学，陶行知当即喝止了他，并令他放学后到校长室去。无疑，陶行知是要好好教育这个“顽皮”的学生。那么他是如何教育的呢？

放学后，陶行知来到校长室，王友已经等在门口准备挨训了。可一见面，陶行知却掏出一块糖果送给王友，并说：“这是奖给你的，因为你按时来到这里，而我却迟到了。”王友惊疑地接过糖果。

随后，陶行知又掏出一块糖果放到他手里，说：“这第二块糖果也是奖给你的，因为当我不让你再打人时，你立即就住手了，这说明你很尊重我，我应该奖你。”王友更惊疑了，他眼睛睁得大大的。

陶行知又掏出第三块糖果塞到王友手里，说：“我调查过了，你用泥块砸那些男生，是因为他们不守游戏规则，欺负女生；你砸他们，说明你很正直善良，且有批评不良行为的勇气，应该奖励你啊！”王友感动极了，他流着泪后悔地喊道：“陶……陶校长你打我两下吧！我砸不是坏人，而是自己的同学啊……”

陶行知满意地笑了，他随即掏出第四块糖果递给王友，说："为你正确地认识错误，我再奖给你一块糖果，只可惜我只有这一块糖果了。我的糖果//没有了，我看我们的谈话也该结束了吧！"说完，就走出了校长室。

（节选自《教师博览·百期精华》中《陶行知的"四块糖果"》）

训练提示：

1. 难读易错字词

zá 砸　hèzhǐ 喝止　ái xùn 挨训　jīngyí 惊疑　lìjí 立即　qīfu 欺负　cuòwù 错误

2. 平、翘舌音声母字词

（1）平舌音声母字词。

育才　在校园　砸同学　送给　随后　再打人　尊敬　塞到　规则　自己　随即　错误

（2）翘舌音声母字词。

校长室　陶行知　班上　喝止　这个　学生　如何　准备　按时　迟到　掏出　不让　住手　说明　尊重　睁　说　调查　不守　正直　善良　坏人　正确　认识　只可惜

3. 前后鼻音韵母字词

（1）前鼻音韵母字词。

校园　看到　班上　顽皮　门口　准备　挨训　一见面　因为　按时　尊敬　眼睛　男生　他们　善良　感动　喊道　坏人　满意

（2）后鼻音韵母字词。

校长　陶行知　学生　用泥块　班上　同学　当即　并令　放学　王友　已经　等在　糖果　送给　奖给　惊疑　不让　说明　尊重　应该　眼睛　睁　正直　善良　批评　行为　勇气　奖励　两下

4. 轻声词语

学生　他们　眼睛　欺负　认识

5. 可轻读词语

班上　已经　因为　这里　手里　错误　没有

作品40号

享受幸福是需要学习的，当它即将来临的时刻需要提醒。人可以自然而然地学会感官的享乐，却无法天生地掌握幸福的韵律。灵魂的快意同器官的舒适像一对孪生兄弟，时而相傍相依，时而南辕北辙。

幸福是一种心灵的震颤。它像会倾听音乐的耳朵一样，需要不断地训练。

简而言之，幸福就是没有痛苦的时刻。它出现的频率并不像我们想象的那样少。人们常常只是在幸福的金马车已经驶过去很远时，才拣起地上的金鬃毛说，原来我见过它。

人们喜爱回味幸福的标本，却忽略它披着露水散发清香的时刻。那时候我们往往步履匆匆，瞻前顾后不知在忙着什么。

世上有预报台风的，有预报蝗灾的，有预报瘟疫的，有预报地震的。没有人预报幸福。

其实幸福和世界万物一样，有它的征兆。

幸福常常是朦胧的，很有节制地向我们喷洒甘霖。你不要总希望轰轰烈烈的幸福，它多半只是悄悄地扑面而来。你也不要企图把水龙头拧得更大，那样它会很快地流失。你需要静静地以平和之心，体验它的真谛。

幸福绝大多数是朴素的。它不会像信号弹似的，在很高的天际闪烁红色的光芒。它披着本色的外//衣，亲切温暖地包裹起我们。

（节选自毕淑敏《提醒幸福》）

训练提示：

1. 难读易错字词

jíjiāng　nányuán－běizhé　zhènchàn　pínlǜ　jīn zōngmáo　bùlǚ cōngcōng　huángzāi　wēnyì　ménglóng
即将　南辕北辙　震颤　频率　金鬃毛　步履匆匆　蝗灾　瘟疫　朦胧

pēnsǎ　gānlín
喷洒　甘霖

2. 平、翘舌音声母字词

（1）平舌音声母字词。

自然　金鬃毛　散发　匆匆　蝗灾　喷洒　总希望　朴素　本色

（2）翘舌音声母字词。

自然而然　掌握　舒适　孪生　时而　南辕北辙　一种　震颤　简而言之　出现　那样少　常常　只是　金马车　驶过去　说　人们　披着　露水　瞻前顾后　不知　什么　世上　地震　征兆　节制　水龙头　流失　真谛　似的　闪烁

3. 前后鼻音韵母字词

（1）前鼻音韵母字词。

来临　自然　感官　天生　韵律　灵魂　孪生　南辕北辙　心灵　震颤　音乐　不断　训练　简而言之　出现　频率　金马车　拣起　原来　人们　很远　见过　散发　瞻前顾后　什么　瘟疫　喷洒甘霖　多半　扑面而来　体验　真谛　信号弹　闪烁　本色

（2）后鼻音韵母字词。

享受　幸福　当它　即将　提醒　享乐　天生　掌握　灵魂　相傍相依　倾听　一样　想象　常常　清香　往往　步履匆匆　忙着　世上　台风　蝗灾　征兆　朦胧　总希望　轰轰烈烈　水龙头　拧得更大　静静地　平和　光芒

4. 轻声词语

人们　兄弟　耳朵　我们　什么　似的

5. 可轻读词语

没有　已经　过去　地上　露水　世上

作品 41 号

在里约热内卢的一个贫民窟里，有一个男孩子，他非常喜欢足球，可是又买不起，于是就踢塑料盒，踢汽水瓶，踢从垃圾箱里拣来的椰子壳。他在胡同里踢，在能找到的任何一片空地上踢。

有一天，当他在一处干涸的水塘里猛踢一个猪膀胱时，被一位足球教练看见了。他发现这个男孩儿踢得很像是那么回事，就主动提出要送给他一个足球。小男孩儿得到足球后踢得更卖劲了。不久，他就能准确地把球踢进远处随意摆放的一个水桶里。

圣诞节到了，孩子的妈妈说："我们没有钱买圣诞礼物送给我们的恩人，就让我们为他祈祷吧。"

小男孩儿跟随妈妈祈祷完毕，向妈妈要了一把铲子便跑了出去。他来到一座别墅前的花园里，开始挖坑。

就在他快要挖好坑的时候，从别墅里走出一个人来，问小孩儿在干什么，孩子抬起满是汗珠的脸蛋儿，说："教练，圣诞节到了，我没有礼物送给您，我愿给您的圣诞树挖一个树坑。"

教练把小男孩儿从树坑里拉上来，说："我今天得到了世界上最好的礼物。明天你就到我的训练场去吧。"

三年后，这位十七岁的男孩儿在第六届足球锦标赛上独进二十一球，为巴西第一次捧回了金杯。一个原来不//为世人所知的名字——贝利，随之传遍世界。

（节选自刘燕敏《天才的造就》）

训练提示：

1. 难读易错字词

椰子壳（yēziké）　胡同（hútòng）　干涸（gānhé）　膀胱（pángguāng）　祈祷（qídǎo）　别墅（biéshù）　圣诞树（shèngdànshù）　树坑（shùkēng）　锦标赛（jǐnbiāosài）

2. 平、翘舌音声母字词

（1）平舌音声母字词。

在里约热内卢　男孩子　足球　塑料盒　从垃圾箱　送给　随意　一座　走出　最好　三年　十七岁　锦标赛　第一次

（2）翘舌音声母字词。

里约热内卢　非常　可是　找到　汽水瓶　任何　一处　猪膀胱　主动　准确　说　恩人　让我们　铲子　出去　别墅　开始　时候　什么　汗珠　圣诞树　世界上　训练场　这位　十七岁

3. 前后鼻音韵母字词

（1）前鼻音韵母字词。

贫民　喜欢　拣来　任何　一片　干涸　看见　发现　卖劲　准确　踢进　远处　我们　恩人　跟随　完毕　铲子　便跑出去　别墅前　花园　满是　汗珠　脸蛋儿　愿给您的圣诞树　今天　三年　男孩儿　训练　锦标赛　金杯　原来

（2）后鼻音韵母字词。

非常　汽水瓶　从垃圾箱　胡同　空地上　当他　水塘　猛踢　猪膀胱　很像　主动　就能　水桶　圣诞　送给　让我们　树坑　明天　训练场　捧回

4. 轻声词语

男孩子　喜欢　那么　椰子壳　妈妈　我们　铲子　时候　名字　干什么

5. 可轻读词语

贫民窟里 买不起 垃圾箱里 胡同里 空地上 看见 水桶里 水塘里 没有 出去 花园里 别墅里 走出一个人来 树坑里 上来 锦标赛上

作品 42 号

记得我十三岁时，和母亲住在法国东南部的耐斯城。母亲没有丈夫，也没有亲戚，够清苦的，但她经常能拿出令人吃惊的东西，摆在我面前。她从来不吃肉，一再说自己是素食者。然而有一天，我发现母亲正仔细地用一小块碎面包擦那给我煎牛排用的油锅。我明白了她称自己为素食者的真正原因。

我十六岁时，母亲成了耐斯市美蒙旅馆的女经理。这时，她更忙碌了。一天，她瘫在椅子上，脸色苍白，嘴唇发灰。马上找来医生，做出诊断：她摄取了过多的胰岛素。直到这时我才知道母亲多年一直对我隐瞒的疾痛——糖尿病。

她的头歪向枕头一边，痛苦地用手抓挠胸口。床架上方，则挂着一枚我一九三二年赢得耐斯市少年乒乓球冠军的银质奖章。

啊，是对我的美好前途的憧憬支撑着她活下去，为了给她那荒唐的梦至少加一点真实的色彩，我只能继续努力，与时间竞争，直至一九三八年我被征入空军。巴黎很快失陷，我辗转调到英国皇家空军。刚到英国就接到了母亲的来信。这些信是由在瑞士的一个朋友秘密地转到伦敦，送到我手中的。

现在我要回家了，胸前佩戴着醒目的绿黑两色的解放十字绶//带，上面挂着五六枚我终身难忘的勋章，肩上还佩带着军官肩章。到达旅馆时，没有一个人跟我打招呼。原来，我母亲在三年半以前就已经离开人间了。

（节选自［法］罗曼·加里《我的母亲独一无二》）

训练提示：

1. 难读易错字词

NàiSīChéng	sùshízhě	tānzài	yídǎosù	zhuānáo	yíngdé	chōngjǐng	zhīchēng	shòudài
耐斯城	素食者	瘫在	胰岛素	抓挠	赢得	憧憬	支撑	绶带

2. 平、翘舌音声母字词

（1）平舌音声母字词。

十三岁 耐斯城 摆在 从来 一再说 自己 素食者 仔细 碎面包 擦油锅 椅子 苍白 嘴唇 做出 才知道 则挂着 色彩 送到

（2）翘舌音声母字词。

住在 耐斯城 丈夫 经常 拿出 令人吃惊 一再说 素食者 然而 称 真正 成了 这时 马上 找来 诊断 摄取 知道 枕头 手中 抓挠 床架 挂着 耐斯市 银质 奖章 憧憬 支撑 真实 只能 直至 征入 失陷 辗转 瑞士 十字

3. 前后鼻音韵母字词

（1）前鼻音韵母字词。

十三 母亲 东南部 但 面前 然而 一天 发现 真正 原因 旅馆 瘫在 脸色 嘴唇 诊断 多年 隐瞒 枕头 一边 冠军 银质 时间 很快 失陷 辗转 来

信 伦敦

(2) 后鼻音韵母字词。

耐斯城 丈夫 清苦 经常 令人吃惊 东西 从来 用的 明白 称 成了 真正 美蒙旅馆 经理 更忙碌 苍白 疾痛 糖尿病 胸口 上方 赢得 乒乓球 奖章 憧憬 支撑 荒唐的梦 只能 竞争 征入 英国 皇家 空军 刚到 朋友 送到 手中 醒目

4. 轻声词语

丈夫 明白 亲戚 椅子 枕头 东西 朋友

5. 可轻读词语

记得 面前 母亲 没有 拿出 椅子上 做出 知道 下去 荒唐 上面 肩上

作品43号

生活对于任何人都非易事，我们必须有坚韧不拔的精神。最要紧的，还是我们自己要有信心。我们必须相信，我们对每一件事情都具有天赋的才能，并且，无论付出任何代价，都要把这件事完成，当事情结束的时候，你要能问心无愧地说："我已经尽我所能了。"

有一年的春天，我因病被迫在家里休息数周。我注视着我的女儿们所养的蚕正在结茧，这使我很感兴趣。望着这些蚕执著地、勤奋地工作，我感到我和它们非常相似。像它们一样，我总是耐心地把自己的努力集中在一个目标上。我之所以如此，或许是因为有某种力量在鞭策着我——正如蚕被鞭策着去结茧一般。

近五十年来，我致力于科学研究，而研究，就是对真理的探讨。我有许多美好快乐的记忆。少女时期我在巴黎大学，孤独地过着求学的岁月；在后来献身科学的整个时期，我丈夫和我专心致志，像在梦幻中一般，坐在简陋的书房里艰辛地研究，后来我们就在那里发现了镭。

我永远追求安静的工作和简单的家庭生活。为了实现这个理想，我竭力保持宁静的环境，以免受人事的干扰和盛名的拖累。

我深信，在科学方面，我们有对事业而不是//对财富的兴趣。我的唯一奢望是在一个自由国家中，以一个自由学者的身份从事研究工作。

（节选自［波兰］玛丽·居里《我的信念》，剑捷译）

训练提示：

1. 难读易错字词

jiānrèn－bùbá	tiānfù	wènxīn－wúkuì	jié jiǎn	xiāngsì	biāncè	jiǎnlòu	jiélì	tuōlěi
坚韧不拔	天赋	问心无愧	结茧	相似	鞭策	简陋	竭力	拖累

2. 平、翘舌音声母字词

(1) 平舌音声母字词。

自己 才能 所能 在家里 所养的蚕 工作 相似 总是 如此 岁月

(2) 翘舌音声母字词。

生活 任何人 坚韧不拔 精神 还是 完成 结束 时候 问心无愧地说 春天

数周　注视着　正如　这使　执著　非常　集中　之所以　某种　五十年　真理　少女　献身　整个　丈夫　专心致志　书房　追求　实现　保持　免受　干扰　盛名　深信　事业

3. 前后鼻音韵母字词

(1) 前鼻音韵母字词。

任何人　我们　坚韧不拔　精神　要紧　信心　每一件　无论　问心无愧　尽我所能　春天　蚕　结茧　勤奋　感到　因为　鞭策　一般　近五十年　研究　真理　探讨　献身　专心致志　梦幻　艰辛　安静　简单　实现　环境　干扰　深信　方面

(2) 后鼻音韵母字词。

生活　精神　相信　事情　才能　并且　完成　当　已经　因病　所养的蚕　正在　兴趣　望着　工作　像它们一样　总是　集中　目标上　力量　整个　丈夫　梦幻　书房　永远　家庭　理想　宁静　环境　盛名　方面

4. 轻声词语

我们　事情　精神　时候　休息　女儿们　它们　丈夫　那里

5. 可轻读词语

已经　家里　目标上　因为　力量　书房里

作品 44 号

我为什么非要教书不可？是因为我喜欢当教师的时间安排表和生活节奏。七、八、九三个月给我提供了进行回顾、研究、写作的良机，并将三者有机融合，而善于回顾、研究和总结正是优秀教师素质中不可缺少的成分。

干这行给了我多种多样的“甘泉”去品尝，找优秀的书籍去研读，到“象牙塔”和实际世界里去发现。教学工作给我提供了继续学习的时间保证，以及多种途径、机遇和挑战。

然而，我爱这一行的真正原因，是爱我的学生。学生们在我的眼前成长、变化。当教师意味着亲历“创造”过程的发生——恰似亲手赋予一团泥土以生命，没有什么比目睹它开始呼吸更激动人心的了。

权利我也有了：我有权利去启发诱导，去激发智慧的火花，去问费心思考的问题，去赞扬回答的尝试，去推荐书籍，去指点迷津。还有什么别的权利能与之相比呢？

而且，教书还给我金钱和权利之外的东西，那就是爱心。不仅有对学生的爱，对书籍的爱，对知识的爱，还有教师才能感受到的对“特别”学生的爱，这些学生，有如冥顽不灵的泥块，由于接受了老师的炽爱才勃发了生机。

所以，我爱教书，还因为，在那些勃发生机的“特//别”学生身上，我有时发现自己和他们呼吸相通，忧乐与共。

（节选自［美］彼得·基·贝得勒《我为什么当教师》）

训练提示：

1. 难读易错字词

jiāoshū	jiàoshī	jiézòu	tígōng	pǐncháng	shūjí	fùyǔ	míngwán－bùlíng	chì'ài
教书	教师	节奏	提供	品尝	书籍	赋予	冥顽不灵	炽爱

2. 平、翘舌音声母字词

（1）平舌音声母字词。

节奏 三个月 写作 总结 素质 在我的眼前 创造 恰似 思考 赞扬 才能 所以

（2）翘舌音声母字词。

教书 教师 时间 生活 三者 融合 善于 正是 素质中 缺少 成分 多种多样 找 实际 世界 保证 挑战 然而 这 真正 意味着 创造 开始 激动人心 智慧 尝试 指点 与之相比 知识 感受 炽爱 有如

3. 前后鼻音韵母字词

（1）前鼻音韵母字词。

为什么 因为 喜欢 时间 安排 三个月 进行 研究 善于 成分 干这行 甘泉 品尝 研读 发现 挑战 然而 真正 原因 眼前 变化 亲历 一团 激动人心 权利 问题 赞扬 推荐 指点迷津 金钱 不仅 感受 冥顽不灵 学生们

（2）后鼻音韵母字词。

当教师 提供 进行 良机 并将 融合 总结 正是 这行 多种多样 品尝 象牙塔 工作 保证 途径 成长 创造 过程 生命 更激动人心 赞扬 与之相比 东西 才能 冥顽不灵

4. 轻声词语

为什么 喜欢 学生 学生们 东西

5. 可轻读词语

因为 成分 世界里 没有 知识

作品 45 号

中国西部我们通常是指黄河与秦岭相连一线以西，包括西北和西南的二十个省、市、自治区。这块广袤的土地面积为五百四十六万平方公里，占国土总面积的百分之五十七；人口二点八亿，占全国总人口的百分之二十三。

西部是华夏文明的源头。华夏祖先的脚步是顺着水边走的：长江上游出土过元谋人牙齿化石，距今约一百七十万年；黄河中游出土过蓝田人头盖骨，距今约七十万年。这两处古人类都比距今约五十万年的北京猿人资格更老。

西部地区是华夏文明的重要发源地。秦皇汉武以后，东西方文化在这里交汇融合，从而有了丝绸之路的驼铃声声，佛院深寺的暮鼓晨钟。敦煌莫高窟是世界文化史上的一个奇迹，它在继承汉晋艺术传统的基础上，形成了自己兼收并蓄的恢宏气度，展现出精美绝伦的艺术形式和博大精深的文化内涵。秦始皇兵马俑、西夏王陵、楼兰古国、布达拉宫、三星堆、大足石刻等历史文化遗产，同样为世界所瞩目，成为中华文化重要的象征。

西部地区又是少数民族及其文化的集萃地，几乎包括了我国所有的少数民族。在一些偏远的少数民族地区，仍保留//了一些久远时代的艺术品种，成为珍贵的“活化石”，如纳西古乐、戏曲、剪纸、刺绣、岩画等民间艺术和宗教艺术。特色鲜明、丰富多彩，犹如一个巨大的民族民间文化艺术宝库。

（节选自《中考语文课外阅读试题精选》中《西部文化和西部开发》）

训练提示：

1. 难读易错字词

guǎngmào	Yuánmóurén	fóyuàn	shēn sì	mùgǔ－chénzhōng	qíjì	jiānshōu－bìngxù	zhǔmù
广袤	元谋人	佛院	深寺	暮鼓晨钟	奇迹	兼收并蓄	瞩目

jícuìdì	jīhū	Hàn Jìn
集萃地	几乎	汉晋

2. 平、翘舌音声母字词

（1）平舌音声母字词。

自治区　总人口　祖先　走的　资格　在这里　从而　丝绸之路　佛院深寺　三星堆　大足石刻　少数民族　集萃地　所有

（2）翘舌音声母字词。

中国　通常　是指　省　市　自治区　这块　百分之五十七　占总人口　顺着　水边　长江　上游　出土　牙齿　化石　中游　两处　重要　融合　驼铃声声　佛院深寺　暮鼓晨钟　世界　文化史　继承　艺术　传统　形成　兼收并蓄　展现　形式　秦始皇　遗产　瞩目　象征　少数　仍

3. 前后鼻音韵母字词

（1）前鼻音韵母字词。

秦岭　相连　西南　面积　占　百分之二十三　文明　祖先　顺着　水边　元谋人　距今　蓝田人　七十万年　发源地　秦皇汉武　佛院深寺　暮鼓晨钟　敦煌　汉晋　传统　兼收并蓄　展现　精美绝伦　内涵　楼兰　遗产　偏远

（2）后鼻音韵母字词。

通常　秦岭　相连　广袤　平方　公里　总面积　文明　长江上游　黄河中游　两处　北京　重要　秦皇汉武　东西方　融合　从而　驼铃声声　暮鼓晨钟　敦煌　继承　传统　形成　恢宏　精美绝伦　兵马俑　西夏王陵　三星堆　同样　象征　仍保留　布拉达宫

4. 轻声词语

我们

5. 可轻读词语

资格　这里　文化史上　基础上

作品46号

高兴，这是一种具体的被看得到摸得着的事物所唤起的情绪。它是心理的，更是生理的。它容易来也容易去，谁也不应该对它视而不见失之交臂，谁也不应该总是做那些使自己不高兴也使旁人不高兴的事。让我们说一件最容易做也最令人高兴的事吧，尊重你自己，也尊重别人，这是每一个人的权利，我还要说这是每一个人的义务。

快乐，它是一种富有概括性的生存状态、工作状态。它几乎是先验的，它来自生命本身的活力，来自宇宙、地球和人间的吸引，它是世界的丰富、绚丽、阔大、悠久的体现。快乐还是一种力量，是埋在地下的根脉。消灭一个人的快乐比挖掘掉一棵大树的根要难得多。

欢欣，这是一种青春的、诗意的情感。它来自面向着未来伸开双臂奔跑的冲力，它来自一种轻松而又神秘、朦胧而又隐秘的激动，它是激情即将到来的预兆，它又是大雨过后的比下雨还要美妙得多也久远得多的回味……

喜悦，它是一种带有形而上色彩的修养和境界。与其说它是一种情绪，不如说它是一种智慧、一种超拔、一种悲天悯人的宽容和理解，一种饱经沧桑的充实和自信，一种光明的理性，一种坚定//的成熟，一种战胜了烦恼和庸俗的清明澄澈。它是一潭清水，它是一抹朝霞，它是无边的平原，它是沉默的地平线。多一点儿、再多一点儿喜悦吧，它是翅膀，也是归巢。它是一杯美酒，也是一朵永远开不败的莲花。

（节选自王蒙《喜悦》）

训练提示：

1. 难读易错字词

shīzhījiāobì	xuànlì	wā jué	huānxīn	ménglóng	jíjiāng	chāobá	bēitiān－mǐnrén
失之交臂	绚丽	挖掘	欢欣	朦胧	即将	超拔	悲天悯人

2. 平、翘舌音声母字词

（1）平舌音声母字词。

所唤起的情绪　自己　尊重　生存　工作　埋在　色彩　饱经沧桑

（2）翘舌音声母字词。

这是　一种　摸得着　事物

生理　容易　谁　视而不见　失之交臂　使　让　尊重　状态　本身　宇宙　世界　人间　青春　诗意　伸开　双臂　冲力　神秘　预兆　形而上　不如说　智慧　超拔　宽容　充实

3. 前后鼻音韵母字词

（1）前鼻音韵母字词。

看得到　唤起　心理　视而不见　一件　尊重　权利　生存　先验　本身　人间　吸引　绚丽　体现　根脉　难得多　欢欣　青春　情感　面向　伸开　奔跑　神秘　隐秘　久远　悲天悯人　宽容　自信　坚定

（2）后鼻音韵母字词。

高兴　一种　情绪　更是　容易　应该　总是　让我们　令人　尊重　概括性　状态　工作　生命　丰富　力量　青春　面向　冲力　轻松　朦胧　激动　即将　形而上　修养　境界　宽容　饱经沧桑　充实　光明

4. 轻声词语

看得到　摸得着　我们

5. 可轻读词语

情绪　容易　别人　力量

作品 47 号

在湾仔，香港最热闹的地方，有一棵榕树，它是最贵的一棵树，不光在香港，在全世界，都是最贵的。

树，活的树，又不卖，何言其贵？只因它老，它粗，是香港百年沧桑的活见证，香港人不忍看着它被砍伐，或者被移走，便跟要占用这片山坡的建筑者谈条件：可以在这儿建大楼盖商厦，但一不准砍树，二不准挪树，必须把它原地精心养起来，成为香港闹市中的一景。太古大厦的建设者最后签了合同，占用这个大山坡建豪华商厦的先决条件是同意保留这棵老树。

树长在半山坡上，计划将树下面的成千上万吨山石全部掏空取走，腾出地方来盖楼。把树架在大楼上面，仿佛它原本是长在楼顶上似的。建设者就地造了一个直径十八米、深十米的大花盆，先固定好这棵老树，再在大花盆底下盖楼。光这一项就花了两千三百八十九万港币，堪称是最昂贵的保护措施了。

太古大厦落成之后，人们可以乘滚动扶梯一次到位，来到太古大厦的顶层，出后门，那儿是一片自然景色。一棵大树出现在人们面前，树干有一米半粗，树冠直径足有二十多米，独木成林，非常壮观，形成一座以它为中心的小公园，取名叫“榕圃”。树前面//插着铜牌，说明缘由。此情此景，如不看铜牌的说明，绝对想不到巨树根底下还有一座宏伟的现代大楼。

（节选自舒乙《香港：最贵的一棵树》）

训练提示：

1. 难读易错字词

wānzǎi　bǎinián cāngsāng　gàishāngshà　gàn　shùguān　zhíjìng　dúmù－chénglín　róngpǔ

湾仔　百年沧桑　盖商厦　干　树冠　直径　独木成林　榕圃

2. 平、翘舌音声母字词

（1）平舌音声母字词。

百年沧桑　移走　最后　造了个大花盆　再在　两千三百八十九万　措施　一次到位　顶层　自然　景色　一米半粗　足有　一座

（2）翘舌音声母字词。

热闹　榕树　世界　都是　只　活见证　香港人　不忍　看着　占用　这片　建筑者　商厦　不准　闹市　成千上万　长在　山石　似的　直径　深十米　堪称　措施　之后　出现　自然　非常　壮观　中心　榕圃

3. 前后鼻音韵母字词

（1）前鼻音韵母字词。

湾仔　全世界　何言其贵　因　百年沧桑　活见证　不忍　看着　砍伐　便跟　占用　这片　建筑　谈条件　但　不准　精心　签了　半山坡　吨　原本　深十米　先固定　花盆　两千　九万　堪称　人们　滚动　后门　自然　出现　面前　树干　树冠　独木成林　公园

（2）后鼻音韵母字词。

香港　地方　榕树　不光　百年沧桑　活见证　商厦　精心　养起来　同意　长在　将树　成千上万　腾出　仿佛　一项　两千　港币　堪称　乘滚动扶梯　顶层　景色　直径　非常　壮观　形成　中心

4. 轻声词语

热闹　地方　合同　似的　人们

5. 可轻读词语

起来　山坡上　下面　上面　楼顶上　底下　前面

作品48号

我们的船渐渐地逼近榕树了。我有机会看清它的真面目：是一棵大树，有数不清的丫枝，枝上又生根，有许多根一直垂到地上，伸进泥土里。一部分树枝垂到水面，从远处看，就像一棵大树斜躺在水面上一样。

现在正是枝繁叶茂的时节。这棵榕树好像在把它的全部生命力展示给我们看。那么多的绿叶，一簇堆在另一簇的上面，不留一点儿缝隙。翠绿的颜色明亮地在我们的眼前闪耀，似乎每一片树叶上都有一个新的生命在颤动，这美丽的南国的树！

船在树下泊了片刻，岸上很湿，我们没有上去。朋友说这里是“鸟的天堂”，有许多鸟在这棵树上做窝，农民不许人去捉它们。我仿佛听见几只鸟扑翅的声音，但是等到我的眼睛注意地看那里时，我却看不见一只鸟的影子。只有无数的树根立在地上，像许多根木桩。地是湿的，大概涨潮时河水常常冲上岸去。“鸟的天堂”里没有一只鸟，我这样想到。船开了，一个朋友拨着船，缓缓地流到河中间去。

第二天，我们划着船到一个朋友的家乡去，就是那个有山有塔的地方。从学校出发，我们又经过那“鸟的天堂”。

这一次是在早晨，阳光照在水面上，也照在树梢上。一切都//显得非常光明。我们的船也在树下泊了片刻。

（节选自巴金《小鸟的天堂》）

训练提示：

1. 难读易错字词

bījìn 逼近　róngshù 榕树　shùbuqīng 数不清　yāzhī 丫枝　yī cù 一簇　zhīfán－yèmào 枝繁叶茂　fèngxì 缝隙　bó 泊　chàndòng 颤动　mùzhuāng 木桩　fǎngfú 仿佛　bōzhe chuán 拨着船

2. 平、翘舌音声母字词

（1）平舌音声母字词。

现在　一簇　翠绿　颜色　似乎　做窝　影子　从学校出发　这一次　早晨

（2）翘舌音声母字词。

榕树　真面目　数不清　丫枝　一直　垂到　伸进　水面　远处　正是　时节　生命　展示　闪耀　颤动　很湿　朋友说　这里　人　捉　几只　扑翅　声音　注意　只有　涨潮　常常　冲上岸去　木桩　拨着船　中间　有山有塔　出发　早晨　照在　树梢

3. 前后鼻音韵母字词

（1）前鼻音韵母字词。

我们　船　渐渐　逼近　看清　真面目　生根　伸进　部分　远处　现在　枝繁叶茂　全部　展示　颜色　眼前　每一片　新的　闪耀　颤动　南国　岸上　天堂　农民　人　声音　听见　但是　眼睛　缓缓　中间　有山有塔　早晨

（2）后鼻音韵母字词。

榕树　看清　从远处看　斜躺在　一样　正是　好像　生命　缝隙　明亮　朋友　天堂　农民　仿佛　声音　眼睛　影子　木桩　涨潮　常常　冲上　想到　家乡　地方　经过　阳光

4. 轻声词语

我们　一部分　那么　朋友　它们　眼睛　那个　影子　地方

5. 可轻读词语

机会　数不清　枝上　地上　泥土里　水面上　上面　树叶上　树下　岸上　没有上去　这里　树上　听见　那里　看不见　冲上岸去　“鸟的天堂”里　流到河中间去　早晨　树梢上　显得

作品 49 号

有这样一个故事。

有人问：世界上什么东西的气力最大？回答纷纭得很，有的说“象”，有的说“狮”，有人开玩笑似的说：是“金刚”，金刚有多少气力，当然大家全不知道。

结果，这一切答案完全不对，世界上气力最大的，是植物的种子。一粒种子所可以显现出来的力，简直是超越一切。

人的头盖骨，结合得非常致密与坚固，生理学家和解剖学者用尽了一切的方法，要把它完整地分出来，都没有这种力气。后来忽然有人发明了一个方法，就是把一些植物的种子放在要剖析的头盖骨里，给它以温度与湿度，使它发芽，一发芽，这些种子便以可怕的力量，将一切机械力所不能分开的骨骼，完整地分开了。植物种子力量之大，如此如此。

这，也许特殊了一点儿，常人不容易理解，那么，你看见笋的成长吗？你看见过被压在瓦砾和石块下面的一棵小草的生长吗？它为着向往阳光，为着达成它的生之意志，不管上面的石块如何重，石块与石块之间如何狭，它必定要曲曲折折地，但是顽强不屈地透到地面上来，它的根往土壤钻，它的芽往地面挺，这是一种不可抗拒的力，阻止它的石块，结果也被它掀翻，一粒种子的力量之大，//如此如此。

（节选自夏衍《野草》）

训练提示：

1. 难读易错字词

纷纭 fēnyún　狮 shī　解剖 jiěpōu　机械力 jīxièlì　骨骼 gǔgé　笋 sǔn　瓦砾 wǎlì　曲曲折折 qūqū-zhézhé　土壤 tǔrǎng　掀翻 xiānfān

2. 平、翘舌音声母字词

（1）平舌音声母字词。

最大　种子　放在　如此　笋　小草　往土壤钻　阻止

（2）翘舌音声母字词。

这样　故事　世界上　什么　有的说　狮　似的　多少　当然　知道　植物　种子　出来　简直　超越　致密　解剖学者　完整　忽然　就是　湿度　使它　特殊　常人　不容易　石块　生长　为着　达成　意志　如何重　之间　曲曲折折　土壤

3. 前后鼻音韵母字词

（1）前鼻音韵母字词。

有人问　什么　纷纭得很　玩笑　金刚　当然　答案　完全　显现　简直　坚固　用尽　分开　温度　便以　看见　笋　下面　不管　之间　但是　顽强不屈　根　往土壤钻

掀翻

(2) 后鼻音韵母字词。

这样 世界上 东西 象 金刚 当然 种子 方法 完整 发明 放在 力量 常人 不容易 成长 生长 向往 阳光 如何重 顽强不屈 往土壤钻 往地面挺 抗拒

4. 轻声词语

故事 什么 东西 似的 种子 力气 那么

5. 可轻读词语

世界上 多少 知道 出来 头盖骨里 力量 容易 看见 下面 上面 地面上来

作品50号

著名教育家班杰明曾经接到一个青年人的求救电话，并与那个向往成功、渴望指点的青年人约好了见面的时间和地点。

待那个青年如约而至时，班杰明的房门敞开着，眼前的景象却令青年人颇感意外——班杰明的房间里乱七八糟、狼藉一片。

没等青年人开口，班杰明就招呼道："你看我这房间，太不整洁了，请你在门外等候一分钟，我收拾一下，你再进来吧。"一边说着，班杰明就轻轻地关上了房门。

不到一分钟的时间，班杰明就又打开了房门，并热情地把青年人让进客厅。这时，青年人的眼前展现出另一番景象——房间内的一切已变得井然有序，而且有两杯刚刚倒好的红酒，在淡淡的香水气息里还漾着微波。

可是，没等青年人把满腹的有关人生和事业的疑难问题向班杰明讲出来，班杰明就非常客气地说道："干杯。你可以走了。"

青年人手持酒杯一下子愣住了，既尴尬又非常遗憾地说："可是，我……我还没向您请教呢……"

"这些……难道还不够吗?"班杰明一边微笑着，一边扫视着自己的房间，轻言细语地说，"你进来又有一分钟了。"

"一分钟……一分钟……"青年人若有所思地说："我懂了，您让我明白了一分钟的时间可以做许//多事情，可以改变许多事情的深刻道理。"

(节选自纪广洋《一分钟》)

训练提示：

1. 难读易错字词

chǎngkāi	lángjí	jǐngrán－yǒuxù	yàngzhe	lèngzhù	gāngà	yíhàn
敞开	狼藉	井然有序	漾着	愣住	尴尬	遗憾

2. 平、翘舌音声母字词

(1) 平舌音声母字词。

曾经 乱七八糟 在门外 再进来 走 一下子 扫视 自己 若有所思

(2) 翘舌音声母字词。

著名 成功 指点 如约而至 敞开 招呼 整洁 一分钟 收拾 说着 热情 让

进客厅　这时　展现出　井然有序　香水　可是　人生　事业　非常　手持酒杯　扫视　若有所思

3. 前后鼻音韵母字词

(1) 前鼻音韵母字词。

班杰明　青年人　电话　指点　见面　时间　房门　眼前　颇感　房间　一片　你看　一分钟　进来　一边　关上　展现　另一番　变得　井然有序　淡淡　满腹　疑难　问题　干杯　尴尬　遗憾　您　难道　轻言细语

(2) 后鼻音韵母字词。

著名　班杰明　曾经　青年　并与　向往　成功　渴望　房门　敞开　景象　却令　狼藉一片　没等　整洁　请你　一分钟　关上　热情　让进客厅　另一番　井然有序　两杯　刚刚　红酒　香水　漾着微波　人生　非常　愣住　轻言细语　懂了

4. 轻声词语

招呼　收拾　客气　明白　事情

5. 可轻读词语

房间里　进来　关上　讲出来　气息里

作品 51 号

有个塌鼻子的小男孩儿，因为两岁时得过脑炎，智力受损，学习起来很吃力。打个比方，别人写作文能写二三百字，他却只能写三五行。但即便这样的作文，他同样能写得很动人。

那是一次作文课，题目是《愿望》。他极其认真地想了半天，然后极认真地写，那作文极短。只有三句话：我有两个愿望，第一个是，妈妈天天笑眯眯地看着我说："你真聪明。"第二个是，老师天天笑眯眯地看着我说："你一点儿也不笨。"

于是，就是这篇作文，深深地打动了他的老师，那位妈妈式的老师不仅给了他最高分，在班上带感情地朗读了这篇作文，还一笔一画地批道：你很聪明，你的作文写得非常感人，请放心，妈妈肯定会格外喜欢你的，老师肯定会格外喜欢你的，大家肯定会格外喜欢你的。

捧着作文本，他笑了，蹦蹦跳跳地回家了，像只喜鹊。但他并没有把作文本拿给妈妈看，他是在等待，等待着一个美好的时刻。

那个时刻终于到了，是妈妈的生日——一个阳光灿烂的星期天：那天，他起得特别早，把作文本装在一个亲手做的美丽的大信封里，等着妈妈醒来。妈妈刚刚睁眼醒来，他就笑眯眯地走到妈妈跟前说："妈妈，今天是您的生日，我要//送给您一件礼物。"

（节选自张玉庭《一个美丽的故事》）

训练提示：

1. 难读易错字词

tābí zi	jíbiàn	bèngbèng－tiàotiào	shēngrì	cànlàn	xiàomīmī
塌鼻子	即便	蹦蹦跳跳	生日	灿烂	笑眯眯

2. 平、翘舌音声母字词

(1) 平舌音声母字词。

鼻子　两岁　受损　作文　二三百字　一次　最高分　在班上　聪明　灿烂　特别早　走到

(2) 翘舌音声母字词。

智力　受损　吃力　只能　这样　动人　那是　认真　然后　看着　这篇　深深地　妈妈式的　老师　班上　非常　像只喜鹊　时刻　终于　生日　装在　睁眼

3. 前后鼻音韵母字词

(1) 前鼻音韵母字词。

男孩儿　因为　脑炎　受损　很吃力　二三百　作文　但　即便　愿望　认真　半天　然后　极短　看着　这篇　深深　不仅　最高分　班上　感人　不笨　放心　肯定　喜欢　灿烂　亲手　信封　跟前　今天　您

(2) 后鼻音韵母字词。

比方　能写　三五行　同样　动人　愿望　想　聪明　班上　感情　肯定　朗读　非常　请放心　捧着　蹦蹦跳跳　像只喜鹊　并没有　终于　装在　等待　生日　阳光　星期天　信封　醒来　刚刚　睁眼

4. 轻声词语

鼻子　比方　妈妈　喜欢

5. 可轻读词语

因为　起来　别人　聪明　班上　没有　生日　大信封里　醒来　跟前

作品 52 号

小学的时候，有一次我们去海边远足，妈妈没有做便饭，给了我十块钱买午餐。好像走了很久，很久，终于到海边了，大家坐下来便吃饭，荒凉的海边没有商店，我一个人跑到防风林外面去，级任老师要大家把吃剩的饭菜分给我一点儿。有两三个男生留下一点儿给我，还有一个女生，她的米饭拌了酱油，很香。我吃完的时候，她笑眯眯地看着我，短头发，脸圆圆的。

她的名字叫翁香玉。

每天放学的时候，她走的是经过我们家的一条小路，带着一位比她小的男孩儿，可能是弟弟。小路边是一条清澈见底的小溪，两旁竹阴覆盖。我总是远远地跟在她后面。夏日的午后特别炎热，走到半路她会停下来，拿手帕在溪水里浸湿，为小男孩儿擦脸。我也在后面停下来，把肮脏的手帕弄湿了擦脸，再一路远远跟着她回家。

后来我们家搬到镇上去了，过几年我也上了中学。有一天放学回家，在火车上，看见斜对面一位短头发、圆圆脸的女孩儿，一身素净的白衣黑裙。我想她一定不认识我了。火车很快到站了，我随着人群挤向门口，她也走近了，叫我的名字。这是她第一次和我说话。

她笑眯眯的，和我一起走过月台。以后就没有再见过//她了。

（节选自苦苓《永远的记忆》）

训练提示：

1. 难读易错字词

yuǎnzú	wǔcān	jírèn lǎoshī	jiàngyóu	Wēng Xiāngyù	zhúyīn	qīngchè	fùgài	āngzāng	hēiqún
远足	午餐	级任老师	酱油	翁香玉	竹阴	清澈	覆盖	肮脏	黑裙

2. 平、翘舌音声母字词

（1）平舌音声母字词。

有一次　远足　午餐　坐下来　饭菜　两三个　名字　总是　在溪水里　擦脸　肮脏　再一路　素净　随着　走近

（2）翘舌音声母字词。

时候　十块钱　终于　吃饭　商店　一个人　级任老师　男生　看着　清澈见底　竹阴覆盖　夏日　炎热　手帕　溪水　浸湿　镇上　中学　火车　认识　到站　这是　说话

3. 前后鼻音韵母字词

（1）前鼻音韵母字词。

我们　海边　远足　便饭　十块钱　午餐　很久　商店　防风林　外面　级任　分给　一点儿　两三个　男生　拌了　看见　每天　竹阴覆盖　跟在　炎热　半路　浸湿　搬到　镇上　过几年　短头发　圆圆脸　一身　到站　黑裙　人群　门口　走近

（2）后鼻音韵母字词。

好像　终于　荒凉　商店　防风林　吃剩的　酱油　名字　翁香玉　放学　经过　可能　清澈见底　两旁　总是　停下来　肮脏　镇上　中学　素净　我想　挤向

4. 轻声词语

时候　妈妈　头发　名字　我们　弟弟　素净　认识

5. 可轻读词语

没有　坐下来　外面　留下　后面　溪水里　停下来　镇上　火车上　看见

作品 53 号

在繁华的巴黎大街的路旁，站着一个衣衫褴褛、头发斑白、双目失明的老人。他不像其他乞丐那样伸手向过路行人乞讨，而是在身旁立一块木牌，上面写着："我什么也看不见！"街上过往的行人很多，看了木牌上的字都无动于衷，有的还淡淡一笑，便姗姗而去了。

这天中午，法国著名诗人让·彼浩勒也经过这里。他看看木牌上的字，问盲老人："老人家，今天上午有人给你钱吗？"

盲老人叹息着回答："我，我什么也没有得到。"说着，脸上的神情非常悲伤。

让·彼浩勒听了，拿起笔悄悄地在那行字的前面添上了"春天到了，可是"几个字，就匆匆地离开了。晚上，让·彼浩勒又经过这里，问那个盲老人下午的情况。盲老人笑着回答说："先生，不知为什么，下午给我钱的人多极了！"让·彼浩勒听了，摸着胡子满意地笑了。"春天到了，可是我什么也看不见！"这富有诗意的语言，产生这么大的作用，就在于它有非常浓厚的感情色彩。

是的，春天是美好的，那蓝天白云，那绿树红花，那莺歌燕舞，那流水人家，怎么不叫人陶醉呢？但这良辰美景，对于一个双目失明的人来说，只是一片漆黑。当人们想到这个盲老人，一生中竟连万紫千红的春天//都不曾看到，怎能不对他产生同情之心呢？

（节选自小学《语文》第六册中《语言的魅力》）

训练提示：

1. 难读易错字词

yīshān lánlǚ	qǐ tǎo	shānshān ér qù	érshì	yīnggē yànwǔ	táozuì	liángchén měijǐng	wànzǐ - qiānhóng
衣衫褴褛	乞讨	姗姗而去	而是	莺歌燕舞	陶醉	良辰美景	万紫千红

2. 平、翘舌音声母字词

（1）平舌音声母字词。

在身旁　木牌上的字　匆匆　胡子　作用　色彩　怎么　陶醉　万紫千红

（2）翘舌音声母字词。

站着　衣衫褴褛　双目失明　伸手　身旁　什么　无动于衷　姗姗而去　中午　著名　诗人　让·彼浩勒　这里　上午　说着　神情　非常　悲伤　春天　产生　绿树红花　流水人家　良辰美景　只是

3. 前后鼻音韵母字词

（1）前鼻音韵母字词。

繁华　站着　衣衫褴褛　斑白　伸手　身旁　什么　看不见　很多　淡淡一笑　便姗姗而去　今天　给钱　叹息　脸上　神情　前面　添上　春天　晚上　先生　满意　语言　产生　感情　蓝天白云　莺歌燕舞　怎么　但　一片　人们　连　良辰美景　万紫千红

（2）后鼻音韵母字词。

路旁　双目　失明　不像　那样　行人　过往　无动于衷　著名　让·彼浩勒　经过　盲老人　神情　非常　悲伤　听了　那行字　匆匆　晚上　先生　作用　浓厚　绿树红花　莺歌燕舞　良辰美景　当人们想到　竟连

4. 轻声词语

什么　晚上　先生　这么　怎么　老人家　胡子　人们

5. 可轻读词语

上面　看不见　街上　木牌上　没有　脸上　前面　添上　这里

作品 54 号

有一次，苏东坡的朋友张鹗拿着一张宣纸来求他写一幅字，而且希望他写一点儿关于养生方面的内容。苏东坡思索了一会儿，点点头说："我得到了一个养生长寿古方，药只有四味，今天就赠给你吧。"于是，东坡的狼毫在纸上挥洒起来，上面写着："一曰无事以当贵，二曰早寝以当富，三曰安步以当车，四曰晚食以当肉。"

这哪里有药？张鹗一脸茫然地问。苏东坡笑着解释说，养生长寿的要诀，全在这四句里面。

所谓"无事以当贵"，是指人不要把功名利禄、荣辱过失考虑得太多，如能在情志上潇洒大度，随遇而安，无事以求，这比富贵更能使人终其天年。

"早寝以当富"，指吃好穿好、财货充足，并非就能使你长寿。对老年人来说，养成良好的起居习惯，尤其是早睡早起，比获得任何财富更加宝贵。

"安步以当车"，指人不要过于讲求安逸、肢体不劳，而应多以步行来替代骑马乘车，多运动才可以强健体魄，通畅气血。

“晚食以当肉”，意思是人应该用已饥方食、未饱先止代替对美味佳肴的贪吃无厌。他进一步解释，饿了以后才进食，虽然是粗茶淡饭，但其香甜可口会胜过山珍；如果饱了还要勉强吃，即使美味佳肴摆在眼前也难以//下咽。

（节选自蒲昭和《赠你四味长寿药》）

训练提示：

1. 难读易错字词

Zhāng È	yīhuìr	dàng guì	dàng fù	dàng chē	dàng ròu	yàojué	gōngmíng lìlù	měiwèi jiāyáo	miǎnqiǎng	jí shǐ
张鹗	一会儿	当贵	当富	当车	当肉	要诀	功名利禄	美味佳肴	勉强	即使

2. 平、翘舌音声母字词

（1）平舌音声母字词。

一次　苏东坡　一幅字　思索　四味　赠给　在纸上　挥洒　早寝　随遇而安　财货充足　虽然　粗茶淡饭

（2）翘舌音声母字词。

张鹗　拿着　宣纸　养生　内容　说　长寿　只有　上面　无事　晚食　当肉　茫然　解释　是指　如能　荣辱　过失　情志　使人　终其天年　吃好穿好　充足　早睡　任何　肢体不劳　乘车　通畅气血　未饱先止　粗茶淡饭　胜过　山珍

3. 前后鼻音韵母字词

（1）前鼻音韵母字词。

宣纸　一点儿　关于　方面　今天　安步　晚食　一脸　全在　早寝　穿好　老年人　习惯　任何　运动　强健　未饱先止　贪吃无厌　进食　虽然　粗茶淡饭　香甜　山珍　勉强　眼前　难以

（2）后鼻音韵母字词。

朋友　张鹗　希望　养生　方面　内容　长寿　赠给　狼毫　当贵　茫然　功名荣辱　更能　情志　终其天年　充足　并非　养成　良好　讲求　乘车　运动　强健　通畅　应该　香甜　勉强

4. 轻声词语

朋友　意思　解释

5. 可轻读词语

纸上　起来　上面　哪里　里面　在情志上

作品55号

人活着，最要紧的是寻觅到那片代表着生命绿色和人类希望的丛林，然后选一高高的枝头站在那里观览人生，消化痛苦，孕育歌声，愉悦世界！

这可真是一种潇洒的人生态度，这可真是一种心境爽朗的情感风貌。

站在历史的枝头微笑，可以减免许多烦恼。在那里，你可以从众生相所包含的甜酸苦辣、百味人生中寻找你自己，你境遇中的那点苦痛，也许相比之下，再也难以占据一席之地，你会较容易地获得从不悦中解脱灵魂的力量，使之不致变得灰色。

人站得高些，不但能有幸早些领略到希望的曙光，还能有幸发现生命的立体的诗篇。每一个人的人生，都是这诗篇中的一个词、一个句子或者一个标点。你可能没有成为一个美丽的词，一个引人注目的句子，一个惊叹号，但你依然是这生命的立体诗篇中的一个音节、一个停顿、一个必不可少的组成部分。这足以使你放弃前嫌，萌生为人类孕育新的歌声的兴致，为世界带来更多的诗意。

最可怕的人生见解，是把多维的生存图景看成平面。因为那平面上刻下的大多是凝固了的历史——过去的遗迹；但活着的人们，活得却是充满着新生智慧的，由//不断逝去的“现在”组成的未来。人生不能像某些鱼类躺着游，人生也不能像某些兽类爬着走，而应该站着向前行，这才是人类应有的生存姿态。

（节选自［美］本杰明·拉什《站在历史的枝头微笑》）

训练提示：

1. 难读易错字词

xúnmì　cónglín　guānlǎn　yùnyù　xiāosǎ　zhòngshēngxiàng　shuǎnglǎng　shǔguāng　méngshēng
寻觅　丛林　观览　孕育　潇洒　众生相　爽朗　曙光　萌生

qiánxián　yíjì
前嫌　遗迹

2. 平、翘舌音声母字词

（1）平舌音声母字词。

最要紧　绿色　丛林　潇洒　在那里　从众生相　所包含　甜酸苦辣　自己　再也　灰色　早些　一个词　一个句子　组成　足以　生存

（2）翘舌音声母字词。

活着　然后　枝头　人生　歌声　世界　这可真是　一种　爽朗　众生相　寻找　占据　容易　使之　不致　曙光　诗篇中　或者　成为　引人注目　不可少　组成　历史　充满　智慧

3. 前后鼻音韵母字词

（1）前鼻音韵母字词。

要紧　寻觅　那片　丛林　然后　选　站在　观览　孕育　真是　心境　情感　减免　烦恼　包含　甜酸苦辣　占据　灵魂　变得　不但　发现　诗篇　标点　引人注目　惊叹号　音节　停顿　前嫌　见解　平面　因为　人们　新生

（2）后鼻音韵母字词。

生命　希望　丛林　痛苦　歌声　一种　心境　爽朗　情感　风貌　众生相　境遇　苦痛　相比　容易　灵魂　力量　有幸　领略　曙光　成为　惊叹号　停顿　放弃　萌生　兴致　图景　平面　充满　凝固

4. 轻声词语

句子　部分　人们

5. 可轻读词语

态度　在那里　容易　力量　没有　因为　平面上

作品56号

中国的第一大岛、台湾省的主岛台湾，位于中国大陆架的东南方，地处东海和南海之间，隔着台湾海峡和大陆相望。天气晴朗的时候，站在福建沿海较高的地方，就可以隐隐约约地望见岛上的高山和云朵。

台湾岛形状狭长，从东到西，最宽处只有一百四十多公里；由南至北，最长的地方约有三百九十多公里。地形像一个纺织用的梭子。

台湾岛上的山脉纵贯南北，中间的中央山脉犹如全岛的脊梁。西部为海拔近四千米的玉山山脉，是中国东部的最高峰。全岛约有三分之一的地方是平地，其余为山地。岛内有缎带般的瀑布，蓝宝石似的湖泊，四季常青的森林和果园，自然景色十分优美。西南部的阿里山和日月潭，台北市郊的大屯山风景区，都是闻名世界的游览胜地。

台湾岛地处热带和温带之间，四面环海，雨水充足，气温受到海洋的调剂，冬暖夏凉，四季如春，这给水稻和果木生长提供了优越的条件。水稻、甘蔗、樟脑是台湾的“三宝”。岛上还盛产鲜果和鱼虾。

台湾岛还是一个闻名世界的“蝴蝶王国”。岛上的蝴蝶共有四百多个品种，其中有不少是世界稀有的珍贵品种。岛上还有不少鸟语花香的蝴//蝶谷，岛上居民利用蝴蝶制作的标本和艺术品，远销许多国家。

（节选自《中国的宝岛——台湾》）

训练提示：

1. 难读易错字词

suōzi	zònɡɡuàn	jǐliɑnɡ	pùbù	húpō	Rìyuètán	tíɡōnɡ le	ɡānzhe	húdié
梭子	纵贯	脊梁	瀑布	湖泊	日月潭	提供了	甘蔗	蝴蝶

2. 平、翘舌音声母字词

（1）平舌音声母字词。

站在 从东到西 最宽处 四千 三百 梭子 纵贯 森林 自然 景色 雨水充足

（2）翘舌音声母字词。

中国 台湾省 主岛 地处 之间 隔着 时候 站在 岛上 高山 只有 由南至北 形状 狭长 纺织 蓝宝石 似的 常青 自然 十分 日月潭 市郊 世界 游览胜地 热带 雨水 充足 受到 四季如春 生长 甘蔗 樟脑 盛产 品种 不少 珍贵

3. 前后鼻音韵母字词

（1）前鼻音韵母字词。

台湾 南海 之间 天气 站在 福建 沿海 隐隐约约 望见 全岛 缎带般 蓝宝石 森林 果园 自然 十分 日月潭 大屯山 游览胜地 闻名 温带 四面环海 冬暖夏凉 四季如春 条件 甘蔗 盛产 鲜果 品种 珍贵

（2）后鼻音韵母字词。

中国 台湾省 相望 晴朗 地方 岛上 形状 狭长 从东到西 像一个 公里 纺织 纵贯南北 脊梁 高峰 平地 常青 风景区 游览胜地 充足 海洋 冬暖夏凉 生长 提供 樟脑 盛产 王国 品种 鸟语花香

4. 轻声词语

时候　地方　梭子　脊梁　似的　甘蔗

5. 可轻读词语

望见　岛上

作品 57 号

对于中国的牛，我有着一种特别尊敬的感情。

留给我印象最深的，要算在田垄上的一次“相遇”。

一群朋友郊游，我领头在狭窄的阡陌上走，怎料迎面来了几只耕牛，狭道容不下人和牛，终有一方要让路。它们还没有走近，我们已经预计斗不过畜牲，恐怕难免踩到田地泥水里，弄得鞋袜又泥又湿了。正在踟蹰的时候，带头的一只牛，在离我们不远的地方停下来，抬起头看看，稍迟疑一下，就自动走下田去，一队耕牛，全跟着它离开阡陌，从我们身边经过。

我们都呆了，回过头来，看着深褐色的牛队，在路的尽头消失，忽然觉得自己受了很大的恩惠。

中国的牛，永远沉默地为人类做着沉重的工作。在大地上，在晨光或烈日下，它拖着沉重的犁，低头一步又一步，拖出了身后一列又一列松土，好让人们下种。等到满地金黄或农闲的时候，它可能还得担当搬运负重的工作，或终日绕着石磨，朝同一方向，走不计程的路。在它沉默的劳动中，人便得到应得的收成。

那时候，也许，它可以松一肩重担，站在树下，吃几口嫩草。偶尔摇摇尾巴，摆摆耳朵，赶走飞附它身上的苍蝇，已经算是它最闲适的生活了。

中国的牛，没有成群奔跑的习//惯，永远沉沉实实的，默默地工作，平心静气。这就是中国的牛。

（节选自小思《中国的牛》）

训练提示：

1. 难读易错字词

tiánlǒng	xiázhǎi	qiānmò	chùsheng	xiéwà	chíchú	shēnhèsè	hái děi dāndāng	shímò	shōucheng
田垄	狭窄	阡陌	畜牲	鞋袜	踟蹰	深褐色	还得担当	石磨	收成

2. 平、翘舌音声母字词

（1）平舌音声母字词。

尊敬　最深　要算　在田垄上　一次　怎料　走近　踩到　自动　从我们身边　深褐色　做着　工作　松土　嫩草　苍蝇

（2）翘舌音声母字词。

中国　一种　最深　田垄上　狭窄　几只　容不下　人和牛　终有　让路　畜牲　泥水　又泥又湿　踟蹰　时候　稍　迟疑　身边　消失　忽然　受了　沉重　晨光　烈日　拖出　绕着　石磨　朝同一方向　计程　收成　站在　树下　吃几口　算是　闲适　生活

3. 前后鼻音韵母字词

(1) 前鼻音韵母字词。

尊敬 感情 印象 最深 要算 田垄 一群 阡陌 怎料 迎面 走近 难免 远远跟着 身边 我们 看着 尽头 忽然 很大 恩惠 沉默 人类 晨光 满地 金黄 农闲 担当 搬运 重担 站在 嫩草 赶走 奔跑

(2) 后鼻音韵母字词。

中国 一种 尊敬 感情 印象 田垄上 相遇 朋友 领头 迎面 耕牛 容不下 终有 让路 已经 畜牲 恐怕 弄得 正 停下来 自动 从 永远 沉重 工作 晨光 松土 等到 金黄 可能 农闲 担当 终日 应得 同一方向 收成 苍蝇 生活

4. 轻声词语

朋友 它们 我们 畜生 时候 人们 收成 看看 摇摇 摆摆 尾巴 耳朵 苍蝇

5. 可轻读词语

田垄上 阡陌上 容不下 没有 已经 斗不过 泥水里 抬起 走下田去 觉得 大地上 树下 身上

作品 58 号

不管你的梦想能否成为事实，说出来总是好玩儿的。

春天，我将要住在杭州。二十年前，旧历的二月初，在西湖我看见了嫩柳与菜花，碧浪与翠竹。由我看到的那点儿春光，已经可以断定，杭州的春天必定会教人整天生活在诗与图画之中。所以，春天我的家应当是在杭州。

夏天，我想青城山应当算作最理想的地方。在那里，我虽然只住过十天，可是它的幽静已拴住了我的心灵。在我所看见过的山水中，只有这里没有使我失望。到处都是绿，目之所及，那片淡而光润的绿色都在轻轻地颤动，仿佛要流入空中与心中似的。这个绿色会像音乐，涤清了心中的万虑。

秋天一定要住北平。天堂是什么样子，我不知道，但是从我的生活经验去判断，北平之秋便是天堂。论天气，不冷不热。论吃的，苹果、梨、柿子、枣儿、葡萄，每样都有若干种。论花草，菊花种类之多，花式之奇，可以甲天下。西山有红叶可见，北海可以划船——虽然荷花已残，荷叶可还有一片清香。衣食住行，在北平的秋天，是没有一项不使人满意的。

冬天，我还没有打好主意，成都或者相当的合适，虽然并不怎样和暖，可是为了水仙，素心腊梅，各色的茶花，仿佛就受一点儿寒//冷，也颇值得去了。昆明的花也多，而且天气比成都好，可是旧书铺与精美而便宜的小吃远不及成都那么多。好吧，就暂这么规定：冬天不住成都便住昆明吧。

节选自老舍《住的梦》

训练提示：

1. 难读易错字词

nènliǔ	cuìzhú	shuānzhù	guāngrùn	chàndòng	díqīng	zhǔyi	hénuǎn	fǎngfú
嫩柳	翠竹	拴住	光润	颤动	涤清	主意	和暖	仿佛

2. 平、翘舌音声母字词

(1) 平舌音声母字词。

总是 住在 菜花 翠竹 所以 算作 最理想 虽然 绿色 样子 从我的生活经验 花草 已残 怎样 素心

(2) 翘舌音声母字词。

事实 说来 总是 春天 杭州 十二月初 翠竹 教人 整天 生活 诗与图画之中 青城山 拴住 山水 这里 使我失望 到处 光润 颤动 似的 知道 不冷不热 吃的 柿子 若干种 花式 划船 虽然 衣食住行 主意 成都 合适 茶花 受一点儿寒冷

3. 前后鼻音韵母字词

(1) 前鼻音韵母字词。

不管 好玩儿 春天 看见 嫩柳 断定 青城山 算作 虽然 拴住 心灵 那片淡 光润 颤动 音乐 万虑 什么 但是 经验 判断 便是 若干 划船 已残 满意 怎样 和暖 水仙 寒冷

(2) 后鼻音韵母字词。

梦想 能否 总是 将 杭州 碧浪 春光 已经 断定 整天 青城山 应当 地方 幽静 心灵 失望 轻轻地 仿佛 空中 像音乐 涤清 北平 天堂 样子 从我的生活经验 不冷 苹果 种类 衣食住行 冬天 一项 成都 相当 并

4. 轻声词语

地方 似的 什么 样子 柿子 主意

5. 可轻读词语

出来 看见 已经 那里 这里 没有 知道 葡萄 值得

作品59号

我不由停住了脚步。

从未见过开得这样盛的藤萝，只见一片辉煌的淡紫色，像一条瀑布，从空中垂下，不见其发端，也不见其终极，只是深深浅浅的紫，仿佛在流动，在欢笑，在不停地生长。紫色的大条幅上，泛着点点银光，就像迸溅的水花。仔细看时，才知那是每一朵紫花中最浅淡的部分，在和阳光互相挑逗。

这里除了光彩，还有淡淡的芳香。香气似乎也是浅紫色的，梦幻一般轻轻地笼罩着我。忽然记起十多年前，家门外也曾有过一大株紫藤萝，它依傍一株枯槐爬得很高，但花朵从来都稀落，东一穗西一串伶仃地挂在树梢，好像在察言观色，试探什么。后来索性连那稀零的花串也没有了。园中别的紫藤花架也都拆掉，改种了果树。那时的说法是，花和生活腐化有什么必然关系。我曾遗憾地想：这里再看不见藤萝花了。

过了这么多年，藤萝又开花了，而且开得这样盛，这样密，紫色的瀑布遮住了粗壮的盘虬卧龙般的枝干，不断地流着，流着，流向人的心底。

花和人都会遇到各种各样的不幸，但是生命的长河是无止境的。我抚摸了一下那小小的紫色的花舱，那里满装了生命的酒酿，它张满了帆，在这//闪光的花的河流上航行。它是万花中的一朵，也正是由每一个一朵，组成了万花灿烂的流动的瀑布。

（节选自宗璞《紫藤萝瀑布》）

训练提示：

1. 难读易错字词

téngluó 藤萝　pùbù 瀑布　bèngjiàn 迸溅　sìhū 似乎　lǒngzhào 笼罩　kūhuái 枯槐　dōngyīsuì 东一穗　xīyīchuàn 西一串　língdīng 伶仃　xīlíng 稀零　chāidiào 拆掉　yíhàn 遗憾　fǎngfú 仿佛　tiǎodòu 挑逗　pánqiú-wòlóng 盘虬卧龙

2. 平、翘舌音声母字词

（1）平舌音声母字词。

紫色　从空中　在流动　仔细　最浅淡　光彩　似乎　曾有　东一穗　索性　再看不见　粗壮　花舱

（2）翘舌音声母字词。

停住　这样盛　空中　垂下　终极　只是　深深浅浅　生长　大条幅上　水花　才知　除了　笼罩着　忽然　十多年　一株　西一串　树梢　察颜观色　试探　什么　拆掉　改种　那时　说法　遮住　粗壮　枝干　人　各种各样　长河　无止境　满装　张满

3. 前后鼻音韵母字词

（1）前鼻音韵母字词。

一片　淡紫色　发端　深深浅浅　欢笑　泛着　点点银光　迸溅　部分　梦幻　忽然　家门　很高　察颜观色　十多年前　试探　什么　连那稀零的花串　园中　关系　遗憾　看不见　盘虬卧龙般　不断　枝干　心底　但是　张满了帆

（2）后鼻音韵母字词。

停住　从未　这样盛　藤萝　辉煌　像一条瀑布　空中　终极　仿佛　流动　生长　条幅上　迸溅　阳光　互相　依傍　芳香　梦幻　轻轻　笼罩　曾有　东一穗　伶仃　索性　稀零　盘虬卧龙　粗壮　流向　各种各样　不幸　生命　长河　无止境　花舱　满装　酒酿　张满

4. 轻声词语

不由得　部分　什么　这么　关系

5. 可轻读词语

条幅上　这里　记起　没有　看不见　那里　河流上

作品 60 号

在一次名人访问中，被问及上个世纪最重要的发明是什么时，有人说是电脑，有人说是汽车，等等。但新加坡的一位知名人士却说是冷气机。他解释，如果没有冷气，热带地区如东南亚国家，就不可能有高的生产力，就不可能达到今天的生活水准。他的回答实事求是，有理有据。

看了有关报道，我突发奇想：为什么没有记者问“20 世纪最糟糕的发明是什么？”其实二〇〇二年十月中旬，英国的一家报纸就评出了“人类最糟糕的发明”。获此“殊荣”的，就是人们每天大量使用的塑料袋。

诞生于上个世纪三十年代的塑料袋，其家族包括用塑料制成的快餐饭盒、包装纸、餐用杯盘、饮料瓶、酸奶杯、雪糕杯，等等。这些废弃物形成的垃圾，数量多、体积大、重量轻、不降解，给治理工作带来很多技术难题和社会问题。

比如，散落在田间、路边及草丛中的塑料餐盒，一旦被牲畜吞食，就会危及健康甚至导致死亡。填埋废弃塑料袋、塑料餐盒的土地，不能生长庄稼和树木，造成土地板结。而焚烧处理这些塑胶垃圾，则会释放出多种化学有毒气体，其中一种称为二噁英的化合物，毒性极大。

此外，在生产塑料袋、塑料餐盒的//过程中使用的氟利昂，对人体免疫系统和生态环境造成的破坏也极为严重。

（节选自林光如《最糟糕的发明》）

训练提示：

1. 难读易错字词

shuǐzhǔn 水准　zāogāo 糟糕　shūróng 殊荣　sùliào 塑料　dànshēng 诞生　bù jiàngjiě 不降解　shēngchù 牲畜　fénshāo 焚烧　èr'èyīng 二噁英

2. 平、翘舌音声母字词

(1) 平舌音声母字词。

一次　最糟糕　塑料袋　三十年代　家族　快餐　酸奶杯　工作　散落在　草丛　死亡　造成　则会　此外

(2) 翘舌音声母字词。

上个世纪　重要　什么　时　汽车　知名人士　却说　解释　如果　热带　生产力　水准　实事求是　记者　十月　中旬　报纸　评出　殊荣　使用　制成　包装　这些　形成　数量　治理　技术　社会　牲畜　吞食　甚至　导致　庄稼　树木　生长　焚烧　处理　释放　多种　称为

3. 前后鼻音韵母字词

(1) 前鼻音韵母字词。

访问　什么　电脑　东南亚　但　新加坡　今天　水准　看了　中旬　人们　年代　诞生　快餐　饭盒　饮料　杯盘　酸奶　很多　难题　散落　田间　路边　吞食　健康　甚至　填埋　板结　焚烧

(2) 后鼻音韵母字词。

名人　访问中　上　发明　等等　冷气机　东南亚　可能　生产力　奇想　英国　评出　形成　包装纸　餐用　饮料瓶　重量轻　降解　工作　牲畜　健康　死亡　庄稼　一种　称为　毒性

4. 轻声词语

为什么　人们　庄稼

5. 可轻读词语

没有

第五章　命题说话的训练

说话是一个人语言水平的一个综合体现，相对于读单音节字词、读多音节词语及朗读短文来说，命题说话对应试人的普通话水平要求更高。说话不仅仅是限于考查应试人的语音标准程度，同时还要测查应试人对普通话词语、句式的选择运用水平及构建话语篇章的水平，当然，言为心声，要把话说好，要以说话人的思维认知能力为基础。应试人要完成本章中的复述、框架填充和话题转换等任务，上述要求与基础都是必不可少的。教材中会循序渐进地安排有针对性的训练，以提高应试人的命题说话能力，训练用的话题均出自“普通话水平测试用话题”（以下简称“话题”）。

第一节　命题说话的形式、范围和测评

一、形式

本测试项的测试形式采用的是单向说话形式，应试人需按照已定的话题来展开话语内容。在人工测试中，测试员是倾听者，一般不插话、不响应。只有当应试人出现背稿、离题或说不下去的情况时，测试员才根据需要进行适时干预，对应试人进行提示引导。在计算机辅助测试中，整个过程是由应试人自己独立完成的，没有来自测试员的提示和干预。

二、范围

命题说话的题目取自“话题”。在人工测试中，测试中心从 30 个话题里以 2 个为一组进行组配，制作成若干个试题卡，由应试人现场抽取。应试人抽取到某组话题卡后，从所抽到的 2 个话题中选择其中的 1 个作为应试话题进行讲述。在计算机辅助测试中，则是计算机从 30 个话题里自动抽取 2 个，由应试人选择其中的一个作为应试话题进行讲述。

三、测评

命题说话测试项的分值占整个测试分值的 40%，共 40 分。在具体测评过程中，测试员根据标准对应试人的普通话规范程度分四项来进行测查：一是语音标准程度，共 25 分，根据应试人表达时语音错误的多少及方音的轻重来扣分，扣分共分六档，分别扣 0 – 14 分不等。二是词汇、语法规范程度，共 5 分，根据应试人表达时词汇、语法规范程度的高低来扣分，扣分共分三档，扣 0 – 4 分不等。三是自然流畅程度，共 5 分，根据应试人表达时自然流畅程度的高低来扣分，扣分共分三档，扣 0 – 4 分不等。各测查项的具体要求详见第一章普通话和普通话水平测试。

除此之外，在计算机辅助测试中，还增加“背稿或朗读、离题、缺时、无效语料”

等四个方面的扣分细则。细则的具体内容参见第六章计算机辅助测试的基本程序及应对策略。

第二节　命题说话的准备策略

一、审视话题

命题说话测试项的测试要求应试人根据规定的话题组织话语进行表达。这就规定了说话的内容只允许在一定范围内按照一定的表达方式来展开，不能随心所欲地铺撒。应试人在准备测试的过程中必须审视具体的话题并以此为根据来构思、表达。对话题的审视将为下一步的构思提供方向性保障。一般情况下，应试人可以从以下三个方面来审视话题。

（一）审视话题，选择表达方式

人们在进行话语表达时往往会根据表达的需要选择相应的表达方式，命题说话的准备也不例外。“话题”中规定了测试所用的30个话题，在平时准备命题说话的时候，应试人可以对所有的话题进行分类，看看这些话题大概可以选择什么样的表达方式来表达。通过审视30个话题，我们大约可以把它们分成三类：记叙描述类、议论评说类和说明介绍类。

（1）记叙描述类：我的愿望（或理想）、我的学习生活、我尊敬的人、童年的记忆、难忘的旅行、我的朋友、我的业余生活、我的假日生活、我的成长之路、我喜欢的明星（或其他知名人士）。（10个）

我们把涉及叙述或描写人物的经历或事物的发展变化过程的话题归为记叙描述类。应试人可以通过或说人，或叙事，或描景，或状物，对生活中的人、事、景、物的情态、变化和发展进行叙述和描述来完成说话过程。

（2）议论评说类：谈谈卫生与健康、学习普通话的体会、谈谈服饰、谈谈科技发展与社会生活、谈谈美食、谈谈社会公德（或职业道德）、谈谈个人修养、我和体育、谈谈对环境保护的认识、购物（消费）的感受。（10个）

我们把通过摆事实、讲道理直接表达自己观点和主张的话题归为议论评说类。应试人可以先表明自己对将要议论评说的问题所持的见解或主张，然后或通过事例，或通过评论，或通过资料，证明自己的见解或主张来完成说话过程。

（3）说明介绍类：我喜爱的动物（或植物）、我喜爱的职业、我喜爱的文学（或其他）艺术形式、我喜欢的季节（或天气）、我知道的风俗、我的家乡（或熟悉的地方）、我喜欢的节日、我所在的集体（学校、机关、公司等）、我喜爱的书刊、我向往的地方。（10个）

我们把对事物作客观说明的话题归为说明介绍类。应试人可以运用举例说明、分类说明、数据说明、比较说明、定义说明等方法，或按时间顺序展开，或按空间顺序展开，或按逻辑顺序展开，有条不紊地说明介绍清楚所要说明介绍的对象来完成说话过程。

记叙描述、议论评说和说明介绍只是对30个话题进行的一个大概的分类，其实很多话题既可以运用议论评说的方式，也可以选择记叙描述的方式。如“我喜爱的动物”，既可以介绍说明，也可以叙述描写，这取决于表达者的立足点在哪里。也就是说，对于同一个话题，不同的表达者会有不同的角度，会谈不同的内容，甲可能从介绍说明的角度去谈，乙可能从叙述描写的角度来说。

（二）审视话题，选择表达内容

我们通过对话题的审视确定了具体话题的表达方式后，选择什么样的内容来表达，仍需应试人做出周详的安排。在根据具体话题安排表达内容时，应试人需要把握一个原则：根据自己的实际情况，选择自己最熟悉的人和事。记叙描述时，应试人可以直接说人和事；议论评说时，可以先说观点，再说人和事；说明介绍时，可以先说性质，再说人和事。例如，“我尊敬的人”可以选择身边熟悉的人的一件事来说，通过一件事来告诉别人你为什么尊敬他（她），当然也可以说几件事；“难忘的旅行”可以选择应试人某次的旅行经历来说，其中可以选择难忘的景物，也可以选择旅行中遇见的难忘的人，还可以选择旅行中难忘的小吃；“谈谈服饰”可以在表明应试人的态度与观点之后，或选择具体的人，对一个人的服饰进行描述与评述，或选择具体的事例，对某类或者某些类的服饰进行描述评价，通过这样的方式来说明应试人先前所提出的观点。

（三）审视话题，看有无归并的可能

话题是说话的一个主题，为表达者提供一个说话的起点或范围，它仅仅规定了内容的大概指向。这实际上给我们提供了一个把内容指向有联系的话题归并到一起来准备的可能。应试人在应试前作准备时，为了提高说话的质量，可以进行适当的话题归并。例如：

“我尊敬的人”、“谈谈个人修养”——→（内容指向）说一个人淡泊名利的一件具体的事情。

“童年的记忆”、“我知道的风俗”、“我的家乡”——→（内容指向）通过说童年时在家乡经历的一件具体事说对家乡的一种风俗的记忆。

“难忘的旅行”、“我向往的地方”——→（内容指向）具体说到一个地方的旅游过程。这个地方是我向往的一个地方，这次旅行是我一次难忘的旅行。

“我的学习生活”、“我的业余生活”、“学习普通话的体会”——→（内容指向）业余生活的主要内容是不断学习，不断充实自己。具体说说参加普通话测试培训这件事的苦与乐。

话题对我们说话提出的要求是所说的内容与之相关即可。我们上面的话题组合其实是从某一个角度观察得出的一个结果，如果从另一个角度来观察，也会有其他组合的可能。话题的归并实际上就是以一个基本的内容为核心，然后放射、链接到不同的题目。

二、组织话语

我们对话题的审视解决了说话的表达方式及话语的大概框架，对于应试人来说还需要将具体的材料组织成具体的话语内容。命题说话测试项相关的要求是：词汇、语法要规范，表达要口语化，话要说满3分钟。因此，我们在组织话语的时候，既要考虑到口语的特点，又要考虑到3分钟的内容。

（一）叙述要详细，描述要具体

应试人在进行命题说话时，必须完成3分钟的表述，这就要求话语内容一定要饱满，因此就得把握好话语表述过程中的详略。有一句话叫做“千言万语化作一句话”，这是一种非常概括的表述，它不适合测试中的说话。表述的详略该怎样把握呢？基本原则就是叙述要详细，描述要具体。这样才能保证有话可说。

叙述要具体，要求应试人在叙述人物时要介绍清楚人物的身世、经历、事迹等；在叙述事件时要通过叙述交代事件的起因及发生、发展的过程。只有这样才能够把人物事件叙述得详细具体，即便是议论、抒情、说明、描写也都离不开叙述。可以说各种表达都需要通过叙述将表述中的各部分连缀成有机的整体。如“我最尊敬的人”，有人这样说：

如果有人问我最尊敬的人是谁，我会毫不犹豫地说：“我最尊敬的人是陈老师。”陈老师是我的班主任，在她那慈祥的脸上，嵌着一双炯炯有神的大眼睛，一头乌黑的头发，一张小巧的嘴巴，高高的鼻梁，仔细一瞧，陈老师的眼睛还会“说话”呢！

有一次语文单元测试，我考得很不理想，非常的沮丧，陈老师看到我难过的表情，就用热情、慈祥的目光鼓励我，叫我不要泄气，要继续努力，这次借分给我，希望下次考出好成绩，再把分还给老师。陈老师亲切的目光，语重心长的话语，给了我极大的鼓励，我立刻振作起来，用心上课，认真学习，期末考试终于考出了好成绩。陈老师，您知道吗？这不仅仅是我的努力，更是您的鼓励和教导呀！

陈老师不但在学习上对我严格要求，而且在生活中对我关怀备至。记得有一次，我在做操的时候，不小心碰到手上的水泡，痛得我只想哇哇大叫，陈老师看到我痛苦的样子，连忙跑过来，把我带到办公室擦药。她一边仔细地擦药，一边轻轻地叮嘱我：“你以后要小心点。”陈老师那温和、关爱的目光给了我很大的安慰，使我感到很温暖，这目光只有慈母才有呀！我忍不住掉下泪来。

陈老师，您是我最尊敬的人，我为有您这样一位老师而感到骄傲。如果有人问我，长大想当什么，我会斩钉截铁地说：“我要当一名像陈老师那样受人尊敬的人民教师！”

（引自：http：//pth. haedu. cn/xlxzd/633941540006250000. html）

这段话语既有对“我最尊敬的人”陈老师外貌的描述，也有对我和陈老师之间曾经发生过的具体事件发生、发展过程的叙述，语言得体，内容比较饱满。

在测试时，有些应试人由于说得过于简明扼要，说话仅 1 分钟就再也没词儿了。例如，一位应试人在参加测试前不久曾到新马泰旅游，她测试时抽到的说话题目刚好是“一次难忘的旅行”。测试时，她的表达如下：

我们先到泰国，参观了大皇宫、玉佛寺、东番石榴园和九世皇庙。然后又到新加坡参观了植物园、福康宁公园、市政广场、伊丽莎白公园和鱼尾狮像。最后到马来西亚，我们到云顶高原住了一晚，后来又参观了国家回教堂、国家英雄纪念碑、独立广场、民俗纪念馆和马来高脚屋。老师，我讲完了。

这样的表述内容从量的角度来看显然不符合说满 3 分钟的要求，究其原因就是话语内容过于概括。也有的应试人会出现说不到几句话，因无话可说而颠来倒去地说那几句话的情况。这也和不知道说话要具体有关系。

怎样才能做到详细具体呢？首先要有这个意识，其次就是应试人在作准备的时候，要注意从小处着眼。从小处着眼去考虑表达的线索，从小处着眼去准备说话的材料，为详细具体地表达打下基础。应试人表达时在不啰嗦的前提下，说得越详细具体越好。例如，在说一项自己喜欢的运动时，可以先谈谈你为什么喜欢这项运动，再谈谈这项运动需要准备什么样的鞋、衣服和运动工具，甚至还可以说说此项运动与其他运动在鞋及衣服准备上的不同。接下来可以描述运动过程中的状态：头、脖子、胳膊、腿、脚等如何配合，运动中感觉到的变化，运动中的花絮，等等。这样慢慢地说来、细细地道，既能满足本测试项对说话时间长短的要求，又能使测试员如身临其境，可谓一举两得。

（二）词汇选择要口语化

书面语与口语是语言表达的两种不同的方式，各自适用于不同的语境，满足不同的需要。命题说话要求我们用口语表达，因此，应试人在选择词语组织话语的时候，要体现口语化的特点。注意要少选择古汉语词汇、少用华丽的辞藻。这些词语出现在书面语中能够使文章表现出典雅、精练的风格，但如果大量地用在口语中就会有一种文绉绉的感觉。汉语中存在着的大量不同色彩的同义、近义词为我们选择口语词提供了很多可能。当面对一个事物需要选择不同色彩的词语的时候，我们应该毫不犹豫地选择带有口语色彩的词。例如，遇到“乞讨”与“要饭”、“母亲”与“妈妈”、“风和日丽”与“天气晴朗”等词语时，选“要饭”，不选“乞讨”，选“妈妈”，不选“母亲”，选“天气晴朗”，不选“风和日丽”。这样的词语组织出来的话语听起来就会口语味比较浓一些。

（三）句式选择口语化

人们在口语表达时总是力求简洁明了，表现在句式的组织上就是要多使用短句，较少或者一般不使用过长的句子，特别是结构复杂、层次繁多的句子。多用短句与口语传播及接受方式有关，从表达者的角度来看，为了方便表达，表达者常常会选择较短的句子；从接受者的角度来讲，由于传播方式的关系使口语表达具有了“言过即逝”的特点，长句子既不方便接受，也不方便解读。鉴于此，命题说话测试项对应试人提出了口语化的要求。我们比较一下下面两组句子。

A：①在一个阳光明媚空气清新的早晨。

②今天早晨，空气清新，太阳很好。

B：①我买了一本新出版的内容很丰富的修辞学著作。

②我买了一本修辞学书，刚刚出版的，内容很丰富。

A 组和 B 组中的两个句子各自所表达的意思是一样的，区别是两个句子的长短、整散不同。A①与 B①均为一个句子，句子中的修饰成分层叠连缀；A②与 B②分别是由三个短句子组成，句子层次简单。如果让我们对这两组中的两个句子分别做出选择，写书面语体性质的文章时，我们会选类似 A①与 B①这种句式来表达，书面语色彩就较强。但在说话时，我们则会选择用 A②与 B②这种句式来表达，说听都方便。另外“阳光明媚”与“著作”从词语色彩上来看，书面语色彩较浓，换成“太阳很好”与“书”就会口语化一些。

（四）语言运用要规范

词语运用要规范，包括对方言词、外来词、网络词及缩略语等方面的词语运用问题。对外来词、网络词及缩略语等的运用，我们要选用那些已经融入了普通话词汇系统的词，不用那些尚未融入普通话词汇系统的词。我们以方言词的运用为例，例如：

刚才——堵则、啱先、将脚、才刚、头先

跟头——跟斗、车奶、跟斗、跟斗里、劲斗

“刚才”是普通话里表时间的名词，“堵则、啱先、将脚、才刚、头先”则是方言里表时间的名词，它们的意思及用法与“刚才”相当。“跟斗、车奶、跟斗里、劲斗”也是方言里与普通话词语“跟头”相当的词。在讲普通话时，我们当然应该选择“刚才”与“跟头”。外来词、网络词及缩略语等也会遇到类似的选择问题，我们在训练及应试时应该有所注意。

语法运用要规范，包括语序要正确、句子要完整、关系要合逻辑等。语序要正确是指词语在句子中的排列顺序要遵守普通话语序的一般规律，有的时候要特别注意不要受某些方言特有的结构顺序影响导致语序失范。例如，粤方言里的“我走先。”就与普通话中的“我先走。”语序有别。句子要完整是指在表达时，句子不能随意缺少主语和谓语。例如，“看到老师们忘我工作的情景，使我很受感动”这个句子没有主语，表达的意思不清。当我们说成“看到老师们忘我工作的情景，我很受感动。”时，句子的主语、谓语都有了，表义也就清楚了。关系要合逻辑，这里的关系包括词语间的搭配关系、语义间的搭配关系、句子间的关系。例如：

①湖面上倒影着点点白帆。

②风夹着豆大的雨点哗哗的下起来。

③夜里，我被一声巨雷惊醒了，接着，马上是一场暴雨。

①句中的“倒影”与“白帆”间不存在搭配关系；②句中的“风”与“下”之间也不存在搭配关系；③句中的“我被一声巨雷惊醒了”与“马上是一场暴雨”之间没有逻辑联系。

这些句子应该这样说才合逻辑：

④湖面上倒映着点点白帆。

⑤风夹着豆大的雨点呼呼地刮起来。

⑥半夜里，一声巨雷把我惊醒了，接着，是一场暴雨。

当然，补充改正的方式未必就只有一种，也可以有多种不同的途径，这里只是例说。在平时说话的时候，有人会衬字过多。例如，说话时，会在话语之间带上“呃”、“这个”、“啊”、“那么”、“就是”等与语句表意关系不大的词，并且这些词在话语里反复出现，成为一种不自觉的表达习惯。有的时候还会出现一些不必要的口头禅。它们在说话中反复出现就成为一种赘语。赘语的出现会影响语句的流畅度和清晰度，在测试时出现会被扣分。当然，不可否认，这些词在表达中少量地、适当地用一些是完全可以的，有时还能使句子的语气舒缓、亲切，易于理解，有一定的积极作用，但是不能过多，过多则滥。

除了以上几个方面之外，应试人还应该紧扣话题来组织话语内容，不要出现所说内容完全不符合或基本不符合规定话题的“离题”现象；尽量说自己生活中的事情，不要出现与别人的内容相雷同的情况。测试时，出现这些情况会酌情给予扣分，扣分分值在4～6分之间。

三、表达话语

表达话语是应试人将自己按指定的话题准备的话语内容通过语音形式表述出来的一个过程。在这个环节，测试员根据应试人说话时普通话的规范程度进行评判。该测试项要求应试人在表达时应该注意以下四个方面的问题：

（一）语音要准确

口语表达的载体是语音，语音要求准确、自然。

由于测试员在测试时十分注意测听应试人的语音是否准确，包括应试人在说话的过程中，有没有说错字和出现方言语音，例如，该翘舌的字是否翘舌了、前后鼻音有没有分清发好、上声是否到位、阴平是否够高、该儿化是否儿化了、该轻声的是否轻声了……等等，这些都涉及语音是否准确的问题，因而，应试人表达时要注意语音准确。

（二）语流要自然

语流自然是指应试人表达时的一种话语状态。应试人在表达时的语音、语调、语气等都应该是日常口语时一种自然的状态。也就是说，日常生活中怎么说，测试时就怎么说。不自然是要被扣分的。有些情况要避免出现：一种情况是因为准备得过于充分，出现类似背书的情况，从而使得语流过于“流畅”而显得不自然。例如，有些应试人为了使自己更有把握，准备时，把 30 个说话题目都像写作文那样写下来，测试时，则像背书一样将稿子背出来。这样就将说话变成了背书；另一种情况是由于普通话的语感还没有建立起来，普通话尚不熟练，应试人又过于追求语音的准确，表达时出现“拿腔拿调”的情况。

（三）语速要有控制

应试人在表达时要适当地控制语速，这样既可以使表达清晰，又可以使话语内容显得饱满。语速过快既会使语流显得拥堵，也会使发音失去控制，以至于方音“横行”。语速过慢会使语流时断时续，显得不连贯、不流畅。应试人最好将语速控制在平时说话的语速状态下，3 分钟大概说五六百个音节。

（四）时间要保证

《普通话水平测试大纲》对命题说话的表达时间有明确的要求：“说话不足 3 分钟酌情扣分：缺时 1 分钟以内（含 1 分钟）扣 1 分、2 分、3 分；缺时 1 分钟以上，扣 4 分、5 分、6 分；说话不满 30 秒（含 30 秒），本测试项成绩计为 0 分。”

机测则对说话时间的规定更细致、具体：缺时 15 秒以下，不扣分；缺时 16 ~ 30 秒，扣 1 分；缺时 31 ~ 45 秒，扣 2 分；缺时 46 秒 ~ 1 分钟，扣 3 分；缺时 1 分 01 秒 ~ 1 分 30 秒，扣 4 分；缺时 1 分 31 秒 ~ 2 分钟，扣 5 分；缺时 2 分 01 秒 ~ 2 分 29 秒，扣 6 分；说话时间不足 30 秒（含 30 秒），本测试项成绩记为 0 分。

应试人说话时一定要注意不能缺时，但也不要出现为了凑够说话时间而反复说同一句话的情况，这样也同样会被扣分。

第三节　说话范例分析

语言能力及测试成绩的提高需要经历一个学习、训练的过程，其中，训练的方式因其训练目的的不同会采用不同的策略。应试人可以通过一些范例先了解测试中命题说话的表达特点，获得一些感性的认识，开阔自己说话思路。本节选取了 6 个命题说话材料，我们站在测评员的角度对每个命题说话的话语内容的组织、分数的得失、话语表达的特点等给予有针对性的分析。

学习本节内容时，建议学习者先聆听①，有的不妨多次聆听，并结合测评例说进行揣摩比较，获得比较真实的语感，进而通过一定量的训练提升说话能力。

一、我尊敬的人

（一）语例示范

现在我要讨论一下我尊敬的人。我尊敬的人这个题目摆在我面前时，我立刻就想到了我的姥姥。姥姥这个词是北方用语，在南方，大家都称为外婆。我的姥姥其实是一个很普通的山东女人，但是不普通的是她养育了五个女儿，这一点，在当时的社会来看是一个很大的罪过。亲戚邻里给了她很多白眼，因为这个，她没少受到别人的欺负。我的姥爷是一个铁路工程师，曾参加过坦赞铁路的建设活动。为了建设坦赞铁路，姥爷一年之中有很多时间都在非洲，很少回到家里，所以家里的生计都是姥姥一个人在操持。为了多挣一点家用，她在附近的工厂里当散工，有几次事故几乎让她丧命，但是最让她骄傲的是，在那么艰苦的环境下，她培养出五个女大学生。然而非常不幸的是，姥爷在非洲的工作十分艰苦，积劳成疾，在他回国后不久，在我还不到一岁的时候，他就离开了我们。姥姥在四十岁左右就开始了孀居的日子。

姥姥在我的印象中就如高尔基在《我的童年》中所描绘的外婆一样，是一个善良、正直、有主见的女人。我有一本《我的童年》的小人书，在书中，虽然高尔基的外婆和我的姥姥在外形上来看并不一样，但是，我却总喜欢把她看作我的姥姥。因为书上画有高尔基和他外婆在森林里面采蘑菇、采野菜，而这个正是我姥姥曾经带着我一起做过的。我现在还能记起，她能分门别类地说出那些看似一样的绿色植物，哪些能吃，哪些不能，这无疑给我留下了深刻的印象。现在，我长大了，离开了北方，离开了我的姥姥，但是她还是一个人自己生活。她是一个基督教徒，每天都有非常规律的生活，要进行祷告，要看《圣经》，要唱赞美诗，周日的时候如果天气好的话她也会去教堂做礼拜。我们家有很多亲戚，每当提起我姥姥的时候，他们都要竖起大拇指说："她的生活太有规律了，她的性格太开朗了。"没错，她就是一直保持着这样的性格，我想这就是我尊重她的原因，出于感情，也出于一种感性的认知。我在想，当我孤单一人的时候，当我经历过//那么多坎坷和光荣之后。……（中山大学，孙博，3 分钟，700 个字〈不含标点符号，下同。〉）

（二）测评例说

说话人一开始就开门见山地告诉测试员"我尊敬的人"是我姥姥，接下来，说话人先介绍姥姥是一个"普通的山东女人"并展开了具体的描述；在介绍姥姥是一个"善良、正直、有主见的女人"时，说话人也同样通过生活中他自己曾经历过的事例对姥姥的"善良、正直、有主见"作了具体、生动的描述。整段话语内容充实，描述具体。

对照命题说话的测评标准，从测听录音的情况看，说话人相应的三项测评指标表现为：

---

① 聆听材料见"普通话水平计算机辅导测试训练辅导光盘"。

（1）语音的标准程度：说话人语音失误没有超过10次，基本听不出方音，扣3分。

（2）词汇、语法规范程度：说话人没有出现错误，扣0分。

（3）自然流畅程度：说话人话语流畅，语调自然，时间充足，扣0分。

说话人本项测评结果：扣3分，得37分。

说话人语音规范、语感好，具备了自如地运用普通话进行表述的条件，在3分钟的说话时间里，说了约700个音节，即700个字。从语速的角度看，他的语速属于较快的一种。需要提醒的是，如果说话人的普通话水平没有达到一定的熟练程度，最好将语速放慢一些，比如将语速控制在3分钟500多个音节，这样的话，说话人就可以尽可能地在说的时候兼顾到话语内容、语音规范及话语流畅度。

二、我的学习生活

（一）语例示范

我的题目是我的学习生活。说到我的学习生活，我想说一下我从小到大学习英语的一个过程。我是从小学四年级开始学英语的，这一路学过来呢，我觉得对于我来说，最重要的就是营造语音环境。我觉得不一定是要去国外，或者是去英语角，这些地理上面的营造的一个环境。因为我记得我小的时候呢妈妈给我买了一大堆的迪斯尼动画片的录影带。我只要一有时间呢，我就会去听。那里面一共有十二部动画片，我每部听了不下二十遍。到最后是里面的歌曲、对话，甚至于语音、语调，我都几乎能够背下来了，模仿下来了。到初中，我是过了看动画片的年龄，我就开始看《老友记》，也就是《六人行》，这个习惯一直保持到现在。每一天，我睡觉前不听一集《老友记》呢，我感觉自己是睡不着的。它一共有两百集，然后，我差不多听了有五六遍，因为我觉得，这其实对于我来说是一个没有负担的一个学习过程。因为我喜欢这些内容，我听了它以后呢，我会觉得非常的感兴趣。然后，我就会去重复它们，在不断的重复中呢我又学会了许多的单词和一些地道的表达方法。另外我一直抱有的一个态度就是我觉得不应该把英语当成一门学科，因为对于各种语言来说，我觉得归根到底它们都只是一个工具，一个交流的工具。所以，我从来都不会问，也不建议别人去问，说是听、说、读、写哪一个最重要，因为我觉得这四项能力都是融会贯通，互相促进的。比如说，我在听《迪斯尼》和《老友记》的时候呢，我就会边听边读，说完以后呢，我还会把我觉得有用的、有趣的句型啊、短语啊，尝试着有意识地运用到写作和对话当中。这样一来，我觉得听、说、读、写呢我都能够训练得到。这也是我一直以来坚持的一个学习方法，就是学以致用。其实还有一个方面，我觉得对于学习英语来说是非常重要的，那就是经历、实战经验，因为我参加过许多的比赛，我的一个学习模式呢就是通过比赛来获得一些动力，找到自己的瓶颈，然后再去，再去攻克它，然后再去参加一些比赛或者一些活动，去发现自己的另外一些瓶颈，继续去努力，这样一个良性的循环。举个例子来说，我在2008年的时候参加了“全国希望之星英语风采大赛”……（中山大学，屈伊雪，3分钟，772个字）

（二）测评例说

说话人一开始就引入话题“我的学习生活”，接下来便直接告诉测试员她自己将要表述的学习生活是以时间为经，以学习内容为纬。再接下来，说话人在时间轴上，分别叙述了小学阶段、初中阶段的聆听和模仿学习的经历。同样是聆听和模仿，不同阶段的内容是有区别的，这种区别是通过说话人的详细介绍来体现的。除此之外，说话人还介绍了她自己的其他学习经验——通过各类比赛来激励自己的学习。本段话语在表述上最大的一个特色就是，先考虑清楚表述线索和材料，以叙述的时间线索为经，以对材料的组织为纬，细节描述得体，没有杂乱无章的感觉。

对照命题说话的测评标准，从测听录音的情况看，说话人相应的三项测评指标表现为：

（1）语音的标准程度：说话人语音失误没有超过 10 次，偶尔会有轻声词的发音失误，但仅是偶然，不成系统，基本听不出方音，扣 3 分。

（2）词汇、语法规范程度：说话人基本没有出现词汇、语法错误。虽有些口误，应该是在口语表述允许范围内的，扣 0 分。

（3）自然流畅程度：说话人话语流畅，语调自然，时间充足，扣 0 分。

说话人本项测评结果：扣 3 分，得 37 分。

从说话人的语言表述中可以看出其在表述方面的两个特点：一是语速较快，说话人在 3 分钟的话语里，说了 772 个音节，比范例一的表述还要快些，但由于其吐字清楚，因而没有影响语音的规范程度。当然，对于有些基础相对薄弱的练习者来说，我们还是不提倡语速过快。二是，说话人的表述很口语化值得肯定。

三、我的成长之路

（一）语例示范

我一直觉得自己是一个很幸运的孩子，我出生在一个教师家庭，妈妈是语文老师，爸爸是数学老师，还有个聪明的弟弟。

我的小学和初中都是在农村度过的。从四年级开始，妈妈就开始要求我干家务，洗碗、洗自己的衣服、扫地、拖地、整理自己的房间，以此来锻炼我的自理能力。对我做得不好的地方，妈妈从来都是大声呵斥，毫不留情的。因此，我总是很惧怕自己做错事挨骂。可能正是因为这样，当我们搬到城市后，很多同学都觉得我少了一份城里孩子的高傲，多了一份农村孩子的淳朴与谦逊。

还记得小时候爸妈给我添置了一块小黑板和几支粉笔，我便学着老师的样儿，总在上面涂呀、写呀，立志成为一位教师。从小学到初中，没有兴趣班的纷扰，没有网络游戏的流行，我过得简单、平凡、开心。

我很喜欢看名人传记，尤其是女性名人的自传，如居里夫人等，我渴望像她们那样坚毅果敢，敢于追求自己的梦想。通过这些书籍的熏陶，我总觉得在自己的性格里，在温柔的外表下，也带着那么一点儿刚毅之气。

上高三的时候，学习很紧，但我很享受那种充实、踏实的感觉。在那一年里，我的语文老师和班主任更是给予了我莫大的支持与鼓励，让我常怀感恩之心。他们总会在我状态最低迷的时候对我进行心理疏导，耐心解答我的疑问。高三这一路，幸而有多位良师益友的陪伴，我才自信、轻松地走过了我成长路上的一个关键时期。

回想起这21年来走过的路，总觉得要感谢很多人，爸妈的严格要求养成了我严谨、有条不紊的性格，老师的悉心呵护，使我立志成为像他们那样的人，同学玩伴间的点点真情，使我懂得真诚待人。（广州大学，张淑芬，2分54秒，572个字）

（二）测评例说

说话人的整段话语围绕“我的成长之路”来展开叙述，从小学一直到高中，其间经历过的具体的事、印象深刻的人以及对自己影响最大的书，娓娓道来，具体细致，条理清楚，态度鲜明，表述流畅，内容充实。

对照命题说话的测评标准，从测听录音的情况看，说话人相应的三项测评指标表现为：

（1）语音的标准程度：说话人语音失误没有超过10次，基本听不出方音，扣3分。

（2）词汇、语法规范程度：说话人没有出现错误，扣0分。

（3）自然流畅程度：说话人话语流畅，语调自然。本段话语的时间只有2分54秒，缺时6秒钟，但对照标准（缺时10秒开始扣分）尚不在扣分范围内，扣0分。

说话人本项测评结果：扣3分，得37分。

从说话人的语言表述中可以看出其在表述方面的三个特点：一是语速适中，说话人在3分钟的话语里，说了572个音节，与范例一、范例二的表述相比语速稍慢一些，表现为有控制。在语言测试中，这种语速较好。二是说话人的语句表述简洁、干净、利落，整段话基本上没有出现语句调整的情况，也很少有口头禅及不必要的语词。说话人在参加测试前，对相关的话题应该是有比较好的准备的。更可贵的是，她能在表述时将准备好了的内容自然、流利地复述出来。命题说话要求是即兴地表述，但由于测试是在30个话题中选择，说话人就有条件在平时的训练中做好准备。有准备和无准备的效果是有明显差别的。三是说话的时间稍微差了一点儿（6秒钟），但在允许范围之内。实际上，说话人只要再多说一两句话就够时间了。这可能和平时的准备也有些关系，即平时说的时候时间是够的，但在现场，由于紧张语速稍稍快了些就出现了时间不够的问题。

四、谈谈个人修养

（一）语例示范

说到这个个人修养，其实我觉得，在我们日常生活中，每次接触到一个人之后，往往会给他一个总体的评价。比如说，唉，这个人素质真高，这个人很有教养，或者说这个人有风度，这个人太差劲，又或者说这个人太俗、太邋遢。我觉得这些评价都是对于一个人个人修养的评价。那从这些评价中，从这些日常的评价之中，我觉得也可以看出我们对于一个个人、一个人的个人修养是从哪几个方面来定义的。比如，我觉得，第一个就是静，作为一个人来说，呃，我们平常说的“言多语失”，说得多了总会有些说错的地方，少说多听，只说有用的，不说没用的，是可以体现出一个人的个人修养的。第二个呢，我觉得就是忍，所谓忍，就是面对一些不公平的事或者说面对一些让自己生气的事不急于去生气，其一因为生气本身是一个伤自己身体的事情，但其二它又解决不了问题，所以说呃，只是盲目地去生气、去靠自己的冲动去宣泄不满的话也是一种没有修养的表现。第三种，我觉得就是讲到就是说让，一种谦让的态度，我们说，“退一步海阔天空，忍一时风平浪静”，所以说呃，有的时候，适当做一些退让、做出一些避让，也是能够看得出这个人的一种修养。最后，我觉得还有一些，就是一种眼光。说是淡，把一切都看得淡一些，对名利也好、金钱啊、对于感情啊很多的东西，把它看得淡一些，而不是看得很重。如果你把钱看得太重的话，就觉得太拜金，如果对名利太重的话，又觉得太世俗，所以，我觉得把一些东西看得淡一些，就会让自己的心理更加的平静一些，所以说，所谓，无欲无求吗，无欲则刚。我觉得越是平静一些越会能体会到这种平凡的幸福，所以归结到一点，我觉得所谓个人修养就是一种自我认识、自我纠正和自我提高，任何一个人只有具有良好的个人修养才能够得到别人的尊重。（中山大学，李泽章，2 分 28 秒，630 个字）

（二）测评例说

说话人在谈“个人修养”这个问题时，先用通俗的话语进行界定，回答了什么是个人修养的问题。接下来分别从淡、忍和静三个特征入手进行具体的阐述。本段话语属于论说性的表述，观点鲜明，论述条理清楚，有理有据。

对照命题说话的测评标准，从测听录音的情况看，说话人相应的三项测评指标的表现为：

（1）语音的标准程度：说话人语音失误没有超过 10 次，基本听不出方音，扣 3 分。

（2）词汇、语法规范程度：说话人基本没有出现错误。虽有些口误，应该是在允许范围内，扣 0 分。

（3）自然流畅程度：说话人话语流畅，语调自然。但本段话语只有 2 分 28 秒，缺时 32 秒，扣 1 分。

说话人本项测评结果：扣 4 分，得 36 分。

从说话人的语言表述中可以看出其在表述方面最大的特点是语速较快。说话人在 2 分 28 秒的话语里，说了 630 个音节。我们把本例与范例三“我的成长之路”的语速相比较，范例三的说话人在 2 分 54 秒时间里说了 572 个音节，很显然，本例说话人的语速比范例三的说话人快了一些。因此，尽管本例中的音节数比范例三的多了 67 个，但时间反而少了 26 秒。假设按范例三的速度说，范例四是不会缺时的。这个例子再次提示我们，说话的时候适当地控制语速也是一种应对普通话水平测试的策略。

五、购物的感受

（一）语例示范

我认为女生对于消费的感受应该是比较有自己的经验的。首先呢，我们在消费的时候会有一个标准。这个标准并不是价格上面标出来的价值的标准，而是心理，每一个人的心理价值对东西的判断是不一样的。比如说，同样是一千块钱，用在一件衣服上或者在一个课程上，那么对于不同的人来说呢，呃，这两件东西其实在他们心里的价值是不一样的。另外呢，就是比如说，像网购，大家会觉得网购非常的方便，打开网页，然后它的价格呢也比平时去逛街的话感觉会便宜很多，但其实不然。比如说，它打折的时候也许它会写上一百九十九，那这个诱惑永远都比一百二十元来得要大，这也于是把握了一个消费者的心理。同时呢，我觉得有一些人，他，呃，会用消费来满足自己，比如说是对自己一个工作心情程度的奖励，很多人会用奢侈品来达到这一个目的。另外呢，有很多的人，他们买东西是为了获得一种安全感。比如说，像有一些东西，女生来讲吧，眼影盒，也许我们会觉得，呃，这一盒眼影非常的漂亮，但是我们也许会担心说，哎，这一盒会不会用完之后，那其他时候它就停产了，买不到了。那这样我们可能会囤货，出现囤货的情况，就会买上两盒甚至三盒，其实到最后呢也不见得就会用到。另外呢，我觉得限量版对大家的诱惑也是非常的大，因为有的人会觉得买到限量版的东西很特别，但是其实这些东西并不一定是自己真正需要的。但是，就会觉得如果真的买到了会很高兴。有的时候，啊，自己会觉得好像买东西买得太多了吧，就会想要抑制自己的一些购物欲望。那这个时候呢，我自己就会假设。比如说，有些东西我真的不是特别的需要，那我可能就会假设说，那我可能就会假设说，如果我真的买了的话，那我是不是真的会常常用到这样一个东西。人其实非常多的时候是在一些自己不太需要的东西上面磨蹭很久，思前想后，最后还是会放弃，因为可能会觉得自己还是没有那么多的需要，会用到它，最后//还是会倾向于理性消费。（中山大学，陈野萌，3 分钟，694 个字）

（二）测评例说

说话人谈了女生在购物方面的感受，内容很有特色。她分别从每个人在“消费的时候会有一个标准”、一些人会“用消费来满足自己”和“限量版对大家的诱惑也是非常的大”三个方面来展开论述，既切实可信，又有话可说，选材用例很机智。本段话选择的是论说性表述方式，观点清晰，叙述条理清晰。

对照命题说话的测评标准，从测听录音的情况看，说话人相应的三项测评指标的表现为：

（1）语音的标准程度：说话人语音失误没有超过 15 次，有方音但不明显，扣 6 分。

（2）词汇、语法规范程度：说话人出现 2 次语法错误，扣 1 分。

（3）自然流畅程度：说话人话语流畅，语调自然，时间充足，扣 0 分。

说话人本项测评结果：扣 7 分，得 33 分。

从说话人的语言表述中可以看出其在表述方面的四个特点：一是选择自己熟悉的事例来说，言之有物。二是很口语化，例如，语气词较多，有“那我可能就会假设说，那我可能就会假设说，”这样的重复语句出现，这种现象在口语表达中很正常，表述者口语表达时，有时由于各种原因，思维会出现一个短暂的空白而导致一次不由自主地对前一句话的复述。需要注意的是，这种情况只能偶然出现，如果经常出现就是不流畅了。三是翘舌音的发音有缺陷，发音部位偏前；说到后鼻音韵母 eng、ing 的字时，有时会说成前鼻音；有时会忽略了轻声词语。四是出现了“这也于是把握了一个消费者的心理”和“……是对自己一个工作心情程度的奖励”两处语法错误。原因是说话人想说的太多，用的句子又过于简单，使得两个句子都出现了结构杂糅的情况。

六、我喜爱的书刊

（一）语例示范

我最喜欢的书刊是《悲惨世界》，它是雨果的代表作，也是法国最著名的小说之一，它主要讲的是冉阿让的悲惨生活史。冉阿让本来是一个贫穷的工人，为了家里人吃饱，偷了一块面包，就这样被捕入狱了，做了十九年牢。他出来后，又偷东西，但被仁慈的主教米里艾感化，变成了一个舍己为人的人。他化名为马德兰，先当了企业家，后又被人推为市长，但不久，又暴露了过去的身份，又被捕入狱了。逃出后，他救了悲惨女工的孤儿珂赛特，并把她抚养长大。珂赛特长大后，爱上了，后来爆发了起义，冉阿让救了受伤的马里于斯，因为一些误解，冉阿让被珂赛特和马里于斯遗弃，但是最终，误会解开；冉阿让在珂赛特和马里于斯的怀里幸福地死去了。（广州大学，王君苑，1 分 7 秒，259 个字）

（二）测评例说

说话人一开始便引入话题，她告诉听话人她最喜欢的书是雨果的《悲惨世界》，并完整地介绍了《悲惨世界》的故事情节。

根据测听的录音，对照命题说话的测评标准，说话人命题说话的三项测评结果分别是：

（1）语音的标准程度：说话人语音失误没有超过 10 次，基本听不出方音，扣 4 分。

（2）词汇、语法规范程度：说话人基本没有出现错误，扣 0 分。

（3）自然流畅程度：说话人话语流畅，但有背稿的情况，另外，表达的时间只有 1 分 7 秒，缺时 1 分 53 秒，扣 6 分。

说话人本项测评结果：扣 10 分，得 30 分。

从说话人的语言表述中可以看出其在表述方面的两个特点：一是话语的内容明显不足，原因在于说得过于概括，仅介绍了这本书的主要情节。究其原因在于说话人忽略了说话要具体的准备策略，这样必然会出现在介绍完小说情节之后就无话可说的情况。如果能够在介绍的时候适时地穿插介绍一些具体的故事或者介绍完情节之后再就某一个情节展开一些故事，内容就会饱满，说满 3 分钟也就不会有问题了。二是说话人说话时出现了明显的背稿情况。

第四节　综合训练

普通话水平测试中的命题说话既要遵循说话的一般规律，又要有自身的特点，不像生活中的说话那样完全即兴。命题说话实际上带有“半即兴”的特点：话语的内容不能随心所欲，应试人说话时必须根据既定的题目展开，不能离题；可以有所准备；语音、词汇和语法的规范是表达时应注意的重点。为了提高命题说话的能力，应试人有必要进行一些系统性的专项训练。本节根据不同目的设计出不同的训练项目，对说话能力的提高会有所帮助。

一、复述语段的训练

这里所说的复述训练，是指表达者将其听过的其他人的命题说话的语言材料用自己的话重新述说一遍。

（一）训练目的

通过复述训练，培养表达者能够用流畅的普通话来表达大段话语的能力，进而培养其普通话表达的语感。

（二）训练要求

1. 完整地聆听语言材料

复述人聆听的时候，以听清、记住为原则。不同的人可以根据自己的实际情况决定聆听的遍数，但每次聆听都要做到完整地从头到尾地听，避免一句话反复地听，确保语段的完整性。

2. 尽量做到原原本本地复述，不要改动原话语的词句。

3. 复述时，声音要响亮。

（三）训练项目

1. 请聆听语言材料一，然后进行复述

2. 请聆听语言材料二，然后进行复述

聆听材料见“普通话水平计算机辅助测试教学辅导光盘”。

二、构建话题框架的训练

我们在准备表达时，面对话题要会迅速在脑子里考虑将用一种什么样的方式表达；接下来是理一个思路：先说什么，再说什么，最后说什么；再接下来才是选词造句填充内容进行表达。构建话题框架就是用关键词连缀出说话的思路，即草拟出说话的提纲。说话时，再往已搭建起的框架里填充材料，完成表达。

（一）构建叙述类话题表达框架的训练

构建叙述类话题的框架时，我们可以用一组关键性词语将与叙述对象相关的内容连缀成线性结构形成表达框架。根据叙述的对象不同，其构成框架组织的繁简应该有所不同。例如，当叙述的对象是事件时，应该将事件展开来说：事件——发生——发展——结果……。当叙述对象是人物（动物）时，应该把人物（动物）展开来说：引入人物（动物）——外貌——动作——心理——……。

1. 框架例式

框架例式一：

话题：我知道的风俗

框架：引入风俗名称——风俗来历——风俗程序——风俗象征——风俗故事——风俗××……结束

框架例式二：

话题：我尊敬的人

框架：引出尊敬的对象（形貌描述）——与他（她）结识相交的原因——为什么尊敬他——原因之一——原因之二——原因之三……结束

框架例式三：

话题：我的学习生活

框架：引出我——我的基本情况——我的学习——学习内容/学习故事/学习经历等——学习收获/学习结果——学习展望……结束

2. 技能训练

请列出下列话题的表达框架

①我的愿望（或理想）

②我的成长之路

③我的假日生活

④我的朋友

⑤我喜欢的小动物

（二）构建论说类话题表达框架的训练

论说类话题表达的一般框架是：提出观点——分析阐述（举例子，打比方，讲特征，作比较。）

1. 框架例式

框架例式一：

话题：谈谈社会公德

框架：引入社会公德——社会公德的表现之一——评价小结——社会公德表现之二——评价小结——社会公德表现之三——结束

框架例式二：

话题：谈谈个人修养

框架：引入个人修养——个人修养的各种表现——个人修养的各种培养途径——个人修养与社会文明的关系——建议与希望……结束

框架例式三：

话题：谈谈美食

框架：引入美食——美食的相关介绍——美食与社会的关系——美食与地域的关系——美食与健康的关系——我与美食的关系……结束

2. 技能训练

请列出下列话题的表达框架：

①谈谈卫生与健康

②学习普通话的体会

③我和体育

④谈谈科技发展与社会生活

⑤谈谈对环境保护的认识

（三）构建说明类话题表达框架的训练

说明类话题一般是说明对象"是谁"、"是什么样的"、"因为什么"。说明介绍类的结构模式常常是：是谁（什么样的/因为什么）——几个方面的表现——自己相关的评价——结束。在构建具体的说明类话题框架时，可以将上述结构框架用相关的关键词替换即可。

1. 框架例式

框架例式一：

话题：我喜爱的节日

框架：引入节日——我喜欢这个节日的原因——节日的来源——节日的各种表现——

节日对我的影响——节日的展望……结束

框架例式二：

话题：我喜爱的职业

框架：引入职业——我喜欢这个职业的原因——这个职业在社会中的地位——这个职业诱人（诱我）的几个方面——我如果加入这个职业可能达到的理想状态……结束

框架例式三：

话题：我喜欢的文学形式

框架：引入一种文学形式（例如小说）——喜欢小说（古典/现代/当代）的原因——现代小说对我的成长的影响（鲁迅/巴金/沈从文等的相关小说）——例如1——例如2……下一步的阅读计划展望…… 结束

2. 技能训练

请列出下列话题的表达框架：

①我喜爱的动物（或植物）

②我的家乡（或熟悉的地方）

③我所在的集体（学校、机关、公司等）

④我喜欢的季节（或天气）

⑤我向往的地方

二、表达框架的填充训练

框架的填充就是指对已经拟定的话题表达框架进行填充、延展，使其成为一段表意清楚、逻辑严密的话语。在准备材料时，一定要选择自己熟悉的、容易说的材料。有条件的话，可以将表述内容录下来作对比，找出存在的问题，以便有针对性地纠正。还可以将比较好的录音保存下来作为自己复述练习的依据，不断地聆听、复述，通过反复练习来提高自己的表述能力。

（一）叙述类框架填充训练

叙述框架的填充最重要的工作就是根据框架对自己熟悉的材料进行筛选，然后将筛选出的材料有机地填充到已有的框架结构中，形成一段内容充实、表达具体的话语。

1. 框架填充例式

填充例式一：

话题：我知道的风俗

框架：引入风俗名称——风俗来历——风俗程序——风俗象征——风俗故事——风俗××……结束

每个地区都有自己独特的风俗，我来自潮汕地区，我们那里的很多传统习俗都保留得很好，一年到头，有好多节日要过呢。其中，我觉得最特别的要算“出花园”了。

“出花园”是潮汕人为孩子告别童年而举行的一种成人礼。不论男孩女孩，只要到了虚岁15岁这一年，父母和外公、外婆就要给孩子准备“三牲果品”拜别公婆神，表示孩子已经长大成人了，可以走出花园了，不再是那个整天在花园里玩耍的小孩子了。

我们那里的“出花园”一般是在旧历七月举行的，特别是七月七乞巧节跟七月十五中元节这两天最热闹了。不过也有些人是找那些算命先生算一算再择日举办的。我记得我就是在七月七举行的。在那一天，“出花园”的孩子要穿上外婆做的红衣服、红鞋子，一大清早起来吃猪肠、猪肚，意思是你已经长大了，不能再像以前那样没心没肺，要换上成人的肠肚，用成人的思维来想事情。换完“肠肚”就要开始“拜公婆”了，这是最重要的环节。首先呢，要准备十二样果品，放在一种潮汕人称为“胶掠”的竹箕上；然后请出公婆神的神炉，时辰一到就让那个“出花园”的孩子跪拜，拜完要把那个神炉扔掉，因为出了花园的孩子就再也不用公婆来看护了；接着，邀请跟“出花园”的孩子一块儿长大的那些小伙伴，一起把十二种果品每样都吃一点儿，让大家见证你的成长，送你“走出”花园。

到了中午的时候，要请族里的亲戚来家里吃饭，特别是那些德高望重的长辈。午餐也必须是十二样菜，而且每一样都是有特殊含义的。我记得好像芹菜是代表努力勤奋，蒜是希望你聪明伶俐，能除会算什么的，大多数菜都是从谐音的角度来解释寓意的。然后大家坐的位置也是有讲究的，“出花园”的人一定要坐在正座，虽然你不是长辈，但从今天起，你要开始做主，为自己的人生做主。桌上会有一只烤鸡，鸡头也正对着“出花园”的孩子，除了他，大家都不可以动鸡头，意思是希望孩子长大后能够出人头地，有出息。

我记得我“出花园”之前是很期待这个仪式的，因为可以穿新衣服。那一天，一整天，你都必须待在房里，哪儿都不准去，说是怕出门冲撞到什么不吉利的东西。（广州大学，杨晴丹。）

填充例式二：

话题：我尊敬的人

框架：引出尊敬的对象（形貌描述）——与他（她）结识相交的原因——为什么尊敬他——原因之一——原因之二——原因之三……结束

我尊敬的人应该还挺多的吧。不过最早的一个大概是我的初中时候的数学老师。她是在我初二的时候来到我班上教学的，姓徐。徐老师是东北那边的人，烫了一头卷发，很短的。她皮肤很黑，挺胖的，四十来岁的样子，说话声音不大，但是很有力度。我记得我第一眼看到她就在想，这是哪儿来的村妇啊？我们那时候还挺以貌取人的。我们当时还不知道她是我们区中学唯一的特级教师，完全看不出来。徐老师第一节课就把我们班的同学批评了一顿。那时，我们班是全级最乱的一个班，上一个数学老师就是被我们班的同学气走的。下课有些同学就在一起嚷嚷着大家联名上书要求换老师，因为我们从来就没有被老师那么批评过。我那时就很高兴啊，我在想终于有人能管住我们班了啊！我数学很差，120分的满分我基本都考五六十分。徐老师教我们班后，她就会在晚上放学后把我们几个数学比较差的同学留下来，很耐心地给我们讲题。徐老师讲数学题很有一套，她可以用三种完全不同的方法讲同一道题，一直讲到你懂了。徐老师从来不放弃差生，即使是那些很调皮捣蛋的学生。所以，我后来的数学成绩有了很大的进步，可以说和以前比真的是一个大飞跃。我以前一直都觉得上课上得好的老师是个好老师，直到徐老师教我们以后，我才觉得一个好老师除了上课上得好之外，还应该能够教给学生做人的道理，这样的老师才能够真正算得上是一个好老师。在这方面，我的数学老师徐老师绝对可以算是最好的老师。徐老师在课堂上和课堂外经常跟我们说一些做事做人的道理，告诉我们要做善良的人，要做坚强的人。徐老师还会给我们讲一些心理学方面的知识，包括什么皮革马利翁效应啊、高原现象啊，等等。我现在想起这些都觉得很亲切，徐老师的敬业精神、徐老师对学生的爱心，徐老师教给我们的人生道理等，都会让我受益终生，所以我一直很感谢徐老师。（广州大学，刘璐。）

填充例式三：

话题：我的学习生活

框架：引出我——我的基本情况——我的学习——学习内容/学习故事/学习经历等——学习收获/学习结果——学习展望……结束

我是一名大三的学生，学的专业是汉语言文学。我们这个专业的学生最显著的特点就是要多读书，要具备比较好的语言文化素养。很遗憾的就是，我在这两个方面都很欠缺。俗话说，“勤能补拙是良训”、“一分耕耘一分收获”，所以，我平时有事没事就往图书馆跑，我希望勤能补拙。

我印象最深的是大二的那段学习生活。大二的时候，我们开了现代文学课，从第一节课开始，老师就让我们阅读鲁迅的杂文、小说，巴金、老舍他们的代表作，曹禺的戏剧。当时，我翻了一下课本，粗略看了一下，整整5页的书目，人都吓傻了。我当时心里直打鼓，觉得这个现代文学要读的书也太多了吧。但是，转念一想，我们中文系的学生，向来就是读书多，怎能因为这么多书就被吓退呢？于是，我开始了与书的斗争，开始了大量地阅读现代文学作品。

我根据老师讲课的顺序，结合教材上列出的书目制订了一份详细的阅读计划。每天课余，我要做的事情就是去图书馆找书，阅读，做读书笔记，如此周而复始。在阅读的过程中，最痛苦的事情就是看自己不是很喜欢的作家的书，比如沈从文的《边城》，这是老师极力推荐的一本小说，说是这本书是中国现代文学中的杰出作品。不知道为什么，我偏偏就不喜欢《边城》，总觉得与巴金、老舍的小说相比，缺少一点实在的东西。沈从文笔下的水乡，有的是南方的厚重，少了江南的柔软。我看沈从文的《边城》，几乎是硬着头皮看下去的，其中的滋味，只有自己清楚了。除了不喜欢沈从文的小说之外，对于其他作家的作品我都非常推崇，尤其喜欢巴金。每天，一本小说在手，读完之后，写下自己的体会，与周围的同学交流一下意见，其乐无穷。期末，老师布置我们写一篇有关自己最喜欢的作家的小论文，我选择了巴金，由于平时阅读了很多巴金的小说，小论文就写得心应手，最后，我的小论文拿到了95分的好成绩。

接下来，对于以后的学习，我希望自己除了多看小说之外，也不能忽视理论知识的学习，要知道，一篇优秀的论文，除了好的素材之外，还必须有扎实的理论知识，同时我还要努力学习英语和练习普通话，争取把这两个证早日拿到手。（广州大学，曾丹。）

以上三个框架填充例式都能根据给出的框架进行填充，条理清楚，表述具体，内容充实，词汇、语法规范，表达也比较流畅。

2. 技能训练

根据话题进行框架填充练习。

①我的愿望（或理想）。

②我的成长之路。

③我的假日生活。

④我的朋友。

⑤我喜爱的动物。

（二）论说类框架填充训练

论说类框架填充要求表达者先提出自己的观点，接着可以列举所持观点的具体表现，然后或通过事例，或通过评论，或通过资料，证明自己的见解或主张。

1. 框架填充例式

填充例式一：

话题：谈谈社会公德

框架：引入社会公德——社会公德的表现之一——评价小结——社会公德表现之二——评价小结——社会公德表现之三——评价小结

所谓社会公德，说白了就是人在社会中该做的和不该做的行为规范。现在我们这个社会正处于转型时期，出现了一些社会公德薄弱的现象，为什么呢？我觉得有下面两个原因：

第一是有些人缺乏判断是非的标准。例如红绿灯问题，有些人，包括大学城的有些大学生，他们会在红灯亮起的时候过马路，至于马路上有没有车好像并不太在意。所以在内地的有些地方，虽然马路很宽，但是车却跑得很慢。在香港和澳门情况就不太一样，那里的马路虽然很窄，但是，那里的车却跑得很快。为什么呢？我觉得是因为香港和澳门的人认为红绿灯就是命令，红灯停、绿灯走，不管路上有没有车。在内地，有些人会觉得，如果是红灯亮了没有车，你还傻傻地站着等绿灯，会被笑做傻瓜的。我在想，如果我们社会中每一个人都“傻”一点儿的话，那么公路上就不再需要交警叔叔了。另外，还有一个很有趣的现象，在香港是车怕人，在内地是人怕车，这说的是有些开车的人社会公德有高低之分了。车怕人说明开车的人对行人生命的尊重，人怕车的实质是行人害怕开车的人漠视生命。

第二是有些人比较自私，没有集体观念。比如很多人会在自家阳台上种上花美化环境，这本来是件很好的事情，但是，有些人在浇花的时候只管自顾自地浇花，不管其他，浇花的水从阳台洒到地上，碰巧有人经过，就会“中招”。有些人为了图自己方便，在楼上扔垃圾，影响周围的环境。有些人在节假日参观陈家祠时，仅仅是因为进场参观的人比较多没有地方休息，他们就会坐在花花草草上面，完全不会顾虑到花草也有生命，花草也需要爱护。有些人在不允许拍照的景点，仍拍个不停，可以完全不理会别人的规定。还有就是有些人很喜欢占便宜，比如手机充电，有些人喜欢把手机电池拿回单位充电。有些人会把公家的一些小财产顺便占为己有，等等。这都是一些自私的行为，从中看出这些人没有集体的观念，缺少社会公德心。

社会公德水平的提高需要我们每一个人的努力，如果我们都在日常生活里面主动地改正不良的社会行为，相信我们的社会会无限美好。(广州大学，谭静华。)

填充例式二：

话题：谈谈个人修养

框架：引入个人修养——个人修养的各种表现——个人修养的各种培养途径——个人修养与社会文明的关系——建议与希望

在生活中，我们会说某某某的修养很高，可有时也会说谁谁谁的修养很低。那么我们从哪些地方可以看出别人修养的高低呢？我觉得可以从他的为人处世中看出来。比如甲不小心打碎了乙的花瓶，乙对甲破口大骂，还说了许多难听的话，那么我们就会说乙的修养不高。还有，一个人没读过什么书，不讲礼貌，常说脏话，还不讲卫生，随地吐痰，那么我们也会说他的修养不高。那如果我们要提高自己的修养，应该怎么做呢？我觉得我们可以通过多读点书来提高自己的修养；还有，我们通过参加一些有益身心健康的文艺活动来提高自己的修养；还有，我觉得练书法也是一种提高个人修养的很好办法。

也许有些人会说提高个人修养没什么用，其实不是这样的。如果每个人都提高自己的个人修养，那么整个社会的总体素质就会大大提高，而这也有利于促进社会文明的发展。如果每个人都是蛮横的、没有修养的，那么整个社会的文明程度就会大大降低。这样看来，提高个人的修养并不是没有用的，相反，它的作用很大，所以我们要好好地提高自己的修养，让我们整个民族的形象变得更好。我们常常见到一些外国的新闻媒体报道，说一些中国游客到当地旅游时，做出一些不文明的行为，比如在公众场合大声说话、随地吐痰、乱刻乱画等，反正大大影响了中国人的形象。所以，我希望，我们每个人从现在做起，努力提高自己的修养，从而促进我们中华民族整体素质的提高。(广州大学，卢洁娜。)

填充例式三：

话题：谈谈美食

框架：引入美食——美食的相关介绍——美食与社会的关系——美食与地域的关系——美食与健康的关系——我与美食的关系……结束

说到美食，我觉得美食与每个人的生活是息息相关的。俗话说：“民以食为天。”我想，单凭这一句话，就已经足以看出“食”在人们心目中的重要地位了。缺乏食物，就意味着缺少了支撑生命的基础。不说别的，就说我们当今经常讨论的话题——解决人们温饱问题，全面建设小康社会。这难道不是也在说“食”对生存的重要性吗？

中国人很讲究吃。对于食物，每个地区因自己的地理环境和气候物产不同，每个地区文化传统和风俗习惯也都有着自己的特点，所以也就形成了自己独特的饮食文化。就我们国家而言，就有著名的十大菜系，包括粤菜、川菜、苏菜、鲁菜、京菜、浙菜、徽菜、闽菜、湘菜和鄂菜。

我觉得，只要是我们喜欢吃的，只要是有益于我们健康的食物，我们都应该去尝试一下。食物也是可以不分地域的。

虽然这样，但作为一名广东人，我想我还是习惯并且偏爱粤菜的。粤菜很注重质和味，口味清淡，并且还能随着季节的变化而变化。特别是广东人煲的汤，夏秋偏重清淡，冬春侧重浓郁。我觉得这种吃法是很有利于我们的健康的。

就我家来说吧，每次放假回家，我妈准会事先准备好一锅鲜美而有营养的汤等着我。如果是夏天，妈妈就会煲我喜欢喝的西洋菜猪骨汤。妈妈说，猪骨久炖后的骨香能和西洋菜香巧妙地融合在一起，非常滋润。所以这种汤具有清热润肺的功效，最适合在炎热的夏天喝了。如果是在冬天，妈妈则喜欢用莲藕章鱼煲猪骨，给我们做上美美的一顿饭。每次闻到厨房的龙头煲里飘来阵阵章鱼的香味，我都会迫不及待地想着要马上喝。其实呢，这种汤不仅好喝，最重要的是它还有补血益气的功效呢！

我的妈妈很爱煲汤，因为对于一个慈爱贤惠的母亲来说，这不仅是一锅汤，更是对女儿的一片关怀。而我每次捧着妈妈煲的汤，也会想起妈妈辛劳的样子。这时候，感动就会涌上心头。(广州大学，吴雯婷。)

上面三段话属于论述性的表述，因为依据相应的框架在进行论述，因此，三段话语基本上都算得上条理清楚，引用的事例具体，有一定的说服力。

2. 技能训练

根据话题进行框架填充练习。

①谈谈卫生与健康。

②学习普通话的体会。

③我和体育。

④谈谈科技发展与社会生活。

⑤谈谈对环境保护的认识。

（三）说明类框架填充训练

应试人在完成说明类框架填充练习时，先引入说明的对象，然后从不同角度进行介绍说明，具体的说明路径可以有很多种，需要结合不同的话题来进行框架填充训练。

1. 框架填充例式

填充例式一：

话题：我喜爱的职业

框架：引入职业——我喜欢这个职业的原因——这个职业诱人（诱我）的几个方面——我如果加入这个职业可能达到的理想状态

我喜欢教师这个职业，并且希望毕业以后能够找到一份教师的工作，做一名老师。为什么会有这种想法呢？

我们从小就接受来自老师的教育，她教会我们知识，教会我们道理。人们都说，教师是人类智慧的开启者，是人类灵魂的工程师。

我对老师的理解是这样的：如果说知识是海洋，那么老师就是我们的摆渡人，把我们送到智慧的彼岸；如果说人生是山峰，那么老师就是我们的信鸽，指引我们走过千山万水到达成功的制高点。我为什么爱教师这个职业呢，还因为老师对我们无私的爱与教导。在我们最幼嫩无知的时候，老师教我们读书写字；在我们最年少轻狂的时候，老师教我们听话懂事；在我们感到迷茫无助的时候，老师给我们指明前进的方向。

成为一名老师是我从小就树立起来的理想。我觉得在自己的调教下，天真活泼的孩子能通过文字认识到更大更广的世界；在自己的引导下，迷茫的学生能走出迷雾迈向光明。能给人以帮助是一件快乐的事，而老师给人的帮助，就是一件无与伦比的快乐的事情，老师的所教所为是能够启迪一个人一生的，则更是一种无上的光荣。

我常想着能做一名老师就好了。这样，我就能带着我的学生，领略不同的世界。我要教他们看书，看各种各样的书，积累知识，开启智慧；我要教他们明道，明人生之道，明学习之道，明为人之道；我要教他们去想象，让他们无拘无束地做一个自由的思考者；我要教他们所有我所知道我所学到的知识，倾尽我的所能去帮助他们积累更多的经验；我还要像我的老师爱我那样，关心他们，爱护他们，让他们成长为具有善良、诚实美德的人。(广州大学，苏秋月。)

填充例式二：

话题：我喜欢的文学（或其他）艺术形式

框架：引入一种文学形式（例如小说）——喜欢小说（古典/现代/当代）的原因——现代小说对我的成长的影响（鲁迅/巴金/沈从文等的相关小说）——例如1——例如2……下一步的阅读计划展望

我喜欢的文学形式是中国古典诗歌，特别是唐诗。

至于我喜欢唐诗的原因，要从我的启蒙说起。《唐诗三百首》是我读书认字的启蒙读物，小时候背唐诗就只是觉得这些五个字、七个字的句子抑扬顿挫、琅琅上口，读起来很悦耳，感觉很好。上学之后慢慢地读懂了唐诗的雄浑壮阔、清新俊逸，开始欣赏唐诗深层次的美，我觉得这是一个质的飞跃。

唐诗对我的影响有以下几点：首先，盛唐昂然的诗风给我积极向上的激情，教会我坚强地面对人生的挫折。人是需要信念的，“天生我材必有用，千金散尽还复来”。积极向上的人在遇到挫折的时候会比思想消极的人更能挺过艰难的岁月。毫无疑问，我们生来在这个社会就应该有自己的作用。虽说富翁是荣华享尽，但凡人也同样可以拥有自己的精彩。做不了百万富翁，做个凡人又何妨？只要对社会有所贡献就行。

其次，孟浩然诗歌里的清爽让我感受到祖国大好河山的清新俊美。其实不只是孟浩然，盛唐诗里的美好景色总是让我留连忘返。迷林流雾，弥漫山间，让你仿佛置身仙境，所有的烦心事抛于脑后，何其惬意！

因为我已经读过一些著名的唐诗注本，比如《唐诗三百首》、《唐人绝句精华》、《千首唐人绝句》、《唐诗选注》，所以我的下一步阅读计划是《万首唐人绝句》，如果可以的话还想继续看完《全唐诗》，之后，再去看一些大家对唐诗的论著，比如林庚先生的《唐诗杂论》、叶嘉莹等先生的一些名作，这些都是可以作为提升我自己对唐诗境界理解的一个有效的途径。如果可以的话，我还会尝试诗歌创作。虽然不容易，但我还是想接受这样的挑战。(广州大学，唐定壮。)

2. 技能训练

根据话题进行框架填充练习。

①我的愿望（或理想）。
②我的成长之路。
③我的假日生活。
④我的朋友。
⑤我喜欢的动物。

四、话题转换的训练

话题转换就是将准备好的某个说话的片段巧妙地链接到其他话题上。具体的做法是，表达者先根据某个话题准备一段话语，再以此为基点审视与“话题”中的某个或某几个话题有无链接的可能，然后将有可能链接上的话题通过过渡性的话语进行链接，从而与已有的语段形成有机的话语整体，进而转入新话题的表述。这种训练能够提高表达者的准备效率。

（一）话题转换例式

转换例式一：

“学习普通话的体会”与“我的学习生活”

学习普通话的体会

没来师范前，总认为普通话是很好说的，只要把家乡话变换一下就行了，有什么难的？可是一到师范才知道，说普通话并不是我想象的那么容易。

记得刚到师范的时候，自己不敢和同学说话，因为自己说的普通话别人都听不懂。有时候，自己的普通话发音不准或者是方音重常常引来部分人的嘲笑。所以我很少开口，不懂得以后该怎么办。

但是，学校有规定，师范生必须要拿到普通话水平测试相当等级证书才能毕业，于是，我学习普通话的艰难历程开始了！

要学会说普通话，必须从拼音 b、p、m、f 学起。每天早读的时候我就在教室练，不懂的就问同学，可是由于自己基础差，学起来特别艰难。有时为了读准一个拼音，经常练到嘴巴痛，舌头发硬、发麻。刚开始学发鼻韵母时，自己根本一点都不懂，找不到发音的要领，我就虚心地问其他同学，有时候问多了，她们也不耐烦，所以只好自己艰难地学着。经过这样不断的努力，我的普通话水平终于有了提高。

学说普通话的过程，有苦也有乐。苦的是自己对着那些音节，怎样读也读不准；乐的是自己说的普通话不再是别人一句也听不懂了。现在，我可以在公开场合和其他同学一起高声谈论了。学习普通话，使我又恢复了本来的自信，找回了我自己，我不再是个沉默的人了。（转引自：http：//blog. soufun. com/11606178/1391529/articledetail. htm）

学习普通话的体会——→我的学习生活

【链接语】我的学习生活既紧张又充满了乐趣。学习普通话是我师范学习生活的一个重要内容。

没来师范前，总认为普通话是很好说的，只要把家乡话变换一下就行了，有什么难的？可是一到师范，才知道，说普通话并不是我想象的那么容易。……

转换例式二：

“难忘的旅行”与“我向往的地方”、“我的愿望”、“我的假日生活”

难忘的旅行

早就听说罗马是神奇的，是音乐和艺术之都，是艺术家的天堂。终于，我有幸去过一次。到了罗马的第二天，我就去了著名的布希斯博物馆，它位于布希斯公园里，因为有拿破仑妹妹布希斯裸像而著名。我站在贝尼尼的一件作品前看出了神，这幅作品叫“掳拐”，是全部用大理石雕塑而成的。她塑造的是一个强而有力的男人，肩上扛了一个惊恐万分的少女。我之所以出神是因为，那男人所表现出来的力和那少女所表现的柔是那么的完美，把力和柔混合在一起，竟能产生如此惊人的美。接下来，我还去了罗马的古竞技场，它就在市区的中心，已有几千年的历史了，这几千岁的大建筑物，如今只剩下了一些断壁，圆形的外壳还在。走进去，里面是一格一格的半倒的泥墙，据说，这些泥墙原在地板底下，是为了养狮子用的，现在，这些泥墙却像个杂乱的迷宫，在圆场的四周，有楼梯可以上去，到处都是弧形的拱门。在我离开罗马的前一天晚上，原本想去罗马的小路上散散步，可突然，我听见一辆马车向我这边缓缓地驶来，我有一种很想驾马车的冲动，想在异国疯一次，我和车夫商量了好久，又给了他点钱，他才勉勉强强地让我上马车，我兴奋得跳上了驾驶座，拉住马缰，一挥鞭子，马放开了蹄子，向前奔去，我笑着、叫着。这次旅行我终身难忘。（转引自：http：// blog. 163. com/tt _ 03293440/blog/static/537718532008 055314329/）

难忘的旅行——→我向往的地方

【链接语】我非常向往能够到罗马进行一次艺术之旅，因为早就听说罗马是神奇的，是音乐和艺术之都，是艺术家的天堂。终于，我有幸去过一次。到了罗马的第二天，我就去了著名的布希斯博物馆，它位于布希斯公园里，因为有拿破仑妹妹布希斯裸像而著名。……

难忘的旅行——→我的愿望

【链接语】我的一个愿望就是到罗马进行一次艺术之旅，因为早就听说罗马是神奇的，是音乐和艺术之都，是艺术家的天堂。终于，我有幸去过一次。到了罗马的第二天，我就去了著名的布希斯博物馆，它位于布希斯公园里，因为有拿破仑妹妹布希斯裸像而著名。……

难忘的旅行——→我的假日生活

【链接语】我在今年的国庆长假期间到罗马进行了一次艺术之旅。下面，我就说说那次经历吧。

到了罗马的第二天，我就去了著名的布希斯博物馆，它位于布希斯公园里，因为有拿破仑妹妹布希斯裸像而著名。……

转换例式三：

“我的成长之路”与“我的朋友”、“我尊敬的人”

我的成长之路

在我的成长的道路上，我的妈妈对我的影响最大！

我的妈妈已经是40多岁的人了，她没读过几年书，和其他平凡的母亲一样，以最朴实的方式来教导着她的孩子。

当我做错事的时候，母亲便会用她那明亮的双眼盯着我，使我不敢正视她，因为我明白，母亲这样看着我，是在告诉我下次别再犯同样的错误。啊！妈妈的眼睛是对我忠实的警告。

当我失败的时候，是母亲用一双温暖的手将我从失败的魔掌中扶起来，鼓励我继续努力，不可灰心。所以我做事不曾半途而废，也不曾因失败而气馁过，因为母亲曾教我“失败是成功之母”。

当我成功的时候，母亲便会教导我不可骄傲，要我再接再厉，以后要更加努力学习，认真对待每一件事情，这样才能成为建设祖国的有用人才。所以我不曾为一点小成就而骄傲，因为母亲曾教我“自满是成功的敌人”。

当临出门上学的时候，母亲总叮嘱我过马路要小心，上课不可心不在焉，学习要认真。母亲的教导是我一生的座右铭。

我的妈妈虽然平凡，可是在我的成长的道路上，她却扮演了一个重要的角色，让我健康茁壮地成长！（转引自：http：//blog. soufun. com/11606178/1391529/articledetail. htm）

我的成长之路——→我尊敬的人

【链接语】我最尊敬的人是我的妈妈，因为在我成长的过程中她对我影响最大。

我的妈妈已经是40多岁的人了，她没读过几年书，和其他平凡的母亲一样，以最朴实的方式来教导着她的孩子。……

我的成长之路——→我的朋友

【链接语】有人说，父母与子女最佳的一种关系是朋友关系。我很幸运，也很得意，我与妈妈就是一种朋友关系。她是一位对我影响最大的朋友。

我的妈妈已经是40多岁的人了，她没读过几年书，和其他平凡的母亲一样，以最朴实的方式来教导着她的孩子。……

（二）技能训练

根据下列话题先各说一段话，然后以此为基点对应“普通话水平测试用话题”中的话题（见附录四）做话题转换练习。

（1）童年的记忆。

（2）我的家乡（或熟悉的地方）。

（3）我喜爱的文学（或其他）艺术形式。

（4）谈谈美食。

（5）我喜欢的季节（或天气）。

第六章　计算机辅助测试的基本程序及应对策略

第一节　普通话水平计算机辅助测试的基本程序[①]

目前，各省市的普通话水平测试都陆续开展计算机辅助测试，应试人在参加测试前对普通话水平计算机辅助测试的基本程序有所了解，就可以有所准备，从而能够沉着应对。下面是对普通话水平计算机辅助测试的基本程序的介绍。

应试人进入测试室坐在计算机前面，便会看见计算机界面上的测试提示，接下来按照计算机上的每步提示即可按部就班地完成全部的测试任务。计算机界面上的测试提示如下：

欢迎您参加国家普通话水平测试！

在参加测试前，请仔细阅读本“应试指南”，了解“普通话水平计算机辅助测试系统”的操作程序。如有疑问，请及时提出，我们将为您作详尽指导。

一、佩戴耳机

（1）请您就座后戴上耳机，并将话筒置于口腔前方。

（2）戴好耳机后请点击“下一步”按钮。（如下图所示）

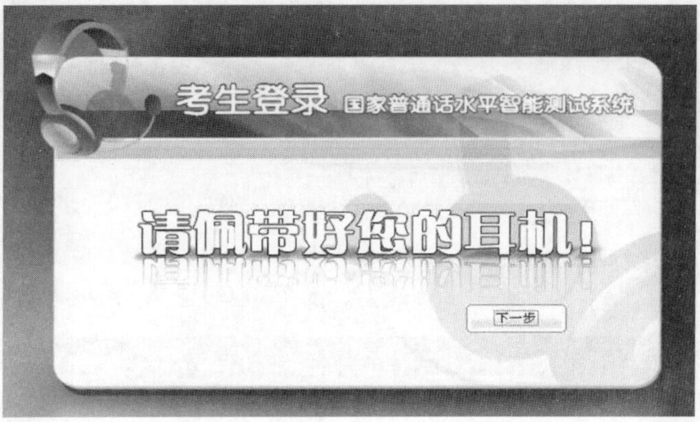

二、考生登录

（1）输入您的准考证编号。

---

① 引自安徽科技大学讯飞信息科技股份有限公司，徐景明。

（2）单击“进入”按钮继续。

（3）如果输入有误，单击“修改”按钮重新输入。（如下图所示）

三、核对信息

（1）请仔细核对您的个人信息。

（2）如信息无误，单击“确认”按钮继续。

（3）如准考证号有误，请单击“返回”按钮重新登录。

（4）如其他信息有误，请在考试结束后与监考老师联系更改。（如下图所示）

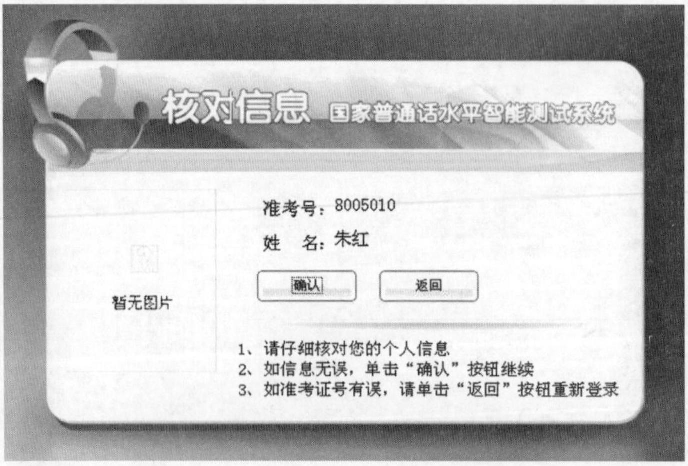

四、等待考试指令

考生该步骤不需操作，只需要等待其他考生确认个人信息后统一开始试音。（如下图所示）

五、自动试音

（1）请在提示语结束并听到“嘟”的一声后，用正常说话的音量朗读主屏中的个人测试信息。

（2）本系统会自动调节，以适应您的音量，您不用作任何操作。

（3）试音结束，系统会弹出提示试音结束。（如下图所示）

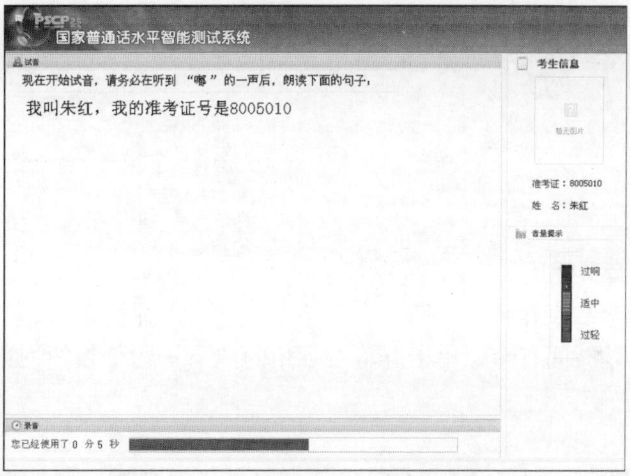

六、开始考试

提示：

（1）普通话水平测试共有 4 项题目，系统会依次显示各项内容，您只需根据屏幕显示的试题内容进行录音。

（2）每项试题前都有一段语音提示，请在提示语结束并听到“嘟”的一声后，再开始录音。

（3）录音过程中，应做到吐字清晰，语速适中，音量同试音时保持一致。

（4）录音过程中，请注意主屏下方的时间提示，确保在规定的时间内完成每项考试。

（5）规定时间结束，系统会自动进入下一项试题。

（6）如某项试题时间有余，单击屏幕右下角的“下一题”按钮，可进入下一项试题。

特别提示：

1. 考试过程中，考生不要说试卷以外的任何内容，以免影响考试成绩。
2. 如有疑问，请举手示意，工作人员会及时前来解答。

第一题　读单音节字词

（1）请在提示语结束并听到“嘟”的一声后，再开始录音。

（2）如该项试题时间有余，单击屏幕右下角的“下一题”按钮，可进入下一项试题。（如下图所示）

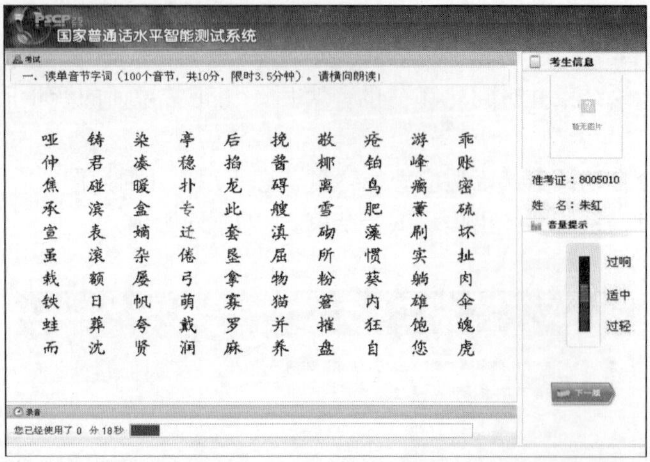

第二题　读多音节词语

（1）请在提示语结束并听到“嘟”的一声后，再开始录音。

（2）如该项试题时间有余，单击屏幕右下角的“下一题”按钮，可进入下一项试题。（如下图所示）

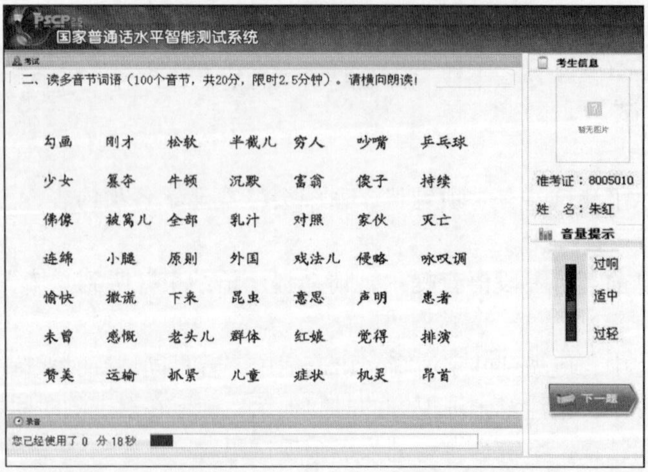

第三题　朗读短文

（1）请在提示语结束并听到“嘟”的一声后，再开始录音。

（2）如该项试题时间有余，单击屏幕右下角的“下一题”按钮，可进入下一项试题。（如下图所示）

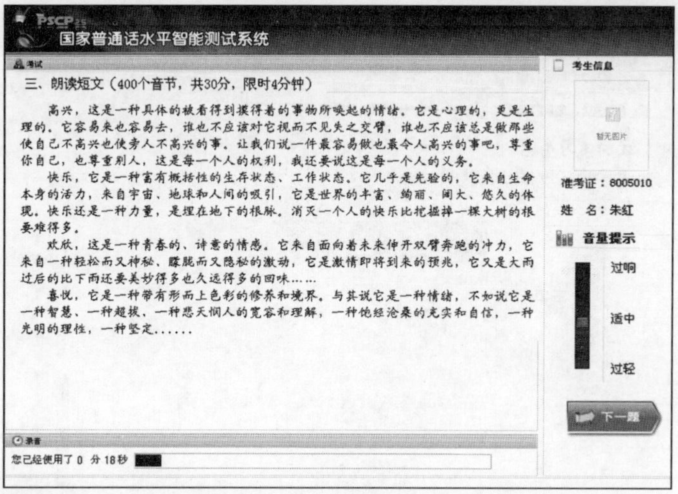

第四题　命题说话

（1）请在提示语结束并听到“嘟”的一声后，再开始录音。

（2）录音开始时，请读出所选话题名称。如我说的话题是“我尊敬的人”。

（3）本题必须说满 3 分钟（请按主屏下方的时间提示条把握时间）。

（4）说话结束后，单击屏幕右下角的“提交试卷”按钮，便可结束考试；说满 3 分钟后，系统也会自动提交试卷。（如下图所示）

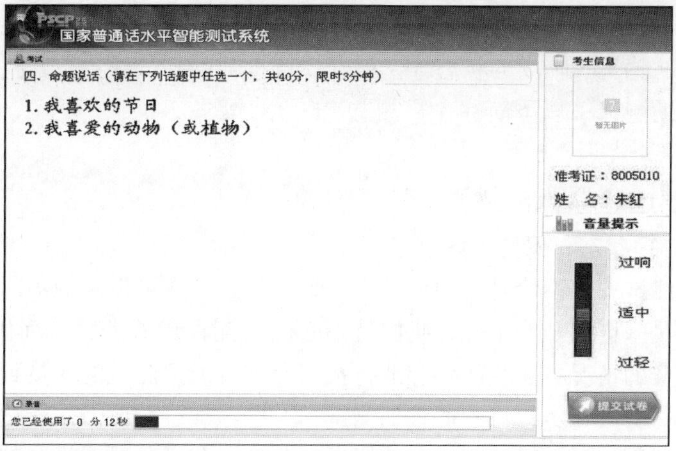

七、结束考试

（1）提交试卷后，系统会自动弹出如下提示框，表示您已成功结束本次考试。

（2）请摘下耳机放在桌上，然后离开试场。（如下图所示）

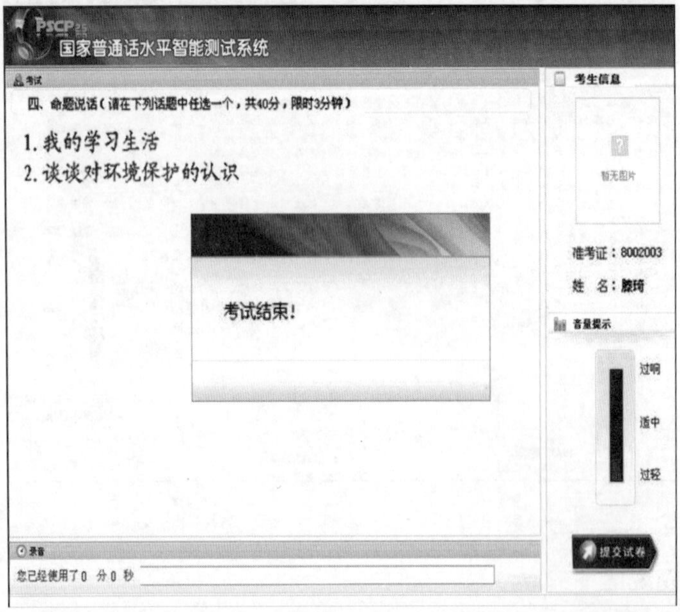

第二节　应对计算机辅助测试的策略

计算机辅助测试与人工测试的不同主要是测试模式的不同，即应试人在参加计算机辅助测试时面对的不再是测试员而是机器。这种新的测试模式可能会给应试人员带来一些不适应，包括临场的感觉、临场的状态等。根据计算机辅助测试的特点，我们在这里介绍几个参加计算机辅助测试（以下简称“机测”）的应对策略。

一、避免焦虑、紧张的策略

（一）调整心理状态，保持良好心态

普通话水平测试中，不论是机测还是人测，只不过是测试形式的不同，其测试的内容及测评的标准则是一样的。鉴于此，我们就不必因为测评形式的改变而出现过度的忧虑。我们曾遇到过这样的情况：一些需要或准备报名参加普通话测试的人员到处打听什么时候开始机测，并声称要赶在实行机测前参加测试；有些参加过测试但未能达到相应等级的应试人则表现出人测都没过，机测怎么办的忧虑。其实，我们只要对机测有些了解，对已经参加过机测的应试人的感受有所了解，他们的这些忧虑也就会烟消云散了。

上海是较早实施机测的城市，上海市普通话水平测试中心的研究结果显示，应试人对

机测的不熟悉是导致应试人焦虑的原因之一。同时，该研究的问卷结果还显示，在所调查的应试人中，机测比人测更受欢迎。为什么呢？主要是由机测的特点所决定的——机测临场操作方便，界面友好。机测相对于人测来说，更客观，更稳定，更具科学性，评分误差会更小，评分的信度会更高。对应试人来说机测更具公正性。至于应试人测前的焦虑，也是由于机测的特点所造成的。机测相对于人测所表现出的不足就是缺少了互动感和交流感，缺少了适时的提示，让人觉得孤立无援、无所依傍。不过这些不足，我们完全可以随着对流程的熟悉而化解。

（二）测前模拟，熟悉流程

应试人由于对机测的陌生而产生的过度焦虑，可以通过具体的模拟操作来认识这套系统进而熟悉这套系统，为测试做好充分的准备，避免这种不必要的焦虑。

计算机辅助测试是一套机器测试系统，这个系统是根据国家普通话水平测试对试卷及评分标准要求而设定的一套操作流程。因此，我们在参加测试前有必要熟悉这套流程（参看本章第一节），在有可能的情况下，做一次仿真的模拟测试，以便心中有数，不再对机测有一种神秘莫测的恐惧。

目前，模拟测试可以在互联网上完成。安徽科大讯飞信息科技股份有限公司开发了基于互联网的普通话模拟测试：www. isay365. com（畅言网）。其普通话模拟测试与“国家普通话水平智能测试系统”有着同一核心和界面，有助于普通话水平测试考生进行模拟测试①。

（三）了解评分程序，做到心中有数

机测的内容仍是由读单音节字词、读多音节词语、朗读短文和命题说话 4 项测试内容组成，评分程序是：

（1）读单音节字词、读多音节词语和朗读短文等测试项由机测系统自动评分。

（2）命题说话测试项分别由 2～3 名测试员根据考务人员导出的现场录音独立地进行评分。

（3）对说话评分差异大的样本，组织审听员进行复核，遵守人工测试复审制度。

机测的评分由机评和人工评分组成。

（四）熟悉细则，避免出现违背规则的情况

机测的评分标准与人测的评分标准基本一致。只是在命题说话测试项的测评上，为了使测试员更易操作而相应地增加了一些测评细则，应试人应该加以注意。

1. 背稿或朗读

如果应试人有明显背稿或朗读现成书面文章的，细则规定说话一项不做测评，一次性扣 15 分。

2. 离题

（1）直接离题

测试时，应试人如果把甲话题说成乙话题，而且两话题没有任何联系的话，则视为直接离题，细则规定在其他评分项扣除分值后加扣 5 分。

---

① 安徽科大讯飞信息科技股份有限公司是目前国内一家拥有自主品牌的公司，其主要业务是提供语言服务。普通话测试服务是该公司提供的一项服务，需要收取一定的费用。

（2）间接离题

测试时，应试人如果说甲话题时离题又穿插转到乙话题的话，则视为间接离题，细则规定在其他评分项扣除分值后加扣3～5分。

（3）说话时同时说两个话题也视为离题，可视程度轻重加扣3～4分。

3. 缺时

机测“命题说话”项时，计算机从11秒开始计算缺时，缺时20秒以上扣1分。

4. 无效语料

应试人说话时，如果被测试员确认为话语中有无效语料，要被扣1～3分。无效语料包括：

（1）说话时反复重复题目或某句话，明显拖延时间。

（2）说话时数秒。

（3）说话内容是普通话测试朗读篇目之一。

（4）说话内容是演讲稿。

（5）采用曲艺形式，说话内容有占三分之二的绕口令、相声片段或小品片段。

（6）说话过程中唱歌或背诵较长歌词。

以上四类情况都是计算机辅助测试中要求特别严格的地方，需要应该人在平时训练及应试时加以注意。

二、减少机评误差的策略

机测时，无论是机器的评分部分还是人工的评分部分，所依据的是计算机录取的应试人的读音材料，因此，应试人在测试时读音的质量对测试成绩的影响比较大。应试人应对此有所认识，避免不必要的失分。

（一）音量适中，确保计算机能够采集到清晰的语料标本

我们在前面已经谈过机测依据应试人的录音材料进行评分，如果应试人测试时声音太小，像说悄悄话，那么计算机可能无法清楚地录取应试人的语音，因而也就无法准确识别，造成应试人不必要的失分。那么，多大的音量才合适呢？一般来说，达到类似平时两三人之间正常交谈的音量程度基本上就可以了。另外，测试前有个试音的环节，应试人也可以通过试音环节把握调整自己音量的大小，并在正式测试时注意保持考试过程的音量与试音时一致。

（二）吐字清晰，便于机器及人工识别

影响吐字清晰的因素主要有声、韵、调的发音和语速。

声、韵、调的发音怎样才能清晰？声母注意发音部位和发音方法要准确；韵母则要饱满到位；声调要注意调值的完整。发音的具体要求见第二章。

大概什么样的语速能够保证发音清晰？读单音节字词时，要一个字一个字念清楚，做到吐字清晰完整，速度稳当，从容不迫。避免因为读得太快，字与字相粘，字音之间的界限不清楚，听起来似乎字字有缺陷，严重的会有“吃字”的情况出现；读多音节词语时，要一个词一个词地念清楚，做到语词内连贯自然，语词间界限分明；朗读及说话时，语速要适中，做到语流连贯而不拥堵。

（三）话语流畅，语气自然，以便计算机依据标准评价

测试时，应试人不论是朗读还是说话都应该做到话语流畅，语流中的话语间歇不要超过计算机认定的停顿范围，否则就会被认定为停连不当或不流畅而被扣分。

测试时，应试人不论是朗读还是说话还要做到语气自然，尤其是说话时，如果不自然，就会被认定为背稿，是要被扣分的。

做到话语流畅、语气自然的关键是要养成一个良好的语言表达习惯，应试人有必要在普通话培训时有意识地培养自然流畅的表达习惯，避免朗读和说话时出现“朗读腔”。

（四）熟悉操作程序，避免操作失误

计算机辅助测试由一套程序组成，完成一个程序后就进入到下一个程序，应试人在测试时要严格根据计算机的提示进行操作，以免因操作不当而出现失误。

（五）有效地利用自己的“权力”，把失分降到最低

在读单音节字词和读多音节词语时，应试人发现读错时是可以重读的，即如果有个别字词读错后可以马上更正一次，计算机系统会自动进行识别，不会因为一个字的重读而影响整体评分。

三、出现意外时的应对策略

（一）操作上出现问题时的应对策略

应试人进入测试室入座后会有一个让应试人熟悉操作的环节，这时，应试人应尽量解决所有操作上的疑问。测试开始后，如果临时遇到操作上的问题可以举手示意，请求考务人员协助处理，注意测试时不要说同测试内容无关的要求。

（二）考场上噪音过大时的应对策略

一般来说，考场是设在较安静的环境中的，但有时也会出现不够安静的情况，例如，有外界环境临时性的噪音及其他应试人测试时声音过大而形成的干扰音等。面对这些情况，应试人不必过于担心，各个机位有一定的距离，加上测试选用的话筒能屏蔽别处的声音，周围噪音一般来说不会影响应试人的成绩。因此，应试人应专注于自己的考试，不要受周围环境的影响，完成好每项测试。

（三）时间控制上的应对策略

每个测试项都有时间上的要求，怎样才能知道自己的时间进程？测试时，每道题目的下方都有时间滚动条，能使应试人清楚每道题的用时。测试前三项设定的时间很充裕，通常每项读完都会有剩余的时间，因而不必过于紧张时间的问题。但到了第四个测试项命题说话时就要特别注意时间滚动条，因为本项测试要求应试人一定要说满 3 分钟，缺时会被扣分。

第三节　普通话水平测试模拟训练

本节设计了六套模拟试题，应试人可以逐套练习以提高适应测试的能力。练习时可以辅以录音，自己对录音进行测评以了解自己的语言状况，以便不断地规范自己的语音及表达。

第一套模拟试题

一、读单音节字词（100 个音节，限时 3.5 分钟，共 10 分）

宣 麓 唯 答 民 紧 痈 荀 鸥 丢 帅 春 佛
梯 驶 穷 夏 脑 跳 侯 劝 苏 褶 襄 芦 纫
罪 南 总 浮 褐 经 攮 耕 慌 娘 宛 烟 捧
膏 徐 迥 谜 捆 字 贷 篇 快 锣 蛙 裙 憋
绕 虐 诈 捅 寺 孩 饵 典 篡 炮 钙 横 舜
蜂 共 口 搅 拨 晾 翁 贾 阿 炽 焚 算 朝
傍 爬 谬 催 名 稠 簇 闪 廓 叠 双 闰 眉
牵 贱 臣 状 橘 色 咧 跨 纽

二、读多音节词语（100 个音节，限时 2.5 分钟，共 20 分）

要求 似乎 下野 年纪 反抗 然而 老百姓
怀旧 军装 诚恳 干活儿 品种 葵花 德语
捐款 孙子 取保 容量 谋略 打听 奏鸣曲
泥胎儿 昏厥 奢侈 拜托 窘况 庆祝 软件
跑外 匪首 屡次 裁缝 调查 亲切 兔儿爷
往复 熊猫 牛犊 创作 藿香 咖喱 命运
甚至 破碎 最初 内部 挂号 家园 摸黑儿

三、朗读短文（400 个音节，限时 4 分钟，共 30 分）

作品 10 号

四、命题说话（请在下列话题中任选一个，限时 3 分钟，共 40 分）

1. 我的愿望
2. 谈谈个人修养

第二套模拟试题

一、读单音节字词（100 个音节，限时 3.5 分钟，共 10 分）

检 蚊 跨 枚 此 板 券 屯 铺 血 寿 揪 嫩
狠 忌 妞 壶 纵 瑶 幢 矜 悬 施 饶 秆 粪
瓜 邢 仰 敲 榨 百 昂 蕾 臭 伐 恽 淮 盛
伍 下 幽 腭 字 想 卵 豆 罗 扣 闪 儿 擦
磨 煌 瘾 爬 且 扛 聪 同 伞 段 做 嚷 帘
哥 驳 去 揣 举 方 妙 矮 胛 鸣 腿 虐 俩
您 潜 匕 要 撇 荀 隋 添 润 只 翁 闯 粘
涯 株 佣 涮 迥 涩 豁 股 嘴

二、读多音节词语（100 个音节，限时 2.5 分钟，共 20 分）

民谣 咖啡 状元 踝骨 寻觅 迫切 视网膜
微妙 惊叹 产量 和平 疙瘩 朗诵 协奏曲
哲学 投资 少女 琼脂 条件 船舶 纳闷儿

全体	档次	金鱼儿	刷洗	押韵	拐弯	早晨
存款	概论	烹饪	铁路	耳朵	缺乏	然后
心眼儿	酌情	针对	阁楼	采购	娘家	夸张
粉笔	棕色	光明	率领	旦角儿	狭窄	日程

三、朗读短文（400 个音节，限时 4 分钟，共 30 分）

作品 15 号

四、命题说话（请在下列话题中任选一个，限时 3 分钟，共 40 分）

1. 我的假日生活
2. 谈谈对环境保护的认识

第三套模拟试题

一、读单音节字词（100 个音节，限时 3.5 分钟，共 10 分）

敢	娩	隔	扒	翻	伤	肯	媒	则	聂	宋	赐	行
卉	偶	丫	尊	拜	闽	车	齐	表	三	捐	软	孔
褂	腥	穷	倘	许	窘	升	粗	局	捞	佛	顶	剖
仰	粮	窗	萍	群	抓	捂	忏	环	敦	芬	鄂	念
雪	日	叼	谈	淳	撇	凹	舔	宰	贰	浊	随	累
纳	峡	鄙	翁	誓	乔	绒	嫩	葱	消	腮	梢	蹬
籽	歪	丢	拖	鼾	搓	皑	迷	广	俊	蚕	掌	弄
炕	六	口	乳	秦	喘	掠	权	层				

二、读多音节词语（100 个音节，限时 2.5 分钟，共 20 分）

苏醒	碰见	始终	贬低	结合	绚烂	儿女
玻璃	当中	价值	开明	取舍	仍然	围嘴儿
撑腰	烟卷儿	画屏	观察	瘟疹	牛奶	北半球
脑袋	牙刷	咳嗽	全才	翅膀	拥护	词组
公顷	强迫	挑衅	暖和	雀跃	熏陶	同谋
针灸	雄伟	打杂儿	奖品	旷野	富余	霓虹灯
照片儿	肥料	翱翔	会计	躲藏	鸟瞰	外部

三、朗读短文（400 个音节，限时 4 分钟，共 30 分）

作品 4 号

四、命题说话（请在下列话题中任选一个，限时 3 分钟，共 40 分）

1. 我喜欢的节日
2. 谈谈服饰

第四套模拟试题

一、读单音节字词（100 个音节，限时 3.5 分钟，共 10 分）

养	北	侍	跑	份	点	晕	骇	睛	雪	秦	襄	握
凌	且	直	刮	糯	究	勘	鸟	盒	块	挤	湍	援
灶	纫	遂	踩	妃	率	捆	岔	庄	某	睡	丢	选

哉　闯　盯　您　若　拉　滑　锐　僧　曲　匈　尔　物
社　产　浅　佳　血　火　掀　披　铜　饿　拽　浙　抖
氨　闪　翁　抻　姚　聋　拌　蠢　蒙　要　眺　颇　熬
曾　褒　巩　串　娘　压　追　搂　嘉　掠　寺　免　晃
驮　征　磅　驴　邹　洽　俗　桂　仓

二、读多音节词语（100 个音节，限时 2.5 分钟，共 20 分）

行李　缺点　儿童　豹子　待考　悔改　欺负
采用　科研　自我　丢掉　论述　比赛　没事儿
绝对　森林　认真　化学　扭转　法院　口角
坏处　奉陪　辱骂　甩手　列车　词赋　年头儿
痤疮　庞大　酒盅儿　外宾　惆怅　破获　女婿
亮光　家常　酝酿　窍门儿　凭空　兄嫂　抓举
累赘　山崖　偏袒　冷暖　群岛　热心　一筹莫展

三、朗读短文（400 个音节，限时 4 分钟，共 30 分）

作品 45 号

四、命题说话（请在下列话题中任选一个，限时 3 分钟，共 40 分）

1. 学习普通话的体会
2. 我的朋友

第五套模拟试题

一、读单音节字词（100 个音节，限时 3.5 分钟，共 10 分）

略　劈　膜　他　涌　匀　赛　守　歇　港　耳　券　日
愣　竿　慷　腹　埋　窗　喉　赃　堤　鹤　疼　其　暖
凑　刷　窜　耸　层　音　逃　沮　描　搬　俩　絮　含
内　瞥　旺　穗　垮　学　念　拽　梭　拣　熏　翁　顺
晴　善　昆　贼　色　纺　敲　怎　慌　这　炯　忧　寨
凡　追　万　沉　奖　龙　瓶　染　酿　团　丙　洽　贵
栓　催　牢　赔　杂　痴　鸟　蹲　猪　临　冻　选　踹
博　燥　丢　鹅　挪　素　浊　绕　辞

二、读多音节词语（100 个音节，限时 2.5 分钟，共 20 分）

热潮　破坏　农民　庄稼　群众　餐车　轮船
才能　诽谤　孙女　男声　认为　杀害　锅贴儿
伙食　扇面儿　散文　贫穷　调类　斗篷　思想
缺乏　洗澡　军队　从而　伤痕　珠子　旅客
挂钩　凉亭　咆哮　容光　豪爽　支援　下联
柔媚　首脑　门口儿　便宜　月球　爆管　玳瑁
珍藏　小曲儿　互助　捐赠　佛教　场景　忘恩负义

三、朗读短文（400 个音节，限时 4 分钟，共 30 分）

作品 8 号

四．命题说话（请在下列话题中任选一个，限时 3 分钟，共 40 分）

1. 难忘的旅行

2. 购物（消费）的感受

第六套模拟试题

一、读单音节字词（100 个音节，限时 3.5 分钟，共 10 分）

趁	于	早	枪	授	符	捕	准	矿	双	痛	泼	匀
优	捐	用	话	饼	闹	搀	约	较	共	皆	吞	闸
孟	仅	怪	映	溜	掰	闪	折	凡	尝	寻	夺	肉
牌	床	软	岁	凶	旅	酸	雅	掐	炊	潘	饲	总
针	歪	暗	诗	刺	梨	响	抓	钉	挎	钠	翁	末
第	俩	猜	耳	胃	日	登	瞧	走	弦	捏	祸	宽
黑	扔	致	纠	仰	搏	甩	劝	努	穴	硅	厄	乙
鲍	托	肥	各	撇	茶	阔	浪	些				

二、读多音节词语（100 个音节，限时 2.5 分钟，共 20 分）

驼背	评估	采访	抢劫	狭窄	可以	而且
左翼	削弱	预赛	咨询	凑巧	肯定	播送
恒星	快艇	悬挂	犹如	困难	墨水儿	光荣
贫乏	聊天儿	花蕊	穷人	最终	尺寸	检查
否决	能够	鸦片	妇女	邻居	供给	身边
衰老	球场	声调	表彰	态度	好玩儿	丧权
尊敬	果然	聪明	原谅	宿舍	锯齿儿	胸有成竹

三、朗读短文（400 个音节，限时 4 分钟，共 30 分）

作品 50 号

四、命题说话（请在下列话题中任选一个，限时 3 分钟，共 40 分）

1. 我喜欢的季节

2. 谈谈卫生与健康

附录一：普通话水平测试用同音字表

说明：

1. “普通话水平测试用同音字表”是根据［表一］、［表二］中所有单音节词语按同音词编排的，这样，使用者只要能读准表格中任何一个字，就能读准、矫正表格中所有的字音，以解决词语的认读问题。

2. 普通话水平测试题的第一项“读单音节字词（100 个音节）”选自普通话词语表，我们按试题构成的用词比例安排每一表格中斜线前的为［表一］（占试卷第一题的 70%，加粗的字体字是带＊的字，占 40%，不加粗的楷体字是不带＊的字，占 30%）中的字，斜线后为［表二］（占试卷第一题的 30%）中的字。

声调 音节	第一声	第二声	第三声	第四声
a	阿			
ai	挨/哀	挨/癌	矮/	爱/艾碍
an	安氨/庵			岸按案暗/黯
		/昂		
ao	凹熬/	熬/螯	/袄	/拗傲奥澳
ba	八巴扒/疤	拔/	把/靶	爸罢/坝耙霸
bai	/掰	白/	百摆/柏	败拜/
ban	班般搬/扳斑		板版/	办半伴瓣/扮拌绊
bang	帮/邦梆		/绑榜膀	棒/蚌傍磅
bao	包炮（～羊肉）/苞胞剥	薄/雹	饱宝保/堡	报抱/刨豹暴爆
bei	杯背/卑悲碑		北/	贝备背倍被辈/钡
ben	奔		本苯/	奔笨/
beng	/崩绷		/绷	蹦/泵迸绷
bi	逼/	鼻/	比彼笔/鄙	必闭壁避臂/币毕毙痹辟碧蔽弊璧敝
bian	边编鞭/		扁/贬匾	变便遍辨/辩辫
biao	标/膘		表/	

（续上表）

声调 音节	第一声	第二声	第三声	第四声
bie	/憋鳖	别/	/瘪	别/
bin	宾/滨			/鬓
bing	冰兵/		丙柄饼屏/禀	并病/
bo	拨波/钵播	伯薄/驳泊铂脖博搏膊箔帛	/跛	薄/
bu			补捕/卜	不布步部/埠簿
ca	擦/			
cai	猜/	才材财/裁	采彩踩/睬	菜蔡/
can	参/餐	残蚕/	/惨	
cang	仓舱/苍	藏/		
cao	操/	曹槽/	草/	
ce				册侧测/策
ceng		层曾/		/蹭
cha	叉差插/杈	茶查察/茬	叉（~着腿）/	差/杈岔刹
chai	拆差/	柴/		
chan	/搀掺	缠/馋禅蝉	产/铲	/颤
chang	/昌	长场肠尝常/偿	厂场/敞	唱/畅倡
chao	抄超/钞剿	巢朝潮/	吵炒/	
che	车/		扯/	撤/彻澈
chen	/抻	臣尘沉陈/辰晨		称趁/衬
cheng	称撑/	成呈诚承城乘盛程/丞惩橙	/逞	秤/
chi	吃/嗤痴	池迟持/	尺齿/	赤翅/斥
chong	冲充/舂	虫重/	/宠	冲/
chou	抽/	愁/仇绸稠筹	丑/	臭/
chu	出初/	除/厨锄雏橱	处楚/储	处畜触
chuai	/揣			/踹
chuan	川穿/	传船/	喘/	串/
chuang	创窗/疮	床幢/	闯/	创/
chui	吹/	垂锤/捶		

（续上表）

音节＼声调	第一声	第二声	第三声	第四声
chun	春/	纯唇/醇	/蠢	
chuo	/戳			
ci		词辞磁雌/瓷祠慈	此/	次刺赐/
cong	/葱	从丛/		
cou				凑/
cu	粗/			促簇/醋
cuan	/蹿	/攒		窜/
cui	催/崔摧			/脆啐翠
cun	村/皴	存/		寸/
cuo	/搓撮			错/挫锉
da	搭/	打达答/	打/	大/
dai	呆待/		/逮	代带待袋戴/贷逮
dan	担单/丹		胆/掸	石但担淡弹蛋氮/旦
dang	当/裆		挡党/	当/荡档
dao	刀/		导岛倒/捣蹈	到倒道稻/盗
de		得德/		
dei			得/	
deng	灯登蹬/		等/	邓瞪/澄凳
di	低滴/堤	敌/笛嫡	抵底/	地帝递第/蒂缔
dian	/掂滇颠巅		点碘/典	电店垫/奠佃殿
diao	雕/貂刁叼			吊调掉/钓
die	爹跌/	迭叠/碟蝶		
ding	丁盯钉/叮		顶/鼎	订钉定/锭
diu	丢/			
dong	东冬/		懂/董	动冻洞/栋
dou	都兜/		斗抖/陡	斗豆逗/痘窦
du	都/督	毒独读/犊	堵/赌睹	杜度渡/镀
duan	端/		短/	段断/缎煅锻
dui	堆/			队对/兑

（续上表）

声调 音节	第一声	第二声	第三声	第四声
dun	吨蹲/墩			顿/囤炖钝盾
duo	多/	夺度/踱	朵躲/垛	/剁垛舵堕跺
e	阿/	俄鹅额/		恶饿/扼腭鄂
en	恩/			
er		儿而/	尔耳/饵	二/
fa	发/	罚/乏伐阀筏	法/	发/
fan	番翻/帆	凡繁/烦	反返/	犯饭泛范/贩
fang	方/	防房/	访/仿纺	放/
fei	飞非/妃	肥/	匪/	肺废费/吠沸
fen	分/酚	/坟焚	粉/	分份粪/愤
feng	丰风封峰锋蜂/枫疯	冯缝/逢	/讽	奉缝/凤
fo		佛/		
fou			否/	
fu	夫/孵敷	伏扶服浮幅福/弗拂氟俘符辐	府腐/甫抚俯辅	付负妇附服赴复副赋富腹/缚覆
gai	该/		改/	钙盖/概
gan	干杆肝/甘竿柑		杆赶敢感/秆擀	干/赣
gang	刚纲钢/缸		港/岗	/杠
gao	高/羔膏篙糕		搞稿/镐	告/膏
ge	搁割歌/	格隔/革阁膈	/葛/	个各/
gei			给/	
gen	根跟/			
geng	更/耕/庚羹		/埂耿梗	更/
gong	工弓公功攻供宫/躬龚		汞拱/	共供/贡
gou	沟钩/勾		狗/	构购够/垢
gu	/估孤		古谷股骨鼓/寡	固故顾雇/卦
gua	瓜刮/			挂/
guai	/乖		拐/	怪/

（续上表）

声调 音节	第一声	第二声	第三声	第四声
guan	关观官冠/		馆管/	观冠惯灌/罐
guang	光/		广/	逛/
gui	归硅/龟规		鬼/轨	贵桂跪/柜
gun			滚/	/棍
guo	郭锅/	国/	果裹/	过/
ha	哈/			
hai		还/	海/	害/氦骇
han	/蚶憨	含寒/函韩	喊/罕	汉汗旱/焊憾
hang		行/杭航		
hao		号/毫豪壕嚎	好/郝	号好耗/
he	呵喝/	合何和河荷核盒颌/禾		和荷喝/贺赫褐鹤壑
hei	黑/			
hen		/痕	很/狠	恨/
heng		恒横/衡		横/
hong	轰哄/烘	红洪/虹	哄/	哄/
hou		/侯喉	/吼	后厚候/
hu	乎/	和弧胡壶湖/糊	虎/唬	互户护沪/
hua	花/	划华滑/		化划华画话/桦
huai		怀/淮槐		坏/
huan	/欢	还环/	缓/	换唤患/幻
huang	荒慌/	黄/皇簧	晃//谎	晃/
hui	灰挥/辉徽	回/	毁/悔	会绘/汇惠喙慧
hun	婚/昏荤	混/魂/浑		混/
huo	/豁	和活/	火/伙	或和货获/祸惑霍
ji	击机肌鸡积基激/饥姬	及级极即急集/吉疾辑瘠	几己挤脊/纪戟麂	计记系季剂济既继祭寄/寂暨髻冀忌
jia	加夹家/	夹/荚颊	甲钾假/贾	价架假嫁/驾
jian	尖间肩兼/奸歼坚监煎		拣茧捡检减剪简碱/柬	见件间建剑健箭/荐贱涧舰谏腱溅

（续上表）

音节＼声调	第一声	第二声	第三声	第四声
jiang	江将浆/姜僵缰疆		讲奖蒋/桨	降将强/匠绛酱犟
jiao	交浇胶教焦/郊娇椒跤礁	嚼/	角脚搅/绞矫剿缴	叫觉校较教/轿窖
jie	皆结接街/阶秸揭	节结截/劫洁捷竭	解/	戒届界借解/介诫
jin	斤今金津/巾筋禁襟		仅尽紧/锦谨	尽进近劲晋浸/靳禁
jing	茎京经惊晶精鲸/荆睛		井颈景/警	劲径净竟敬静境镜/竞
jiong			/窘	
jiu	究/纠揪		九久酒/灸	旧救就/厩
ju	车居/拘驹	局/桔菊	举/矩	巨句具俱剧据距聚/拒惧锯踞
juan	捐圈/		卷/	卷圈/倦绢
jue	/撅	决角觉绝嚼/诀掘厥蕨爵攫		/倔
jun	军均君菌/钧			/俊郡峻
ka			卡/咯	
kai	开/揩			
kan	看/刊堪		砍/坎	看/
kang	/康糠	扛/		抗炕/
kao			考/烤	靠/
ke	科棵颗/柯磕	壳咳/	可/渴	克刻客课/
ken			肯啃/垦	
keng	坑/			
kong	空/		孔/恐	空/控
kou	/抠		口/	扣/叩寇
ku	哭/枯窟		苦/	库/裤酷
kua	/夸		/垮	跨/挎
kuai				块快/
kuan	宽/		款/	

（续上表）

音节＼声调	第一声	第二声	第三声	第四声
kuang	筐/	狂/		矿/旷况框眶
kui	亏/盔窥	/奎		/溃愧
kun	/坤		捆/	困/
kuo				阔/扩适廓
la	拉/	拉/		落蜡/腊辣
lai		来/		赖/癞
lan		兰栏蓝/拦篮	/览揽缆懒	烂/滥
lang		狼/郎廊		浪/
lao	捞/	劳牢/	老/	落/烙涝
le				乐/勒
lei	/勒	累雷/擂镭	累/垒	泪类累/肋擂
leng		/棱	冷/	愣/
li		离梨犁/厘	礼李里理/锂鲤	力历立利例粒/吏隶
lia			俩/	
lian		连联/怜帘莲廉镰	脸/敛	练炼链/恋
liang		良凉梁量粮/	两/	亮凉辆量/晾
liao	/撩	/辽疗聊撩燎	了/燎	料/撂廖
lie			咧/	列猎裂/劣烈
lin	/拎	邻林临淋磷/霖鳞		
ling		灵铃零龄/伶凌陵绫	令岭领/	另令/
liu	溜/蹓	刘留流硫瘤/	柳/绺	六陆溜/蹓
long		龙笼/聋	拢笼/陇垄	弄/
lou	搂/	楼/	搂/篓	漏露/陋
lu		炉/卢颅	卤鲁/虏掳	陆录鹿路露/禄麓
lü		驴/	旅铝缕/吕捋屡履	律率绿氯滤/虑
luan		/峦	卵/	乱/
lüe				略/掠
lun	/抡	轮/		论/
luo	/捋	罗/锣箩螺	/裸	络落/洛摞

（续上表）

音节＼声调	第一声	第二声	第三声	第四声
ma	抹/	麻/	马码/	骂/
mai		埋/鳗	买/螨	迈麦卖脉/曼蔓漫
man		蛮瞒	满/	慢/
mang		忙/盲	/蟒	
mao	猫/	毛/矛锚	/卯铆	冒帽/貌
mei		没枚眉梅煤酶/媒霉	每美镁	/昧媚
men	闷/	门/		闷/
meng	蒙/	蒙/萌盟	猛蒙/锰	孟梦/
mi	/眯	迷谜/弥	米/	密蜜/觅秘幂
mian		棉/眠绵	免/勉	面/
miao		苗/描瞄	秒/渺	妙庙/
mie				灭/篾
min		民/	/皿抿闽	
ming		名明鸣/铭		命/
miu				/谬
mo	摸/	模膜摩磨/摹魔	抹/	末没抹莫墨磨/沫默
mou		谋/眸	某/	
mu			母亩/	木目墓幕/牧募暮穆
na		拿/	哪/	那纳钠/娜捺
nai			乃奶/氖	耐/
nan		男南难/		难/
nang		囊/		
nao		/挠	脑/恼	闹/
nei				内/
nen				嫩/
neng		能/		
ni		泥/尼倪	拟你/	逆/腻溺
nian	/拈蔫	年/黏	/捻碾撵	念/廿
niang		娘/		/酿
niao			鸟/	尿/

（续上表）

音节＼声调	第一声	第二声	第三声	第四声
nie	捏/			/聂啮镍孽
nin		您/		
ning		宁拧凝/	拧/	宁拧/
niu		牛/	扭/	/拗
nong		农浓脓/		弄/
nu		/奴		怒/
nü			女/	
nuan			暖/	
nuo		/挪		
ou	欧/鸥		偶/呕藕	
pa	/趴	扒爬/耙		怕/帕
pai	拍/	排牌/		派/
pan	潘攀/	盘/		判盼/叛畔
pang	/膀	旁/庞		胖/
pao	抛泡/	炮/刨袍	跑/	泡炮/
pei	胚/	陪/培赔裴		配/佩
pen	喷/	盆/		
peng		彭棚/蓬硼蓬	捧/	碰/
pi	批披/坯劈	皮脾/疲	匹/劈癖	/屁辟
pian	偏篇/			片骗/
piao	飘/漂	/朴瓢	/漂瞟	票/
pie	/撇瞥		/撇	
pin	/拼	贫/频	品/	/聘
ping		平评凭屏瓶/坪萍		
po	坡颇/泊泼			迫破/魄
pou	/剖			
pu	扑铺/仆	/仆	谱/圃浦普	铺/堡瀑
qi	七期漆/沏戚欺	齐其奇骑旗/祈畦棋鳍	起/启	气弃砌器/迄汽泣契
qia	/掐		卡/	/洽恰

（续上表）

声调 音节	第一声	第二声	第三声	第四声
qian	千迁牵铅/扦签	前钱潜/乾黔	浅遣/	欠嵌/纤歉
qiang	枪腔/呛	强墙/	抢强/	/呛
qiao	敲/跷锹	桥瞧/乔翘	巧/	壳/俏窍翘撬鞘
qie	切/		且/	切/妾怯窃
qin	侵亲/	秦琴勤/禽擒噙	/寝	/沁
qing	青轻氢倾清/卿	情/晴擎	请/顷	/庆磬
qiong		穷/琼		
qiu	秋/邱	求球/仇囚裘		
qu	区曲驱趋/屈祛蛆躯	渠/	曲取娶/	去/趣
quan	圈/	权全泉拳/蜷	/犬	劝/券
que	缺/	/瘸		却确/雀阙
qun		群/裙		
ran		然燃/	染/	
rang			嚷/	让/
rao		/饶	/扰	绕/
re			惹/	热/
ren		人仁任/	忍/	任/刃韧
reng	扔仍/			
ri				日/
rong		容溶熔/荣绒融		
rou		揉/柔		肉/
ru		如/儒	乳/汝辱	入/
ruan			软/	
rui			/蕊	/锐瑞
run				/闰润
ruo				若弱/
sa	撒//仨		洒撒/	/卅
sai	鳃塞/腮			塞赛/
san	三/		伞散/	散/
sang	/桑		/嗓	

（续上表）

音节 \ 声调	第一声	第二声	第三声	第四声
sao	/搔骚缫臊		扫/	/臊
sai				色塞/涩瑟
seng	僧/			
sha	杀沙纱砂/刹煞		傻/	/煞
shai	/筛		色/	晒/
shan	山扇/杉衫		闪/陕	单扇善/禅膳
shang	伤商/		上赏/晌	上尚/
shao	烧梢稍/捎	/勺	少/	少/哨
she		舌折蛇	舍/	设社舍射摄/涉赦麝
shei		谁/		
shen	伸身参深/申砷	神/	沈婶/审	肾甚/渗慎
sheng	升生声/笙	绳/	省/	圣胜盛剩/
shi	失师诗施湿/尸	十石时识实拾食/什蚀	史使始/矢驶屎	士氏示世市式事势试视是适室/仕侍饰拭恃逝舐嗜誓噬螫
shou	收/	熟/	手守首/	受授兽瘦/寿售
shu	书梳疏输/枢舒	熟/孰赎	属鼠数/署薯蜀	术束述树竖数/恕
shua	刷/		耍/	
shuai	摔/衰		甩/	率/帅
shuan	拴/栓			/涮
shuang	双霜/		/爽	
shui		谁/	水/	税睡/
shun			/吮	顺/舜
shuo	说/			
si	司丝私思斯/撕		死/	四寺似/祀饲俟嗣
song	松/		/耸	宋送/讼诵颂
sou	艘/搜			
su	苏/酥	俗/		素速宿/诉粟塑溯
suan	酸/			算/蒜
sui	虽/	隋随遂/绥	髓/	岁遂碎穗/
sun	孙/		/损笋	

（续上表）

声调 音节	第一声	第二声	第三声	第四声
suo	缩/梭		所索锁/	
ta	他它她/塌		塔/	踏/拓榻
tai	胎/	台抬/		太态/汰钛泰
tan	摊滩/贪	谈弹痰/坛谭潭		叹探碳/炭
tang	汤/	唐堂塘糖/	躺/淌	烫趟/
tao	掏/涛	逃桃陶/淘	讨/	套/
te				特/
teng		疼藤/滕		
ti	踢/梯	提题/啼蹄	体/	替/剃
tian	天添/	田甜填/	/舔	
tiao	挑/	条调/	挑/	跳/
tie	贴/		铁/帖	/帖
ting	厅听/	停/廷亭	挺/艇	
tong	通/	同铜/佟童	统桶筒/捅	通痛/
tou	偷/	头投/		透/
tu	凸突/	图徒涂/途屠	土吐/	吐/
tuan		团/		
tui	推/		腿/	退/蜕褪
tun	/吞	/屯囤臀		
tuo	托拖脱/	/驮驼	/妥	/拓唾
wa	挖/洼蛙		瓦/	/袜
wai	歪/			外/
wan	弯/蜿湾	完玩/丸	挽晚碗/皖	万/腕蔓
wang	汪/	亡王/	网往/枉	忘旺望/妄
wei	微/危威	为围唯惟/韦违维	伪尾纬/伟苇委萎	卫为未位味胃谓喂魏/畏
wen	温/瘟	文纹闻/	吻稳/	问/
weng	/翁			/瓮
wo	窝/涡		我/	卧握/
wu	屋/乌巫	无吾吴/毋	五武舞/午伍捂	勿务物误恶雾/悟晤

（续上表）

声调 音节	第一声	第二声	第三声	第四声
xi	西吸息稀锡/夕兮昔悉惜溪熄膝	习席/袭	洗喜/铣	戏系细/
xia	虾瞎/	狭/匣峡辖霞		下吓夏/
xian	仙先鲜//纤掀	闲弦咸衔嫌/贤涎	显险鲜	县现限线陷献腺/霰
xiang	乡相香箱/厢湘镶	降/详祥翔	享响想/饷	向项相象像/巷
xiao	削消销/肖萧硝箫潇		小/晓	校笑效/孝肖啸
xie	些歇/楔	邪斜鞋/协胁挟偕携	写血/	泄谢解蟹/泻卸屑械
xin	心锌新/芯辛薪			信/
xing	兴星/腥	刑行形型/邢	省醒/	兴性姓/幸
xiong	凶兄胸/	雄熊/		
xiu	修/休羞		宿/朽	臭袖宿绣嗅/秀锈
xu	须虚需/戌嘘	徐/	许/	序畜/叙绪续絮蓄
xuan	/宣	悬旋/玄	选/癣	旋/
xue	削/靴薛	穴学/	雪/	血/
xun	/熏薰	寻/循旬巡		训/讯汛迅驯逊
ya	压押鸭/	牙芽/崖	/哑雅	亚/轧
yan	咽烟/焉淹腌燕	严言岩炎沿盐/延阎颜檐	眼演/衍掩	厌咽验/砚艳宴堰雁焰燕
yang	秧/	扬羊阳杨洋/佯	仰养氧/痒	样/漾
yao	约要腰/妖邀	摇/尧姚窑瑶	咬/舀	药要/耀
ye	/掖噎		也野/冶	业叶页夜液/曳掖腋
yi	一衣医依/伊	仪宜移遗疑/夷姨	乙已以矣蚁倚/	亿义艺议亦异役译易益意翼/忆抑邑疫逸溢
yin	因阴音/殷	银/吟淫寅	引饮隐/尹瘾	印饮/
ying	应英鹰/婴膺	迎营/盈萤蝇赢	影/	应映硬/
yong	拥/痈壅		永涌/咏泳勇蛹	用/
you	优/忧	尤由犹油铀游/邮	友有/酉	又右幼/佑诱釉
yu	/迂淤	于予余鱼渔/俞隅逾榆虞愚	与予羽雨语/禹	玉育域欲遇愈/郁狱浴谕喻寓豫御誉

（续上表）

音节＼声调	第一声	第二声	第三声	第四声
yuan	/冤渊	元园员袁原圆缘源/垣援猿	远/	怨院愿/苑
yue	曰约/			月乐跃越粤/岳阅悦
yun	/晕	云匀/	/允	运韵/孕晕蕴
za	扎/咂	杂砸/		
zai	栽/灾哉		/宰崽	再在载/
zan		咱/	/攒	暂/赞
zang	脏/			脏葬藏/
zao	遭糟/	/凿	早藻/枣澡	灶造/噪燥躁
ze		则责/择泽		/仄
zei		贼/		
zen			怎/	
zeng	曾增/憎赠			
zha	扎/	炸/轧闸铡	眨/	炸/乍诈榨
zhai	摘/斋	/宅	窄/	债寨/
zhan	占沾粘/毡瞻		盏展/斩	占战站/蘸
zhang	张章/		长涨掌/	丈仗帐账胀涨/障杖
zhao	招着朝/昭	着/	找/爪	赵照/召兆诏罩
zhe	遮/	折/哲辙	者/褶	这/浙蔗
zhen	针真/贞珍砧斟臻		/诊枕	阵振震镇/朕
zheng	争征挣睁蒸/		整/	正证郑政挣症/
zhi	之支只汁枝知肢织/脂	直值职植殖/执侄	止只纸指/旨址趾	至志制质治致智滞置/帜炙掷稚
zhong	中终钟/忠盅		肿种/冢	中众种重/仲
zhou	洲周/舟洲粥	轴/	/肘	皱/咒昼骤
zhu	朱珠株诸猪/诛	竹逐/烛	主煮属/拄嘱	助住注驻柱祝著筑/贮蛀铸
zhua	抓/		/爪	
zhuai				/拽
zhuan	专砖/		转/	传转赚/撰篆

（续上表）

声调 音节	第一声	第二声	第三声	第四声
zhuang	庄桩装/妆			壮状撞幢/
zhui	追/椎锥			/坠缀赘
zhun			准/	
zhuo	捉桌/拙	着/灼卓浊酌啄		
zi	资/姿兹滋		子紫/籽	自字/渍
zong	宗/棕踪鬃		总/	纵/
zou			走/	奏/揍
zu	租/	足族/卒	阻组祖/	
zuan	钻/			钻/攥
zui			嘴/	最罪醉/
zun	尊/遵			
zuo			左/佐撮	作坐座做/

附录二：[表一]、[表二] 中的多音字提示

炮（bāo、páo、pào）
差（chā、chà、chāi、cī）
塞（sāi、sài、sè）
和（hé、hè、hú、huó、huò）
哄（hōng、hǒng、hòng）
强（jiàng、qiáng、qiǎng）
解（jiě、jiè、xiè）
落（là、lào、luò）
累（léi、lěi、lèi）
蒙（mēng、méng、Měng）
抹（mā、mǒ、mò）
着（zhāo、zháo、zhuó）
奔（bēn、bèn）
别（bié、biè）
薄（bó、bò、báo）
藏（cáng、zàng）
参（cān、shēn、cēn）
长（cháng、zhǎng）
场（cháng、chǎng）
称（chèn、chēng）
朝（cháo、zhāo）
冲（chōng、chòng）
臭（chòu、xiù）
处（chǔ、chù）
幢（chuáng、zhuàng）
打（dá、dǎ）
单（dān、Shàn）
石（dàn、shí）
当（dāng、dàng）
倒（dǎo、dào）
得（dé、děi）
度（dù、duó）
恶（è、wù）
发（fā、fà）
分（fēn、fèn）
干（gān、gàn）
供（gōng、gòng）
号（háo、hào）
好（hǎo、hào）
荷（hé、hè）
横（hēng、hèng）
划（huá、huà）
华（huá、Huà）
晃（huǎng、huàng）
混（hún、hùn）
系（jì、xì）
夹（jiā、jiá）
假（jiǎ、jià）
间（jiān、jiàn）
降（jiàng、xiáng）
将（jiāng、jiàng）
教（jiāo、jiào）
嚼（jiáo、jué）
觉（jiào、jué）
角（jiǎo、jué）
校（jiào、xiào）
尽（jǐn、jìn）
劲（jìn、jìng）
车（chē、jū）
卷（juǎn、juàn）
卡（kǎ、qiǎ）
看（kān、kàn）
壳（ké、qiào）
空（kōng、kòng）
拉（lā、lá）
凉（liáng、liàng）
量（liáng、liàng）
令（líng、lìng）
溜（liū、liù）
陆（liù、lù）
笼（lóng、lǒng）
弄（lòng、nòng）
闷（mēn、mèn）
难（nán、nàn）
宁（níng、nìng）
拧（níng、nìng）
泡（pāo、pào）
铺（pū、pù）
切（qiē、qiè）
曲（qū、qǔ）
任（Rén、rèn）
散（sǎn、sàn）
色（shǎi、sè）
扇（shān、shàn）
上（shǎng、shàng）
数（shǔ、shù）
宿（sù、xiǔ、xiù）
挑（tiāo、tiǎo）
通（tōng、tòng）
吐（tǔ、tù）
为（wéi、wèi）
鲜（xiān、xiǎn）
削（xiāo、xuē）
旋（xuán、xuàn）
血（xiě、xuè）
咽（yān、yàn）
约（yāo、yuē）
要（yāo、yào）
饮（yǐn、yìn）

应（yīng、yìng）
乐（lè、yuè）
脏（zāng、zàng）
扎（zā、zhā）
炸（zhá、zhà）
占（zhān、zhàn）
挣（zhēng、zhèng）
中（zhōng、zhòng）
种（zhǒng、zhòng）
转（zhuǎn、zhuàn）
钻（zuān、zuàn）
晕（yūn、yùn）
绷（bēng、běng）
杈（chā、chà）
逮（dǎi、dài）
勒（lè、lēi）
擂（léi、lèi）
燎（liáo、liǎo）
蹓（liū、liù）
捋（lǚ、luō）
劈（pī、pǐ）
仆（pū、pú）
呛（qiāng、qiàng）
仇（chóu、Qiú）
刹（chà、shā）
煞（shā、shà）
拓（tà、tuò）

附录三：重·中格式的词语

【A】阿门　爱惜　安生　安慰　安稳　安置

【B】巴望　把柄　把握　拜望　搬弄　办法　扮相　帮助　倍数　鼻涕　比喻　编辑　便利　表示　病人　博士　布置

【C】才气　财神　操持　差役　长度　敞亮　成绩　成全　程度　程序　充裕　仇人　臭虫　处分　处置　春天　次数　次序　刺激　错误

【D】答复　待遇　担待　倒是　敌人　地势　地位　冬天　动物　督促　肚量　度量

【E】恩人

【F】翻译　反映　犯人　方便　分析　风气　凤凰　伏天　服务　富裕

【G】干部　估计　观望

【H】行业　和睦　会务　贿赂　货物　豁亮

【J】吉祥　纪律　技术　家务　家业　价目　建筑　将军　讲求　匠人　将士　教育　接济　节目　解释　界限　今天　进士　近视　韭菜　剧目　觉悟　爵士　军人　军事

【L】老虎　里面　力度　利益　利用　烈士　吝惜　零碎　伦巴

【M】埋怨　面积　名分　摩托　模样　目的

【N】男士　南瓜　南面　女儿　女士　女子

【P】牌坊　喷嚏　批评　僻静　篇目　破费　菩萨

【Q】蹊跷　气氛　气候　气量　气质　迁就　前天　轻便　轻快　清静　请示　穷人　秋季　秋千　秋天　去处　趣味　权利　权力　劝慰

【R】人物　荣誉　容易

【S】杀气　伤势　设计　设置　深度　甚至　生计　声势　声音　圣人　诗人　时务　实惠　士气　世道　事故　事务　适应　嗜好　手气　手势　手艺　熟悉　树木　数目　耍弄　税务　顺序　硕士　私下　素质　速度　算是

【T】太监　太阳　探戈　堂上　体会　天气　天上　添置　条理　调剂　统计　头目

【W】威风　围裙　卫士　文凭　文艺　武士　物质　误会

【X】西瓜　习气　席位　媳妇　戏弄　系数　下午　嫌弃　羡慕　乡亲　项目　销路　孝敬　孝顺　效率　效益　心计　信任　信用　信誉　兴致　性质　序数　学问

【Y】烟囱　盐分　样式　药材　药物　要不　业务　遗弃　义务　艺术　勇士　犹豫　右面　幼稚　院士　愿望　月份　月季　乐器

【Z】杂种　债务　战士　账目　这里　这样　政治　职务　植物　制度　质量　秩序　智慧　重量　重视　装饰　装置　壮士　姿势　滋味　字据　组织　左面　作物　作用

附录四：普通话水平测试用话题

1. 我的愿望（或理想）
2. 我的学习生活
3. 我尊敬的人
4. 我喜爱的动物
5. 童年的记忆
6. 我喜爱的职业
7. 难忘的旅行
8. 我的朋友
9. 我喜爱的文学（或其他）艺术形式
10. 谈谈卫生与健康
11. 我的业余生活
12. 我喜欢的季节
13. 学习普通话的体会
14. 谈谈服饰
15. 我的假日生活
16. 我的成长之路
17. 谈谈科技发展与社会生活
18. 我知道的风俗
19. 我和体育
20. 我的家乡（或熟悉的地方）
21. 谈谈美食
22. 我喜欢的节日
23. 我所在的集体（学校、机关、公司等）
24. 谈谈社会公德（或职业道德）
25. 谈谈个人修养
26. 我喜欢的明星（或其它知名人士）
27. 我喜爱的书刊
28. 谈谈对环境保护的认识
29. 我向往的地方
30. 购物（消费）的感受

附录五：普通话水平测试模拟题参考答案

第二章

模拟题一

cháo	bēi	chǐ	āi	cí	àn	bǎn	jià	dú	bù	lǎo	xiā	zhǎ
巢	杯	齿	哀	雌	黯	版	架	读	埠	姥	瞎	眨
dēng	cuān	dǒng	fù	bǐng	chún	xí	yù	jiē	kuài	èr	fén	zú
灯	蹿	懂	付	柄	淳	席	玉	阶	快	二	坟	足
rè	pó	zì	shé	wǒ	xié	liú	nǚ	jì	gē	kōu	huǒ	yuè
热	婆	渍	蛇	我	鞋	流	女	济	鸽	抠	火	跃
lǘ	miǎo	xù	zhǎo/zhǎo	qīng	yǎo	tòu	fěng	shuǎi	huì	gěng	nèn	
驴	秒	蓄	爪	青	咬	透	讽	甩	晦	梗	嫩	
xiào/jiào	tián	wán	yòu	shuì	tuǐ	zàn	yuán	zhàn	qiāng	kōng/kòng	wèi	guā
校	田	完	右	税	腿	暂	圆	战	枪	空	味	刮
róng	yuè	xiāng	zhuāng	tīng	zhēng	wēng	sǔn	zhēn	ràng	qún	jūn	xiōng
容	粤	香	庄	厅	争	翁	损	真	让	群	君	兄
sōu	ruò	lüè	māo	nèi	suǒ	pàng	quán	cǎi	yá	zuò	sī	kuàng
搜	弱	掠	猫	内	所	胖	泉	踩	芽	坐	斯	矿
hé	nín	luán	qióng	jìn	qǐn	zhuàn	shā	píng	mēn/mèn			
颌	您	峦	穷	浸	寝	赚	沙	评	闷			

模拟题二

yǎ	wā	qū	shù	bēi	kào	pī	é	diē	huái	xīn	rén	zāng/zàng
哑	挖	蛆	漱	碑	铐	披	俄	爹	怀	新	人	脏
kēng	jiè	shāo	yàn	gē	piē	nǎi	má	lì	sāo/sào	kè	wēng	cè
坑	届	稍	雁	歌	瞥	奶	麻	吏	臊	课	翁	侧
zá	lǚ	jī	chì	piǎo	rì	pú	xuě	wān	quán	kuáng	guàn	tián
砸	旅	稽	赤	瞟	日	仆	雪	湾	拳	狂	罐	填
suì	lǎn	qiào	dōng	zhuài	fǒu/pǐ	zàn	tǎng	yōng	sāi	fó/fú	xiān	shàng
岁	懒	鞘	冬	拽	否	暂	淌	庸	鳃	佛	先	上
gòu	chuán/zhuàn	xuǎn	shuàn	jiàng	róng	yòu	wā	tiào	zú	huā	niú	
构	传	癣	涮	匠	荣	右	洼	跳	族	花	牛	
bàng/bèng	qín	jiàn	shān	zǒu	ér	yùn	nóng	rùn	yào	xíng	bì	suō
蚌	秦	件	山	走	儿	孕	脓	润	药	邢	臂	缩
huāng	diàn	guō	xiā	ruǎn	kuàng	cǔn	zhǔn	dāng	ǒu	ào/niù	tào	jiǒng
荒	电	郭	虾	软	矿	忖	准	裆	呕	拗	套	窘
gēn	qún	biāo	zēng	wéi	shuài	sī	níng	xiàng	é			
跟	群	镖	增	韦	帅	思	凝	巷	额			

模拟题三

rēng	fó/fú	cái	tóng	guāng	huǎng	xuē	míng	zháo/zhuó	yǐ	shuān	tiāo	jiāng
扔	拂	裁	铜	光	幌	薛	冥	着	矣	栓	挑	僵
bā/pá	jué	nán/nàn	duǒ	piē/piě	quán	suān	wù	mí	èr	wēng	měi	juǎn/juàn
扒	攫	难	朵	撇	蜷	酸	雾	糜	贰	翁	美	卷
pū	zhuā	mǎi	cān	shòu	máo	niū	fén	liáng	nǐ	chá	yǐn	dǎi/dào
扑	抓	买	餐	瘦	茅	妞	汾	粱	拟	茬	饮	逮
hú	cǎi	qiā	zhì	guǎ	hè/xià	zhā	tiān	jǔ	ráng	kàng	zūn	chǔn
壶	睬	掐	致	寡	吓	渣	添	举	瓤	亢	尊	蠢
nèn	kēng	duò	xùn	shǐ	cáo	qǔ	piàn	xié	zhuài	lāo	kuài	fǒu/pǐ
嫩	坑	舵	训	使	漕	取	片	斜	拽	捞	块	否
xīn	tuǐ	guān	yīng	zǒng	wáng	lěng	shuǎ	jiù	xiāo/xuē	rě	sōu	zǐ
锌	腿	官	婴	总	亡	冷	耍	舅	削	惹	艘	紫
qué	diē	xiān	fǎ	qí	bó	chàng	pō	sì	bì	sǒng	hūn	jīn
瘸	跌	先	法	崎	箔	畅	坡	肆	庇	耸	荤	筋
shā/shān	lǚ	chí	jiǒng	wèi	qún	huì	gē	chōng/chòng				
杉	旅	驰	窘	畏	裙	贿	搁	冲				

模拟题四

bào	xiǎng	gòng	lāo	còu	pí	juān	kǎn	dùn	ní	píng	ruǎn	tiáo
抱	饷	共	捞	凑	啤	捐	砍	钝	倪	苹	软	条
gǎo	qiā	màn	wāi	réng	wō	yòng	guǒ	chén	zì	qīn	rù	duò
搞	掐	曼	歪	仍	窝	用	裹	忱	字	侵	入	惰
chuí	rěn	zhí	niē	pò	xī	huáng	xún	bèi	tài	xià	ér	dé
陲	忍	植	捏	破	奚	蝗	寻	被	泰	下	而	德
níng	hèn	cuàn	qiào	fēi	piàn	zuàn	cāng	háo	yóu	lǐng	náng	fēng
凝	恨	窜	窍	飞	骗	攥	舱	嚎	由	领	囊	封
bā	nín	wěn	qú	gǒu	kuí	shǔ	chuài	lěi	yán	shì	jiǒng	diū
八	您	吻	渠	狗	奎	暑	踹	垒	炎	氏	窘	丢
jiǎng	é	dàn	fáng	lǒng	jué	měng	sú	piē	bǐng	yuè	zhàng	kuà
蒋	额	淡	肪	拢	爵	猛	俗	瞥	禀	阅	账	跨
mō	zhāo	yē	dú	xuǎn	sài	biē	lǎn	wáng	zhà/zhà	huái	zōng	huá
摸	招	耶	读	选	赛	鳖	懒	亡	炸	淮	综	华
tǒng	qì	shuàn	guī	bì	zhú	chā	jūn	méi				
桶	迄	涮	归	璧	竹	杈	军	梅				

模拟题五

guǎi	zhào	jiǒng	xiù	nóng	tāo	míng	féng	lín	chèng	jū	duǎn	ràng
拐	赵	迥	嗅	浓	涛	鸣	逢	磷	秤	拘	短	让
kǔn	wēng	zhuài	shāo	fǔ	cù	chǐ	huá	juàn	kòu	hē	péng	zéi
捆	翁	拽	捎	俯	醋	尺	哗	眷	扣	喝	棚	贼
duò	liàng	xiū	bó	yà	nuò	nuǎn	qián	pǒ	rén	sī	lüè	yì
堕	辆	修	帛	亚	诺	暖	钱	叵	仁	撕	掠	忆
fèi	shǐ	tiē	wěn	shùn	xuě	bà	zhái	cè	guǎng	rì	hōng	tì
肺	矢	贴	稳	舜	雪	霸	宅	册	广	日	烘	剃
chóu	yǔ	mó	sǔn	xuē	jiǔ	kuā	lǎo	huī	qióng	zhōu	xūn	wù
愁	与	模	笋	薛	久	夸	老	灰	琼	粥	熏	务
xiá	yáng	zī	sāi	nǚ	huǒ	é	sān	tián	niáng	shěn	quán	liǔ
辖	羊	资	鳃	女	火	讹	三	恬	娘	沈	泉	柳

yōng	měi	què	zhǎn	cì	tuì/tùn	biāo	niè	pīn	jùn	qīng	zá	miǎo
佣	每	却	斩	赐	褪	膘	孽	拼	俊	清	砸	藐
diào	qǔ	wàng	guǎn	shā	zuó	jiǎ	bān	fěn				
钓	龋	旺	馆	纱	昨	甲	颁	粉				

第三章

模拟题一

xiànrù	dàilǐ	jījí	yuèdú	guǎngkuò	dāying	bǎituō	bōnong
陷入	代理	积极	阅读	广阔	答应	摆脱	拨弄
wǔjù	yějīn	róuruǎn	bǐgǎnr	jǐnkuài	jiéjú	niēzào	nèiyīn
舞剧	冶金	柔软	笔杆儿	尽快	结局	捏造	内因
chǔlǐ	lǚkè	gāngtiě	fánróng	guīzé	bōxuē	sìyuàn	wēishēngwù
处理	旅客	钢铁	繁荣	规则	剥削	寺院	微生物
jiāo liú	hàofèi	niǔkòur	hàozhào	nǎonù	yīlài	lǒngzhào	yínglì
交流	耗费	纽扣儿	号召	恼怒	依赖	笼罩	盈利
jiānyù	yètǐ	jiātíng	shōují	quēfá	pǎotuǐr	quánlì	láibují
监狱	液体	家庭	收集	缺乏	跑腿儿	权利	来不及
dōngjia	liàolǐ	qūshì	qīngxī	guānchá	xī'ōu	nìliú	tíxiàojiēfēi
东家	料理	趋势	清晰	观察	西欧	逆流	啼笑皆非

模拟题二

qǔdé	yángtái	értóng	guǎnlǐ	cǐwài	hùnxiáo	shuāiluò	sǎtuō
取得	阳台	儿童	管理	此外	混淆	衰落	洒脱
mótèr	shāqiū	fángyù	bǎndèngr	fēnxī	duìwu	wāqián	kēxué
模特儿	沙丘	防御	板凳儿	分析	队伍	挖潜	科学
bēnpǎo	wǎnshang	guānghuán	piányi	sùliào	niǔzhuǎn	nǚshì	méizhǔnr
奔跑	晚上	光环	便宜	塑料	扭转	女士	没准儿
jiāyóu	yīngdāng	míngpáir	qiáojuàn	gānjing	jǐnzhāng	shēngzì	chìrè
加油	应当	名牌儿	侨眷	干净	紧张	生字	炽热
shǒuzhǐ	cèlüè	qiǎngjié	wěiyuánhuì	gǎngkǒu	qúnzhòng	rìyòng	kuàilè
手指	策略	抢劫	委员会	港口	群众	日用	快乐
chuānghu	cáifù	chénzuì	bēiliè	bāozhuāng	sēnlín	xiàndàihuà	qīngmiáo-dànxiě
窗户	财富	沉醉	卑劣	包装	森林	现代化	轻描淡写

模拟题三

yuánliào	yíhuò	wānqū	kāidòng	shùndang	zìyóu	jiātíng	hǎojiǔ
原料	疑惑	弯曲	开动	顺当	自由	家庭	好久
pòchǎn	fēixiáng	ānquán	yóuchuōr	shēnqiè	wùhui	lǔmǎng	róuruǎn
破产	飞翔	安全	邮戳儿	深切	误会	鲁莽	柔软
xíngzhuàng	réngrán	dìbǎn	tiěbǐ	chǎozuǐ	wàisūn	gōnggòng	xīnyǎnr
形状	仍然	地板	铁笔	吵嘴	外孙	公共	心眼儿
zhěnsuǒ	nǚ'ér	chúncuì	píngxuǎn	kǔguā	zāogāo	nüèji	zhēngfā
诊所	女儿	纯粹	评选	苦瓜	糟糕	疟疾	蒸发
mǐnmiè	bìngqíng	tòngkuai	nǎpà	móceng	wéibór	chěngnéng	xuānchuán
泯灭	病情	痛快	哪怕	磨蹭	围脖儿	逞能	宣传

láilín	zhuàngtài	chuāngshāng	xìngrénr	shēnfèn	mèimei	yìngyòng	sīniàn
来临	状态	创伤	杏仁儿	身份	妹妹	应用	思念
qiānnán-wànxiǎn							
千难万险							

模拟题四

lǐngdǎo	báitiān	zhǔxí	lèisì	kūlong	xiāngcūn	zhèngquán	cónglái
领导	白天	主席	类似	窟窿	乡村	政权	从来
dàhuǒr	yànhuì	yīkuàir	zuìzhuàng	bìngjūn	chūnjié	kěnqiè	rǎnsètǐ
大伙儿	宴会	一块儿	罪状	病菌	春节	恳切	染色体
yùnsòng	shāmò	fēicháng	bīnguǎn	bógěngr	tuōlí	níngjiù	xuányá
运送	沙漠	非常	宾馆	脖颈儿	脱离	凝聚	悬崖
chéngpǐn	fǎngzhī	shuìjiào	gāngcái	qiántú	lǎorén	qítā	zǎowǎn
成品	纺织	睡觉	刚才	前途	老人	其他	早晚
zhǎnwàng	shénme	xuěhuā	chǔfèn	ěrduo	jiǎshǐ	fànchóu	shéngzi
展望	什么	雪花	处分	耳朵	假使	范畴	绳子
fǒudìng	pánsuan	zūnshǒu	měihǎo	nánnǚ	míngliàng	gǒnghéguó	zhāobùbǎoxī
否定	盘算	遵守	美好	男女	明亮	共和国	朝不保夕

模拟题五

huāsè	juānkuǎn	chuānghu	shuōmíng	quántǐ	yāpiàn	wǎnshang	ràngbù
花色	捐款	窗户	说明	全体	鸦片	晚上	让步
guāfēn	chénzuì	chàdiǎnr	yàngpǐn	shuāiruò	fǎngzhì	chūnjié	érqiě
瓜分	沉醉	差点儿	样品	衰弱	仿制	春节	而且
jǔxíng	xúnzhǎo	cuòzhé	huítóu	kāiqiàor	nüèji	zhànlüè	qīnfàn
举行	寻找	挫折	回头	开窍儿	疟疾	战略	侵犯
zhěnglǐ	duànliàn	yǒnggǎn	suǒwèi	péngbó	liáocǎo	juéxīn	fǎlǜ
整理	锻炼	勇敢	所谓	蓬勃	潦草	决心	法律
zūnjìng	dǎsuan	rěnnài	bèisòng	nèikē	qiàtán	miáoxiě	liángshi
尊敬	打算	忍耐	背诵	内科	洽谈	描写	粮食
chōngzú	kuángfēng	nàmènr	língxīng	xiōng'è	qiūtiān	cìshù	shāngāo－shuǐdī
充足	狂风	纳闷儿	零星	凶恶	秋天	次数	山高水低

第六章

第一套模拟试题

一、读单音节字词（100 个音节，限时 3.5 分钟，共 10 分）

xuān	lù	wéi	dā/dá	mín	jǐn	tān	xún	ōu	diū	shuài	chūn	fó/fú
宣	麓	唯	答	民	紧	瘫	荀	鸥	丢	帅	春	佛
tī	shǐ	qióng	xià	nǎo	tiào	hóu	quàn	sū	zhě	xiāng	lú	rèn
梯	驶	穷	夏	脑	跳	侯	劝	苏	褶	襄	芦	纫
zuì	nán	zǒng	fú	hè	jīng	nǎng	gēng	huāng	niáng	wǎn	yān	pěng
罪	南	总	浮	褐	经	攮	耕	慌	娘	宛	烟	捧
gāo/gào	xú	jiǒng	mí	kǔn	zì	dài	piān	kuài	luó	wā	qún	biē
膏	徐	迥	谜	捆	字	贷	篇	快	锣	蛙	裙	憋
rào	nüè	zhà	tǒng	sì	hái	ěr	diǎn	cuàn	pào	gài	héng/hèng	
绕	虐	诈	捅	寺	孩	饵	典	篡	炮	钙	横	

shùn	fēng	gòng	kǒu	jiǎo	bō	liàng	wēng	jiǎ	ā	chì	fén	suàn
舜	蜂	共	口	搅	拨	晾	翁	贾	阿	炽	焚	算
cháo/zhāo	bàng	pá	miù	cuī	míng	chóu	cù	shǎn	kuò	dié	shuāng	
朝	傍	爬	谬	催	名	稠	簇	闪	廓	叠	双	
rùn	méi	qiān	jiàn	chén	zhuàng	jú	sè	liě	kuà	niǔ		
闰	眉	牵	贱	臣	状	橘	色	咧	跨	纽		

二、读多音节词语（100 个音节，限时 2. 5 分钟，共 20 分）

yāoqiú	sìhū	xiàyě	niánjì	fǎnkàng	rán'ér	lǎobǎixìng
要求	似乎	下野	年纪	反抗	然而	老百姓
huáijiù	jūnzhuāng	chéngkěn	gànhuór	pǐnzhǒng	kuíhuā	déyǔ
怀旧	军装	诚恳	干活儿	品种	葵花	德语
juānkuǎn	sūnzi	qǔbǎo	róngliàng	móulüè	dǎting	zòumíngqǔ
捐款	孙子	取保	容量	谋略	打听	奏鸣曲
nítāir	hūnjué	shēchǐ	bàituō	jiǒngkuàng	qìngzhù	ruǎnjiàn
泥胎儿	昏厥	奢侈	拜托	窘况	庆祝	软件
pǎowài	fěishǒu	lǚcì	cáifeng	diàochá	qīnqiè	tùryé
跑外	匪首	屡次	裁缝	调查	亲切	兔儿爷
wǎngfù	xióngmāo	niúdú	chuàngzuò	huòxiāng	gālí	mìngyùn
往复	熊猫	牛犊	创作	藿香	咖喱	命运
shènzhì	pòsuì	zuìchū	nèibù	guàhào	jiāyuán	mōhēir
甚至	破碎	最初	内部	挂号	家园	摸黑儿

第二套模拟试题

一、读单音节字词（100 个音节，限时 3. 5 分钟，共 10 分。）

jiǎn	wén	kuà	méi	cǐ	bǎn	quàn	tún	pū/pù	xuè/xiě	shòu	jiū	nèn
检	蚊	跨	枚	此	板	券	屯	铺	血	寿	揪	嫩
hěn	jì	niū	hú	zòng	yáo	zhuàng	jīn	xuán	shī	ráo	gǎn	fèn
狠	忌	妞	壶	纵	瑶	幢	矜	悬	施	饶	秆	粪
guā	xíng	yǎng	qiāo	zhà	bǎi	áng	lěi	chòu	fá	yùn	huái	chéng/shèng
瓜	邢	仰	敲	榨	百	昂	蕾	臭	伐	恽	淮	盛
wǔ	xià	yōu	è	zì	xiǎng	luǎn	dòu	luó	kòu	shǎn	ér	cā
伍	下	幽	腭	字	想	卵	豆	罗	扣	闪	儿	擦
mó/mò	huáng	yǐn	pá	qiě	káng	cōng	tóng	sǎn	duàn	zuò	lián	rāng/rǎng
磨	煌	瘾	爬	且	扛	聪	同	伞	段	做	帘	嚷
gē	bó	qù	chuāi	jǔ	fāng	miào	ǎi	liǎ/liǎng	jiǎ	míng	tuǐ	nüè
哥	驳	去	揣	举	方	妙	矮	俩	胛	鸣	腿	虐
nín	qián	bì	shuǎ	piē/piě	xún	suí	tiān	rùn	zhī	wēng	chuǎng	nián/zhān
您	潜	匕	耍	撇	荀	隋	添	润	只	翁	闯	粘
yá	zhū	yōng	shuàn	jiǒng	sè	huō	gǔ	zuǐ				
涯	株	佣	涮	迥	涩	豁	股	嘴				

二、读多音节词语（限时 2. 5 分钟，共 20 分）

mínyáo	kāfēi	zhuàngyuan	huáigǔ	xúnmì	pòqiè	shìwǎngmó
民谣	咖啡	状元	踝骨	寻觅	迫切	视网膜
wēimiào	jīngtàn	chǎnliàng	hépíng	gēda	lǎngsòng	xiézòuqǔ
微妙	惊叹	产量	和平	疙瘩	朗诵	协奏曲
zhéxué	tóuzī	shàonǚ	qióngzhī	tiáojiàn	chuánbó	nàmènr
哲学	投资	少女	琼脂	条件	船舶	纳闷儿

quántǐ	dàngcì	jīnyúr	shuāxǐ	yāyùn	guǎiwān	zǎochén
全体	档次	金鱼儿	刷洗	押韵	拐弯	早晨
cúnkuǎn	gàilùn	pēngrèn	tiělù	ěrduo	quēfá	ránhòu
存款	概论	烹饪	铁路	耳朵	缺乏	然后
xīnyǎnr	zhuóqíng	zhēnduì	gélóu	cǎigòu	niángjia	kuāzhāng
心眼儿	酌情	针对	阁楼	采购	娘家	夸张
fěnbǐ	zōngsè	guāngmíng	shuàilǐng	dànjuér	xiázhǎi	rìchéng
粉笔	棕色	光明	率领	旦角儿	狭窄	日程

第三套模拟试题

一、读单音节字词（100 个音节，限时 3.5 分钟，共 10 分。）

gǎn	mǎn	gé	bā/pá	fān	shāng	kěn	méi	zé	niè	sòng	cì	háng/xíng
敢	娩	隔	扒	翻	伤	肯	媒	则	聂	宋	赐	行
huì	ǒu	yā	zūn	bài	mǐn	chē	qí	biǎo	sān	juān	ruǎn	kǒng
卉	偶	丫	尊	拜	闽	车	齐	表	三	捐	软	孔
guà	xīng	qióng	tǎng	xǔ	jiǒng	shēng	cū	jú	lāo	fó/fú	dǐng	pōu
褂	腥	穷	倘	许	窘	升	粗	局	捞	佛	顶	剖
yǎng	liáng	chuāng	píng	qún	zhuā	wǔ	chàn	huán	dūn	fēn	è	niàn
仰	粮	窗	萍	群	抓	捂	忏	环	敦	芬	鄂	念
xuě	rì	diāo	tán	chún	piē/piě	āo	tiǎn	zǎi	èr	zhuó	suí	léi/lěi/lèi
雪	日	叼	谈	淳	撇	凹	舔	宰	贰	浊	随	累
nà	xiá	bǐ	wēng	shì	qiáo	róng	nèn	cōng	xiāo	sāi	shāo	dēng/dèng
纳	峡	鄙	翁	誓	乔	绒	嫩	葱	消	腮	梢	蹬
zǐ	wāi	diū	tuō	hān	cuō	ái	mí	guǎng	jùn	cán	zhǎng	lòng/nòng
籽	歪	丢	拖	鼾	搓	皑	迷	广	俊	蚕	掌	弄
kàng	liù	kǒu	rǔ	qín	chuǎn	lüè	quán	céng				
炕	六	口	乳	秦	喘	掠	权	层				

二、读多音节词语（100 个音节，限时 2.5 分钟，共 20 分）

sūxǐng	pèng·jiàn	shǐzhōng	biǎndī	jiéhé	xuànlàn	érnǚ
苏醒	碰见	始终	贬低	结合	绚烂	儿女
bōli	dāngzhōng	jiàzhí	kāimíng	qǔshě	réngrán	wéizuǐr
玻璃	当中	价值	开明	取舍	仍然	围嘴儿
chēngyāo	yānjuǎnr	huàpíng	guānchá	wēnzhěn	niúnǎi	běibànqiú
撑腰	烟卷儿	画屏	观察	瘟疹	牛奶	北半球
nǎodai	yáshuā	késou	quáncái	chìbǎng	yōnghù	cízǔ
脑袋	牙刷	咳嗽	全才	翅膀	拥护	词组
gōngqǐng	qiǎngpò	tiǎoxìn	nuǎnhuo	quèyuè	xūntáo	tóngmóu
公顷	强迫	挑衅	暖和	雀跃	熏陶	同谋
zhēnjiǔ	xióngwěi	dǎzár	jiǎngpǐn	kuàngyě	fùyú	níhóngdēng
针灸	雄伟	打杂儿	奖品	旷野	富余	霓虹灯
zhàopiānr	féiliào	áoxiáng	kuài · ji	duǒcáng	niǎokàn	wàibù
照片儿	肥料	翱翔	会计	躲藏	鸟瞰	外部

第四套模拟试题

一、读单音节字词（100 个音节，限时 3.5 分钟，共 10 分）

yǎng	běi	shì	pǎo	fèn	diǎn	yūn/yùn	hài	jīng	xuě	qín	xiāng	wò
养	北	侍	跑	份	点	晕	骇	睛	雪	秦	襄	握
líng	qiě	zhí	guā	nuò	jiū	kān	niǎo	hé	kuài	jǐ	tuān	yuán
凌	且	直	刮	糯	究	勘	鸟	盒	块	挤	湍	援
zào	rèn	suì	cǎi	fēi	lǜ/shuài	kǔn	chà	zhuāng	mǒu	shuì	diū	xuǎn
灶	纫	遂	踩	妃	率	捆	岔	庄	某	睡	丢	选
zāi	chuǎng	dīng	nín	ruò	lā/lǎ/là	huá	ruì	sēng	qǔ	xiōng	ěr	wù
哉	闯	盯	您	若	拉	滑	锐	僧	曲	匈	尔	物
shè	chǎn	qiǎn	jiā	xuè/xiě	huǒ	xiān	pī	tóng	è	zhuài	zhè	dǒu
社	产	浅	佳	血	火	掀	披	铜	饿	拽	浙	抖
ān	shǎn	wēng	chēn	yáo	lóng	bàn	chǔn	méng	shuǎ	tiào	pō	áo
氨	闪	翁	抻	姚	聋	拌	蠢	蒙	耍	眺	颇	熬
céng/zēng	bāo	gǒng	chuàn	niáng	yā	zhuī	lǒu	jiā	lüè	sì	miǎn	
曾	褒	巩	串	娘	压	追	搂	嘉	掠	寺	免	
huǎng/huàng	tuó	zhēng	bàng	lǘ	zōu	qià	sú	guì	cāng			
晃	驮	征	磅	驴	邹	洽	俗	桂	仓			

二、读多音节词语（100 个音节，限时 2.5 分钟，共 20 分）

xíngli	quēdiǎn	értóng	bàozi	dàikǎo	huǐgǎi	qīfu
行李	缺点	儿童	豹子	待考	悔改	欺负
cǎiyòng	kēyán	zìwǒ	diūdiào	lùnshù	bǐsài	méishìr
采用	科研	自我	丢掉	论述	比赛	没事儿
juéduì	sēnlín	rènzhēn	huàxué	niǔzhuǎn	fǎyuàn	kǒujiǎo
绝对	森林	认真	化学	扭转	法院	口角
huàichu	fèngpéi	rǔmà	shuǎishǒu	lièchē	cífù	niántóur
坏处	奉陪	辱骂	甩手	列车	词赋	年头儿
cuóchuāng	pángdà	jiǔzhōngr	wàibīn	chóuchàng	pòhuò	nǚxu
痤疮	庞大	酒盅儿	外宾	惆怅	破获	女婿
liàngguāng	jiācháng	yùnniàng	qiàoménr	píngkōng	xiōngsǎo	zhuājǔ
亮光	家常	酝酿	窍门儿	凭空	兄嫂	抓举
léizhui	shānyá	piāntǎn	lěngnuǎn	qúndǎo	rèxīn	yīchóu-mòzhǎn
累赘	山崖	偏袒	冷暖	群岛	热心	一筹莫展

第五套模拟试题

一、读单音节字词（100 个音节，限时 3.5 分钟，共 10 分）

lüè	pī	mó	tā	yǒng	yún	sài	shǒu	xiē	gǎng	ěr	quàn	rì
略	劈	膜	他	涌	匀	赛	守	歇	港	耳	券	日
lèng	gān	kāng	fù	mái	chuāng	hóu	zāng	chěng	hè	téng	qí	nuǎn
愣	竿	慷	腹	埋	窗	喉	赃	逞	鹤	疼	其	暖
còu	shuā	cuàn	sǒng	céng	yīn	táo	jǔ	miáo	bān	liǎ/liǎng	xù	hán
凑	刷	窜	耸	层	音	逃	沮	描	搬	俩	絮	含
nèi	piē	wàng	suì	kuǎ	xué	niàn	zhuài	suō	jiǎn	xūn	wēng	shùn
内	瞥	旺	穗	垮	学	念	拽	梭	拣	熏	翁	顺
qíng	shàn	kūn	zéi	shǎi/sè	fǎng	qiāo	zěn	huāng	zhè/zhèi	jiǒng	yōu	zhài
晴	善	昆	贼	色	纺	敲	怎	慌	这	炯	忧	寨

fán zhuī wàn chén jiǎng lóng píng rǎn niàng tuán bǐng qià guì
凡 追 万 沉 奖 龙 瓶 染 酿 团 丙 洽 贵

shuān cuī láo péi zá chī niǎo dūn zhū lín dòng xuǎn chuài
栓 催 牢 赔 杂 痴 鸟 蹲 猪 临 冻 选 踹

bó zào diū é nuó sù zhuó rào cí
博 燥 丢 鹅 挪 素 浊 绕 辞

二、读多音节词语（100 个音节，限时 2.5 分钟，共 20 分）

rècháo pòhuài nóngmín zhuāngjia qúnzhòng cānchē lúnchuán
热潮 破坏 农民 庄稼 群众 餐车 轮船

cáinéng fěibàng sūnnǚ nánshēng rènwéi shāhài guōtiēr
才能 诽谤 孙女 男声 认为 杀害 锅贴儿

huǒshí shànmiànr sǎnwén pínqióng diàolèi dǒupeng sīxiǎng
伙食 扇面儿 散文 贫穷 调类 斗篷 思想

quēfá xǐzǎo jūnduì cóng'ér shānghén zhūzi lǚkè
缺乏 洗澡 军队 从而 伤痕 珠子 旅客

guàgōu liángtíng páoxiào róngguāng háoshuǎng zhīyuán xiàlián
挂钩 凉亭 咆哮 容光 豪爽 支援 下联

róumèi shǒunǎo ménkǒur piányi yuèqiú bàoguǎn dàimào
柔媚 首脑 门口儿 便宜 月球 爆管 玳瑁

zhēncáng xiǎoqǔr hùzhù juānzèng fójiào chǎngjǐng wàng'ēn-fùyì
珍藏 小曲儿 互助 捐赠 佛教 场景 忘恩负义

第七套模拟试题

一、读单音节字词（100 个音节，限时 3.5 分钟，共 10 分。）

chèn yú zǎo qiāng shòu fú bǔ zhǔn kuàng shuāng tòng pō yún
趁 于 早 枪 授 符 捕 准 矿 双 痛 泼 匀

yōu juān yòng huà bǐng nào chān yuē jiào gòng jiē tūn zhá
优 捐 用 话 饼 闹 搀 约 较 共 皆 吞 闸

mèng jǐn guài yìng liū bāi shǎn shé/zhé fán cháng xún duó ròu
孟 仅 怪 映 溜 掰 闪 折 凡 尝 寻 夺 肉

pái chuáng ruǎn suì xiōng lǚ suān yǎ qiā chuī pān sì zǒng
牌 床 软 岁 凶 旅 酸 雅 掐 炊 潘 饲 总

zhēn wāi àn shī cì lí xiǎng zhuā Ting/dìng kuà nà wēng mò
针 歪 暗 诗 刺 梨 响 抓 钉 挎 钠 翁 末

dì liǎ/liǎng cāi ěr wèi rì dēng qiáo zǒu xián niē huò kuān
第 俩 猜 耳 胃 日 登 瞧 走 弦 捏 祸 宽

hēi rēng zhì jiū yǎng bó shuǎi quàn nǔ xué guī è yǐ
黑 扔 致 纠 仰 搏 甩 劝 努 穴 硅 厄 乙

bào tuō féi gè piē/piě chá kuò làng xiē
鲍 托 肥 个 撇 茶 阔 浪 些

二、读多音节词语（限时 2.5 分钟，共 20 分）

tuóbèi pínggū cǎifǎng qiǎngjié xiázhǎi kěyǐ érqiě
驼背 评估 采访 抢劫 狭窄 可以 而且

zuǒyì xuēruò yùsài zīxún còuqiǎo kěndìng bōsòng
左翼 削弱 预赛 咨询 凑巧 肯定 播送

héngxīng 恒星	kuàitǐng 快艇	xuánguà 悬挂	yóurú 犹如	kùnnan 困难	mòshuǐr 墨水儿	guāngróng 光荣
pínfá 贫乏	liáotiānr 聊天儿	huāruǐ 花蕊	qióngrén 穷人	zuìzhōng 最终	chǐcun 尺寸	jiǎnchá 检查
fǒujué 否决	nénggòu 能够	yāpiàn 鸦片	fùnǚ 妇女	línjū 邻居	gōngjǐ 供给	shēnbiān 身边
shuāilǎo 衰老	qiúchǎng 球场	shēngdiào 声调	biǎozhāng 表彰	tàidu 态度	hǎowánr 好玩儿	sàngquán 丧权
zūnjìng 尊敬	guǒrán 果然	cōngming 聪明	yuánliàng 原谅	sùshè 宿舍	jùchǐr 锯齿儿	xiōngyǒu-chéngzhú 胸有成竹

参考文献

1. 国家语言文字工作委员会普通话培训测试中心．普通话水平测试实施纲要［M］．北京：商务印书馆，2004

2. 邵敬敏．现代汉语通论［M］．上海：上海教育出版社，2007

3. 苏新春．汉语词义学［M］．广州：广东教育出版社，1997

4. 宋欣桥．普通话语音训练教程［M］．吉林：吉林人民出版社，1993

5. 姚喜双．普通话口语教程［M］．北京：高等教育出版社，2009

6. 邢福义．普通话培训测试教程［M］．武汉：湖北长江出版集团、湖北科学技术，2005

后　记

为体现《普通话水平测试大纲》（新大纲）的精神及应对计算机辅助测试的需要，暨南大学出版社的杜小陆先生在2009年寒假期间向我们建议编写一本辅导普通话水平测试的教材，我们欣然接受他的这一建议，于是就有了这本《普通话水平计算机辅助测试教程》。

本教材的编写者既有高校从事语言教学和研究的教师，又有普通话水平测试员和普通话水平测试培训的教师。在多年的测试及培训教学的实践中，大家遇到并解决过一些问题，有些心得，现在恰好借此机会加以总结。教材的编写由广州大学和广东工业大学的四位老师合作完成，各章的具体分工是：第一章：普通话和普通话水平测试（刘惠琼、叶竹钧）；第二章：单音节字词训练（叶竹钧）；第三章：多音节词语训练（徐国苓）；第四章：朗读短文的训练（曹凤霞）；第五章：命题说话的训练（刘惠琼）；第六章：计算机辅助测试的基本程序及应对策略（刘惠琼）。教材由刘惠琼提出编写大纲并完成统稿工作。相关的音频材料由刘惠琼、易湘衡、张胤月录制完成。本教材的基本特点在前言中已经说明，这里不再重复。教材编写过程中也参考了同类教材或者著作，前辈时贤的丰富成果也给了我们很多的启示与帮助，但限于编者水平及经验，教材中难免有疏漏阙如的地方，我们欢迎各位方家学者的批评指正，以便将来有机会再版时能够得到完善。

同时，我们还要特别感谢暨南大学出版社杜小陆先生为本教材的出版所付出的辛勤劳动。另外还有中山大学、广州大学十几位同学为本教材的编写提供了鲜活的语料，具体情况我们在教材中已经一一标出，在此一并对这些同学表示感谢。

编　者

2011年1月